こい
そうしょ
こい ほんやく
そうしょ
让我们
甲骨文
一起追寻
ほんやく

中国通史
——问题史试探

中国通史
問題史としてみる

〔日〕堀敏一 / 著
hori toshikazu
邹双双 / 译

社会科学文献出版社
SOCIAL SCIENCES ACADEMIC PRESS (CHINA)

目　录

前　言

本书是我随性而写的中国史概说。写这样一本书是我自年轻时就有的愿望。但即是在中国史的领域内，研究者也是年年见增，所刊论文越来越多，其内容也愈发细化。通览这些论文然后再概述性地写部通史，实非易事。久而久之，年轻时候的梦想不知何时也就被我束之高阁了。

但事情有了转机。1997 年秋，我受邀去都民 college[①] 作关于中国古代史的讲座。其间，我确定了一些学界公认的古代史重点问题，每节课讲解一个。现在这些问题毫无保留地反映在了本书第 1 ~ 9 章的标题上。当然，各章内容几乎都已重写，在此过程中我又逐渐有了续写的想法。只是

① 原文为“都民カレッジ”，“都民”指东京都居民，这里是东京都立大学公开讲座的意思。后来东京都立大学在 2005 年与其他几所学校合并设立为首都大学东京。——译者注

续写部分与我的专业有些距离，所以笔调上略不同于古代史部分。

正如我前面所说，由于研究的细化，近来写概说一般采取多人合著的形式。历史学是究明事实的学问，读这类书可以习得某些史学知识。但正如从静冈县看到的富士山和从山梨县看到的不同一样，历史事实也会因叙述人的立场（立足点、观点、视点等）而呈现不同的面貌。在这点上，合作著述难以达至清晰明确。

观点、视点，还有史学观之类的，听起来有点夸张，此处我们就称作是历史书写者的心境吧。我的愿望是写一部能够传达作者心境的史书。为做到这一点，信手挥洒也无所谓，但这样难免会遗漏一些重要的地方。考虑到这个，我又作了不少补遗。这样一来，虽然有点觉得原来自由自在的叙述受到了些许影响，但告诉读者中国历史的本来面目也同样是我的目的。

我们之所以想了解历史，大概是出于某种需要吧，或者说是心有疑问而去接近历史。史学研究者自然是先了解研究史上的争论点，然后选择自己的研究课题，而且必须清楚认识到自己所选课题在历史上（中国历史或世界历史）的意义。这就是我们经常说的问题意识。

可是，一般的概述性专著虽有事实罗列，却对这些事实为何被选、被研究，哪些部分很重要等问题缺乏说明，让读者一头雾水。写一部让读者理解这些问题的通史，正是我的心愿。在写作过程中，我重点考虑的是在看待中国历史时，哪些点是问题所在，哪些点又会因为我们的主观意志而被当作问题。之所以给本书附上“问题史试探”的副标题，也是想表达这层意思。

强调一下，在中国，问题史一词还有另外一层意思。因为它有时指政治史、经济史、文化史等分门别类的专门史。这自然与我所说的问题史大相径庭。此外，本书并不是想告诉大家学术史上的争论点。这些大可去读学术史或者研究动向类的书籍，而这类著作和表述作者心境的历史书势必大不一样。我是按照自己的问题意识来写作的。

不过，学习历史、了解历史最重要的还是正确了解各个事实、个别现象。历史研究也是从研究个别事实和现象开始的，不允许出现史实错误或是把有说成无的弄虚作假。社会上有种倾向，举着“史学观不同”的幌子而对一些错误认识或弄虚作假不予追究。可是，依据错误认识建立起来的史学观是不可能正确的。不管愿意与否只有接受已逝的历史事实，所谓的问题意识才能成立。所以，我的问题史也是按照时代顺序叙述的。

在我的整个叙述中或许存有某种基调，基于此须介绍一下我本人注意到的几点。我在战争年代读旧制高中的时候，曾被问到对一本讲亚洲式停滞性著作的感想。我回答：当时中国人也在努力生活，所以历史应该也有所发展。这个回答成为我研究中国历史的出发点，也是本书的基调里所流淌的根本观点。因此，我提醒自己要重视民众的历史，也关注民众中的知识分子的思想与文化，而不是站在皇帝专制政治的角度来看待中国历史。

诚然，中国自秦始皇以来就有着政治权力集于皇帝的一面。皇帝周围因而出现了庞大的官僚体制，复杂的制度得到高度发展。在中国史研究中，研究者们倾注很大精力来努力解明这种复杂结构，即所谓的制度史研究。这种研究毋庸置疑是必不可少的，但倘若一直进行此种研究，则会忽略民众动向以及历史的变化和发展。

事实上，中国的传统社会里，还存在与皇权相对应的、活动相对独立的民间地方社会。它们时而配合君主的国家统治，时而孕育出批判君主、颠覆国家的人物。古代有位朝臣（指魏徵——编者注）曾进谏君主说："君，舟也；人，水也。水能载舟，亦能覆舟。"① 这句话十分恰当地形容出国家与民众社会的关系。

关于君主所统治的国家和地方社会、民众社会关系的著作，近来岸本美绪论述明清时代乡绅的文章颇受关注。依我看，这种关系可以追溯到原始民主政体时期，延续到汉代中央

① （唐）吴兢：《贞观政要》卷一《论政体》。

和地方近乎共同统治的关系上，又从连接两者的乡举里选制度发展到九品官人法和科举制度。可以说这种关系十分明显地体现在从民间选拔官员的制度中。本书会就这些制度所涉时代的国家与社会关系作重点叙述。

当然，由于在写作时流露出的强烈问题意识，使得我几乎无力顾及近代史和现代史部分。若要系统地叙述近现代史，我还须多加学习。此书虽然侧重于所谓的旧中国、传统中国的历史，但也会适时言及孙文、毛泽东等跟现代史相关的事项；在第 13 章的最后，我展望了近现代史的发展趋势，也涉及了当今中国所面临的各种问题。第 14 章的末尾则阐述了我个人对现代亚洲问题的看法。

包括中国周边的各地区、各民族在内的东亚形势也是中国史的一环，我在书中同样有所论及。读者读后自会明白，这部分内容是中国史范畴内必须论述的问题。

我从第二次世界大战结束后开始从事历史研究。因为是日本战败后没过多久的特殊年代，亦是令我难以忘怀的年轻时代，所以对于当时的讲演、著作，我在本书的多个地方不止一次地发出感慨。但是，如今不管是政治形势还是思想状况都发生了巨大的变化，史学界的动向也不例外。执笔写书之际，我尽量也关注了这些新的变化。

我是战争的经历者。在战时随着日本的军事行动，也曾有过亚洲新秩序该如何发展、该怎样看待世界史的讨论。“近代的超克”等成为当时的流行语。[①] 还是学徒的我，所幸没有被这些讨论所迷惑。二战结束后以至现在，历史思潮又有了翻天覆地的变化。这些都是时代和历史的产物。今日的思潮也必将延续同样的道路而产生变化吧。这正是所谓的历史。我们在追赶潮流之时，提防不被历史洪流所吞没也是至关重要的。

能够写成这本书得益于诸多前人的研究成果。本书文后的参考文献中列有我参考过的专著和论文。为给广大读者提供参考，起初想尽量列举一些简单的文献，但因为必须提供我写作所依据的资料，不得已也列举了一些难懂的书目。敬请读者见谅！参考文献中也有少数中文文献，同理也是作论据用。另外，需要说明的是参考文献是按照本书所叙要点而列，对某些研究史上的重要文献有所省略，希望相关作者对此能够理解。

最后，因为是历史书，应编辑要求附了年表，但让读者牢记年代并不是历史叙述的目的。正文中仅仅表记了最小范围内的重要年代，希望读者在阅读此书之际，尽量以世纪为单位宏

---

① “近代的超克”源自二战末期日本学界召开的一次学术座谈会。座谈会的主要是通过讨论西方现代性的局限而达到超越、克服它的目的，并且在超克近代的意义上强调日本文化的优越性。因此，从狭义角度讲，此概念是为日本当时的主流意识形态即军国主义服务的。二战结束后，日本学界对“近代的超克”产生了两种态度：一种指责知识分子的话语驱使年轻人在战场上送死；另一种则从意识形态角度对其进行批判。总体来讲，日本学界对“近代的超克”或者说那场思想运动持否定态度。见〔日〕竹内好著《近代的超克》，李冬木等译，生活·读书·新知三联书店，2005。——编者注（以下如无特别说明，均为编者加注）

观了解一下历史，而不拘泥于具体年代。实在在意的话，可以参阅年表。

本书出版之际，讲谈社出版研究所的泷山和男先生、讲谈社学术文库负责人福田信宏先生、坂口美惠子女士给予我莫大帮助，在此深表谢意。最后，谨以此书献给长年辛苦陪伴我共度研究生活的妻子——耀子。

二〇〇〇年三月

堀敏一

1

中国文明的诞生

黄河文明和长江文明

一般认为东亚文明始于黄河流域，所以被称为“黄河文明”。同时，世界文明诞生于大江河畔，而黄河文明又与尼罗河、幼发拉底河和底格里斯河、印度河流域的文明并称为世界四大文明——这两种观点是紧密相连而人所共知的。

然而在今日，黄河文明一词得慎重使用。这个词容易让人产生黄河文明是黄河流域某地的文化不断发展后，影响力渐次波及周边的误读。近年来的中国考古研究发现，原始文化的遗址出现在中国各地。黄河流域有，其余各地也有。各个文化当然是孤立的，也即各地曾有过各自的文化。这些文化不断交流、融合，渐渐地黄河流域成了中心，诞生了早期国家。可以说黄河文明一词是历史演变的结果。

可是，也有观点认为虽说黄河文明是历史演变的结果，但它代表的是黄河流域的王朝的政治性统一，并非文明的一体化。特别是最近，主张长江流域有和“黄河流域”相对立的“长江文明”的观点引起了关注。确实，近年在长江流域发现的文化独具特征，有的跟黄河流域文化比在年代上也更为久远。虽然将它们统一起来的政治势力在时间上要晚于黄河流域，但在春秋中后期，楚、吴、越等强国于南方崛起，对北方诸国造成威胁，北方诸国为了抵抗而煞费苦心。即便是在秦汉大一统后的中国，楚地一带的文化仍然颇具特色。最近在这些地域出土的众多文物使之更受关注。

另外，在四川地区还发现了既不同于黄河流域也不同于长江流域的文明。这里的三星堆遗址因其独特的面貌而引来关注，但如何定位三星堆遗址的历史意义还有待于进一步的发掘与研究。四川地区虽有长江上游支流流经，但将其纳为“长江文明”恐怕不妥。四川由巴蜀两地构成。巴的中心为今日之重庆，滨长江主干，容易受到长江中游流域文化的影响。蜀地中心为成都，地域环境截然不同于巴，但我以为此地出现三星堆这样的文化绝非偶然。目前这方面的发掘进展有所滞后，我也关注并期待今后有新的研究成果出现。

灌溉农业和专制权力说

对为什么在大江河畔会出现文明，一般解释是因为河畔可以进行农业灌溉从而提高生产力。灌溉农业的良好运行需要辅以颇大规模的灌溉工程，而工程的实施则需要有强大的权力作后盾，因此专制国家在世界最古老的文明中应运而生。

但是，这样的农业技术和权力的产生既是历史发展到一定程度的结果，也是人类历史步入某阶段后的结果。如前所述，在此之前各地存有零星的小规模文化，在这些小规模文化被统合后方才诞生大江流域的文明。

这样的早期文化遗址，为了用水便捷且免于洪水之害，往往出现在临近河川的小山丘附近。人们自古就挖井取水，在七千年前的江南河姆渡遗址中曾发现了迄今为止中国最古老的水井。确实从战国以降直至秦汉以后，国家开始有组织地兴建大型水利工程。秦时建造了位于今陕西的郑国渠和四川的都江堰等设施，并开垦了农田，但起关键作用的黄河给农业带来的利益远不如洪灾对土地造成的破坏，所以历朝历代都将修治水利放在更为重要的位置（相较农业灌溉而言）。同时在黄河流域，不需要强大权力作后盾的井水灌溉也非常普遍。

黄土的堆积和农业的开始

有人说，黄河流域以及中国北部平原之所以能够产生先进文化，是因为此地有黄土堆积。黄土是一种颗粒非常细小的黄沙，由于华北地区比较干燥，蒙蒙细尘会乘风卷起，扬至高空。这种被称作黄尘万丈（指沙尘天气——编者注）的现象，有时会乘着偏西风出现在日本上空。可如果遇上水，它们就能成为肥沃的土壤，以促进农业发展。

只是华北地区降水极少，而黄土细小，会不断吸取水分。因此需要一种固水保土的技术，即所谓的旱地农法。当然这种技术产生于农业得到一定发展之后，与原始时代关系不大。被土壤吸收的水分成为地下水，流淌不息，人们挖井再将它们汲取上来。如前所述，黄土地区是盛行井水灌溉的。

黄土与农业的关系始于黄土堆积之时。一般认为黄土从亚洲内陆乘风而来，覆盖中国北部平原是在旧石器时代末期。黄土堆积完毕后，在黄土之上便萌生了新石器文化，继而开始了农业耕种。农业伴随新石器时代而产生，普遍见于世界各地的先进文化中，通常称为“新石器革命”。中国诞生的新石器文化和农业与今日的中国文明紧密相连。在中国考古学的摇篮期，学者们将在新石器早期遗址里发现的人骨命名为“原中国人”（Proto-Chinese），也就是说这时期已经出现了中国人的祖先。

在中国大地上，从旧石器时代开始已经有人居住。著名的北京原人（北京猿人）属于世界最早的人类之一，[①] 新中国成立后，研究者又发现了比北京原人更早的蓝田猿人（西安东南部的蓝田县出土），以及更为久远的元谋猿人（云南省元谋县出土）等；元谋人与非洲最早的人类几乎出现在同一时期。上述人类与现在如我们一样的智人没有关系，一般被归于早期种类（当然也有学者认为北京原人具有东亚蒙古人的特征）。旧石器时代末期的属于智人的人类现已在中国各地被陆续发现。最典型的如北京原人所在地周口店发现的周口店上洞人（山顶洞人）。他们活动的范围大抵属于黄土堆积快要结束的年代，也有可能是北京原人的后裔，目前学界尚无定论。

北方的仰韶文化

新石器文化中知名度最高的是仰韶文化和龙山文化。仰韶文化的命名源于瑞典人安德松（John Gunnar Andersson，中文

---

① 原文中作者在“北京猿人”后还标注了日文假名“シナントロプス・ペキネンシス”，即拉丁文中的“Sianthropus Pekinensis”，指北京猿人。多数人类学家将人类发展阶段分为南猿、直立人和智人，但也有人类学家认为人类发展阶段可分为早期猿人、晚期猿人、早期智人和晚期智人。后者即是日本教科书中常见的——猿人、原人、旧人（古人）、新人——分类法。

名安特生）1921 年挖掘的仰韶遗址（河南省北部的渑池县）。经日后考据证明仰韶遗址混合了后代的文化，但仍然援用这个具有纪念意义的名字。

仰韶文化最显著的特征是，出土了在赤褐色底面上刻画着红、黑、白等色且拥有精美几何图案的土器，中国人称之为“彩陶”（中国不区分土器和陶器，统称为陶器）。[①] 彩陶类似于西方的“彩色土器”（Painted Pottery）。彩色土器通常发现在以西亚为中心的，从中亚、印度、北非直至意大利半岛的广阔地域内，为此安德松认为彩陶来自西方，尔后他又挖掘了甘肃的几处遗址。然而从当今的发掘进展来看，在中国的中心地区也出土了年代古老的彩陶，与其相较甘肃、青海等地遗址出土的反而较新。据此可以推断彩陶起源于中国。

如今西安东郊的半坡遗址是仰韶文化的代表之一。半坡遗址是公元前 5000 ~ 前 4500 年间的古老遗迹，由濠环绕起来的聚落遗址如今成为博物馆，供人参观。当时的人们主要种植粟与黍之类的谷物，还饲养狗和猪，日后华北农民的生活方式显然早已出现。住宅分竖穴和地上房屋两种类型，相对较小的屋子里有各自的灶台，可想而知当时是以小家庭为基本消费单位。可是，邻近半坡的姜寨遗址（山西临潼）里，这些小房

① 在日本不挂釉素烧的器物称作“土器”，而在土器的基础上进一步烧制的质地多孔、略含吸水性、施以釉彩的器物则称为“陶器”。

屋围绕着更大的房屋形成了五个小的群组，房屋的入口面对着聚落中央的广场。这表明小的群组和聚落整体并存的双重共同体结构已经形成。

半坡和姜寨等的彩陶里绘有鱼纹和人面等装饰，这被认为是同某种宗教有关。大型房屋的墙壁里埋有头盖骨，可能有举行过割取人头的活动。这种为了守护建筑物而拿人来祭祀的风俗，一直沿传后世。

近年来又发现了一些早于仰韶的文化（在公元前 6000 ~ 前 5000 年间），如裴李岗文化（河南北部的新郑）、磁山文化（河北南部的武安）、老官台文化（陕西省华县）等。由此可知，中国农业文化的起源还可继续前溯。

龙山文化

龙山文化的称谓取自山东省章丘龙山镇的城子崖遗址。这是一个在 1930 ~ 1931 年由中国学者首次运用科学的挖掘方法，并最早出具相关报告的遗址。此处出土的土器中尤受瞩目的是泛着黑色光泽的做工精美的薄土器，它是用陶工旋盘制作而成。在中国此类黑色土器被称为“黑陶”。黑陶不单属于城子崖，也有着龙山文化的常见特征。学界普遍认为这种文化存在于公元前 3000 ~ 前 2000 年之间。

城子崖还出土了占卜用的骨头，其占卜方法被认为和殷墟里的一样。从土器的形态来看，显而易见龙山文化与后来的殷文化一脉相承。

城子崖遗址里有城墙，其周围又聚集了中小型的聚落遗址，有的聚落中也自筑了城墙。可见，当时以城子崖为中心的文化，阶层间的支配与从属关系已有相当程度的发展了。当然，从墓的大小和陪葬品的多少也可判断各聚落内部出现了阶层分化的现象。最近有研究称在仰韶文化末期也发现了带有城墙的遗址，但通常认为这一情况是在龙山文化后期才逐渐增多。有代表性的如王城岗遗址（河南登封），好像出土过一些青铜器。另外考古人员在山东的龙山文化遗址中还发现了原始文字。遗址中有城墙、文字、青铜器等是文明的象征，可见当时即将迎来文明的繁荣。

关于仰韶文化和龙山文化的关系，很早以来就被视作一种东西并存的文化类型。因为城子崖遗址在山东，而仰韶文化又脉承西方。从文献上来看，夏王朝发源于西方，殷王朝则源自东方，因此可认为这些王朝继承了前人东西对抗的文化传统。

可是后来，在处于中部地区的河南省发现了证明仰韶文化向龙山文化推移的新遗址，于是人们又认为仰韶代表新石器前期、龙山代表新石器后期的文化。最近凭借放射性碳检测已可清楚地判定年代，正如前述，二者的先后关系现已一目了然。

以前，龙山文化因所在地不同曾有陕西龙山文化、河南龙山文化、山东龙山文化等称谓，现在则认为城子崖等山东龙山文化同河南方面的属不同谱系。因此，仰韶文化向龙山文化的推移是在以河南为中心，包括山西、陕西之一部的中国北部中心区域进行的。于是东西文化差异再次成为关注的焦点。

如此一来，山东地区又如何呢？据称公元前4000年以前大汶口文化曾于此地生息，而仰韶文化并未波及至此。大汶口文化中，人们依旧种植粟、饲养猪，但也种植水稻，可能是淮河、长江等南方文化的影响所致。然后在大汶口文化的基础上，山东龙山文化产生了。

南方的河姆渡文化

接下来看看中国南方的文化。首先从广义上的长江下游流域开始，在这里，和北方仰韶文化的半坡遗址相提并论的是杭州湾南岸的河姆渡古遗址（浙江余姚），其具有代表性，也建立了博物馆。此处发现的含有大量米、稻草和谷壳的地层备受关注，也出土了骨制的耜等农具，表明当时的河姆渡先民已种植水稻。河姆渡人居住在高床式的房子里，耕作农业的同时还兼顾纺织，因此衣食方面自给自足。饲养的家畜仍然是狗和猪，也有可能饲养了驯服过的水牛。

河姆渡文化大概存在于公元前5000~前3000年间。河姆渡遗址被发掘后，人们又发现了年代更为古老的罗家角（约公元前5200年，杭州东北）等遗址；同河姆渡一样其也种植水稻。长江中游流域还有比以上更为古老的水稻耕种遗址，具体情况后文再作详述。

水稻种植的发祥地学界一直有着争论。早前，起源于云南至阿萨姆（Assam，印度东北——编者注）一带的说法是主流，近来在中国源自长江中下游流域的观点更具权威性。这种稻耕习俗也是日本水稻耕种的源流，但问题是为什么既然华北文化大都经朝鲜输入，可日本相对于旱田选择了稻耕？水稻种植又是源于何处、途经何地方才传入日本的呢？对于这个问题，也有华北、华中、华南等各种路径值得考虑，但源于华中也即长江流域的观点恐怕最具说服力。源起华中也有直接从当地渡海和经由韩国南部传入两条路径可供选择。如果考虑从台湾经冲绳、奄美诸岛屿的路径，则福建作为始发地也并非不可能。

良渚文化

那么在比河姆渡文化较新的长江下游流域的多种文化中，有从浙江北部延至江苏南部的马加浜文化（这里也发现过水田遗址），还有稍后出现的良渚文化（约公元前3000～前2000年）。最近，良渚文化在很多方面都成为话题。

其一是发现了可称为都市的大规模聚落遗址。它是有着巨大地基的莫角山遗址（浙江余杭），上面还有宫殿或神殿的地基，地基之间能够发现大型柱子的痕迹，以上表明这里可能有过高床式建筑。以该遗址为中心，周边聚集了不少其他遗址。由此在聚落与聚落之间构成了支配与被支配的关系，从墓地状况可推测阶层分化得到进一步发展，贵族、战士和奴隶均已出现。虽然有人主张以此作为新都市文明的标志，但遗址中并没有发现城墙和青铜器。土器里有些刻有符号，但能否将其视作文字，学界意见暂不统一。不论如何，和北方的龙山文化一样，良渚文化已经接近都市文明是无可置疑的。

其二是良渚文化的软玉制品。虽然中国使用玉器的时间较早，可之后发现的遗址中再没有出土过任何可与良渚文化媲美的量大且质优的玉制品。这些玉器用作身体装饰物，或是用于仪式与祭祀，其中面部雕刻得清晰可辨的被认为是能代表那个时代的神祇。

良渚文化的遗物也出现在山东的大汶口文化中，说明两者之间互有关联。过去良渚文化的北部是青莲岗文化，据说其对山东地区的文化产生了影响，目前考古学的挖掘和研究尚在进行中，学界各种假说纷纭并立。譬如设定一个先于大汶口文化的北辛文化代替青莲岗文化，而将青莲岗文化的北部纳入大汶口文化等。由此看来青莲岗文化的定位目前尚不明确。

长江中游流域的诸文化

江西省万年县的仙人洞遗址作为中国新石器时代最古老的遗址已家喻户晓。最近，此遗址及其附近的吊桶环遗址的调查结果表明了公元前10000年前后由旧石器时代向新石器时代的转变，并且在新石器时代的早期地层中发现了水稻种植的痕迹。更上游的湖南省道县的玉蟾岩遗址中也发现了同时期的水稻栽培迹象。

相较而言年代稍后的湖南省彭头山遗址（澧县，公元前7000～前6000年）中也发现了水稻种植的证据。以上种种表明较长江下游的河姆渡等文化，更早期的人类已开始栽培水稻。因为这一带野稻丛生、遍布遗址，所以目前认为长江中游流域就是水稻栽培发祥地的假说最具权威性。基于此，彭头山文化在学界与华北的裴李岗和磁山文化地位相当。

长江中游流域农业文化的繁荣期是大溪文化（大溪位于四川省东部的巫山县，公元前4000～前3000年）和屈家岭文化（屈家岭位于湖北省京山县，约公元前3000～前2000年间）。后者包括有着大规模城墙的石家河遗址（湖北省天门市），是拥有更小规模城墙遗址的综合。虽然也可以说此处曾经有过都市，但同样没有发现宫殿的遗迹和青铜器。屈家岭文化末期，受到了北方龙山文化的影响。

据说最近发现了属于彭头山文化末期的由濠和城墙围绕而

成的聚落遗址。在华北地区，仰韶文化早期的半坡和姜寨遗址中，聚落也被濠环绕，但城墙的出现则是从仰韶文化末期进入龙山文化时期的事了。这一新发现，不禁让人们开始想象城墙由濠发展而来的过程，如此一来，此地城墙岂非出现得相当早的推测也应运而生。后来经进一步发展，出现了石家河的大型城墙。

四川的三星堆文化

四川位于长江上游，文化特征非常独特。众所周知，进入人类历史后，由于诸葛孔明的所谓三分天下的策略，此地通常会诞生不同于华北和江南的国家。体现这一独特文化特征的正是成都北部（广汉）的三星堆遗址。

三星堆遗址开始于新石器时代末期，之后伴随文明发展进入青铜器时代，并一直持续到西周时期。遗址中的大规模城墙，一般认为建造于青铜器时代初期（大约在商朝早期）。三星堆的主要文物在日本的展览会上展出过，应该有读者已欣赏过了。土器、青铜器、玉器可反映与黄河流域及长江流域文化的关系，眼部突出的怪异的青铜面具，人头像、立人像（神像）和青铜扶桑树①等是三星堆特有的文物。这些文物被破坏

① 即青铜神树，1986 年于四川广汉三星堆遗址出土，现藏于四川三星堆博物馆。

抑或被火烧掉然后就地掩埋，于是三星堆文化一夜之间突然消失。因此不甚明白它们之间的前后关系，有待日后的研究来释明。

成都平原里有城墙的遗址似乎不少，近来成为关注焦点的是成都西南（新津县）的龙马古城。这里有城墙和方形土坛，有人认为它们是都市文明留下的痕迹，但此遗址包括新石器时代到后汉、三国时期的土层，有必要等待今后的详细调查来进一步说明。

青铜器时代与文明

至今为止，我对文化和文明两个词不加注释地使用过来。文化、文明原本都是中文[①]（关于这个后文再述），此处分别作为 Culture 和 Civilization 的译语而使用。这两个词语的内涵大概可谓全世界共通。文化是人们在生活中创造出来的各种事物要素的综合体，由于表现出人类集体的特征，所以称之为“某某文化”。

文明的原文 Civilization 是都市化的意思。我在前文屡次使用了都市文明一词。以发掘进行较早的东方国家（Orient）来

① 日文中“文化”“文明”二词与中文写法相同。此处是作者站在日本角度上的表述。

讲，一般认为环绕都市的城墙、青铜器和文字等的出现是文明的标志。标志因地域而不同，在中国并非一定要按照此标志来判断，但可作为参考。人类诞生后，所居住的地方必有文化。但文明的诞生却仅限于一部分地区。所以有四大文明的说法。中国当然是文明地区之一，但具体是何时何地形成的，今后可能仍然会众说纷纭。

关于这个问题，依据目前考古学的一贯做法，追踪青铜器时代的诞生乃稳妥之举。刚刚提到龙山文化有与殷墟文化相关联的特征，龙山文化是新石器时代，殷墟（公元前14～前11世纪）出现在青铜器时代的最鼎盛期。这期间虽有着较长的时间跨度，但在第二次世界大战之前，我们尚不甚清楚它的具体的情况。这就是所谓的“失忆”现象。

让人意外的是，1951年发现了河南郑州二里岗遗址（约公元前1500年），紧接着1957年又发掘了更早时期的河南偃师二里头遗址（位于二里岗以西，洛阳以东）。这些遗址里出土了比殷墟较为简单朴素的青铜器，二里头遗址四层文化堆积的第三期文化层里发现了宫殿的地基，毫无疑问，这是早于殷墟的王朝遗址。

对二里岗遗址属于殷代早期的事实应该毫无争议，但对于二里头则意见不一。有人认为整个二里头都属于夏王朝，有人则认为都属于殷王朝，有人说前半期是夏王朝、后半期是殷王朝，更有说法认为夏王朝之始可追溯到王城岗遗址（参见前文介绍）。依此推断的话，二里头第三期的宫殿遗址是殷初或更早以前的夏王朝的都城也不无可能。二里头文化包括河南西部与山西南部，范围相对有限；二里岗文化西至陕西东部、东达山东、南到湖北江西之地，范围较广。由此表明殷王朝在进入某一阶段后，其势力范围已经相当广阔。

殷墟出土了大量甲骨文，说明存在过较为成熟的文字。简单的文字在二里岗也出土了，但由于资料甚少，无法推断出文字的发展历程。不过，形似文字的东西在大汶口和山东龙山文化的遗址里也有发现。如前所述，在东方国家青铜器、文字和都市的出现被当作文明诞生的标志。在中国，象征都市诞生的城墙可见于龙山文化的城子崖、王城岗甚至更早时期。也有学者将良渚文化的聚落遗址（没有城墙）视作都市。所以或许可以说，在中国都市和文字可追溯到新石器时代。

当然，城墙因防卫所需而出现在更早时代也不奇怪。如前所述，现在的长江中游流域极有可能出现过早期城墙。城墙里面并不是民众进行都市生活的地方，而是王和贵族的居所，也即城塞。一般认为文字在东方乃是随着商业的发展而发展的，中国的文字，比方说殷墟的是和祭政一致紧密相连的神圣之物，仅在少数统治者之间使用。文字和以王为中心的统治权力紧密相连是确凿无误的，所以我以为中国的这种政治世界在新石器时代即已出现。

文明与自然、文明与歧视

前文中，我在使用文化和文明二词时，用的是世界共通的意义，而它们原本都是中文，有着其他不同的含义。不错，“文”这个字意味着人类创造的辉煌事物，在这点上和文明意思相近。只是在古代中国人看来，创造辉煌事物的只有中国人，周边种族仍然处于原始的未开化状态。所以中国人想要向周边种族传播“文”，有时以征服的方式，有时则是周边种族的主动同化。中国人称之为“以文化之”“以文明之”等。这就是文化、文明的原意。当然这是中国人一厢情愿的想法，正是因为在黄河、长江流域很早就出现文明，而周边又处于原始状态，所以产生了这样的观念。

自然，这种方式的文明统治，在春秋时期遭到了异民族人士的批判。简言之：“此乃中国所以乱也。夫自上圣黄帝作为礼乐法度，身以先之，仅以小治。及其后世，日以骄淫。阻法度之威，以责督于下，下罢极则以仁义怨望于上，上下交争怨而相篡弑，至于灭宗，皆以此类也。夫戎夷不然。上含淳德以遇其下，下怀忠信以事其上，一国之政犹一身之治，不知所以治，此真圣人之治也。”[①] 战国时期，诸子百家百花齐放。儒

① 《史记》卷五《秦本纪第五》。

家重礼乐，重人的修养，高度评价了文明的产物。相反，道家着眼于文明社会的缺陷，主张回归朴素自然的原始社会。孔子云“质胜文则野，文胜质则史，文质彬彬，然后君子”，即主张文采和质朴相融合方为君子。

现代是强烈批判文明史观的时代。前述文明诞生观和历史进步、发展观有关联。与今日一样，在机械文明破坏自然、恶化环境的那个时代，也有人从根本上否定历史的进步和发展，甚至对文明诞生观进行过批判。而且认为文明诞生观里隐含着文明化民族对未开化、野蛮民族的歧视。

但是，我们今日并非生活在原始社会。贯彻原始生活中那些好的理念要以今日之文明生活为前提，而并非选择去破坏文明（但确实也有相反的主张：有位美国退休大学教授，在山中隐居，过着原始社会的生活，后因破坏象征文明的高楼而被捕）。我们人类努力创生的过程及结果都是不能否定的。

人类生存发展的过程并不均衡也是事实，但在看待这个问题的时候，绝不能带有歧视。比如，中国和周边的民族之间最初确实存在文明落差。但如果通观中国文明的形成过程，如我前面所言，文明乃各地文化之集大成。周边民族有其自身文化，他们也是在此基础上来推进文明化，只是在时间上晚于中国而已。单方面认为后进民族接受了先进民族的恩惠是荒谬的解释。我们不能忽略各民族为了文明化而作出的自主能动性上的努力。

2

中华民族与中华思想的形成

称作华夏的民族

参考古代文献，中国最初的王朝是夏。现在中国的考古学者正在努力研究释明夏王朝的历史。由于没有出土形似殷墟文的文字，也无法参照古文献来推断遗址的性质，所以诸多观点，众说纷纭。因此，夏王朝历史仍然扑朔迷离，但夏王朝的“夏”后来用作指代中国乃至中国民族却是事实无疑。只不过也有人认为作为朝代讲的“夏”取自地名，所以是中国首个王朝之名变成民族之名，还是先有民族之名的“夏”然后才以王朝之名传承下来，抑或是两者全都正确，暂且只能说结论尚不明了。

夏亦可写作华，合为华夏。近年中国学者热衷于探求国家的民族起源，“华夏族”的起源或华夏族的形成这种说法也常常出现。中国一词，今日作为国家名称被使用，但中国国家的特征是多民族国家，所以在追寻民族起源的时候并不能使用中国一词，何况“中国”也可指代国土和地域。当作为民族名称讲时，可以借用在构成中国的众多民族中占据绝大多数的汉族，但“汉”来自汉王朝，不适合用作早期先民的称谓。所以华夏族沿用至今。

何谓民族

在前一章我谈到了中国文明的诞生，虽然最初各地有丰富多彩的文化，但由于它们相互孤立，难以萌生统一的思想意识。人类学者调查了各地出土的古代人骨，发现它们本质上无甚差别，和今日之中国人一脉相承。曾经有人将新石器时代的民族称为“原中国人”，可这种说法与人种别无二致。人种和民族是两个不同概念，民族更具文化性内涵，形成于历经的共同历史。最重要的是与其他相比必须有我们是同类这样的共同认识。

还有一种观点，认为民族是在近代以后被人为创造出来的。Nation 在英文中表示民族，也被译成国民或国家。进入近代后，民族开始拥有自决权，便产生了一种建立单一民族国家才是理想状态的思想。民族努力建造独立国家的运动被称为民族独立运动（Nationalism）。

这都是到了近代才有的现象，要实现这些必须在近代以前就存在持有同类意识的群体。况且近代不仅存在如美利坚合众国这样的非单一民族国家，也存在包括非洲系、西班牙系、意大利系及各种亚细亚系等少数民族在内的情况。我们称之为ethnic group（族群）、ethnicity（民族）等。中国的少数民族也属此类。所以对近代以前持有同类意识的群体也适用这个词（ethnic、ethnicity）。但不论中国还是日本都将近代以前或以后的群体统称为民族。我以为民族也因时代和地域而呈现多种多样的形态，nation 不过是其中之一而已。

中国早期的小民族集团

这种意义的民族在中国形成于何时呢？让我们从中国古代历史来找寻答案吧。我一再讲过，在没有统一的新石器时代里不可能产生民族。即使在新石器时代以后，初期的二里头文化（因为很多人说它属于夏王朝）的范围也很有限，根本没有能够产生像后来的汉族那样大规模民族的条件。当然也有人认为夏王朝时已经出现了小规模民族集团的认同意识。

中国也有学者认为在中国历史初期，各地存在着小规模的民族集团（也有民俗集团的说法）。徐旭生通过分析古代典籍中的传说，认为古代存在三种集团："华夏集团"、"东夷集团”和“苗蛮集团”。这或许可说刚好和近年考古学解明的“华北的东西两种文化”和“南方的诸多文化”相对应。可以认为，在实现大统一之前，中国已经形成多种民族集团。不过徐氏依据的资料只是传说。《史记·五帝本纪》的开篇写道，黄帝轩辕连续击败炎帝和蚩尤，被诸侯拥立为天子。徐氏认为属于华夏集团的黄帝打败同属于华夏集团的炎帝和属于东夷集团的蚩尤，然后统一了中国。但恐怕这是中国统一之后才诞生的一统天下的神话故事吧。

殷王权的特征

一般认为，二里头文化之后的二里岗文化出现在殷朝前期，而始自这个时代的殷式遗址亦开始分布在广大地区。殷代后期的殷墟出土了甲骨文，由此很多历史事实水落石出。特别是篆刻在甲骨上的国王记录，和《史记》里所记的系谱图几乎一致，于是人们发现《史记》的记载某种程度上是可信的。

殷墟除了出土文字和青铜器外，还发现了巨大型王墓，其伴随的无以计数的殉葬和牺牲现已清晰可知。乍一看，殷王朝的王权似乎强大有力，但依据甲骨文的记载，殷王烧灼甲骨以占卜神的意志，然后依此决定行动。殷王代替神来执行政治，人们也信奉神遵从神的安排，所以殷王权力看起来强大无比。这样的制度叫作神权政治（Theocracy）。

殷王的系谱图显示，政权并非父子相传，而是兄弟相续。而且叫作“子某”的非常多，很难想象他们都是亲生儿子，似乎继承王位的兄弟们的生母也各不相同。所以有人认为殷王朝政权亲族庞大，族内应有多人继承过王位。还有人更进一步说，系谱上的兄弟是虚拟的血缘关系，由被视为兄弟的人代表构成殷王朝的各个氏族而继承王位。按照这种说法，构成殷王朝的至少有10个氏族。不管怎样，殷王朝是近亲或数个氏族的联合政权，并不能说由君王发挥了强大的世俗性权力。

据甲骨文记载，殷经常和周边的小国发生战争。战争中，殷俘虏了很多奴隶。这些奴隶经常作为奉神祭品被烧死，记载中他们多为异族人类。总之，在殷周围存在各不相同的种族，他们或是臣服于殷的联合政权，或是与殷王朝对抗。换言之，处于核心的联合政权与周边的诸国家、诸种族，即便他们臣服于联合政权，双方也很难产生互为同类人或民族一致的认同感。

周的封建制度和小集团意识

殷之后的周朝（公元前11世纪以降），各地依旧遍布着早已存在的众多国家和种族。周王朝在其中选配一族，封以领土，责令建国。这就是所谓的封建制度。殷朝时候，统治者则均居于都城，轮流继位。此即殷、周两代的不同之处。

周代仍然属于青铜器时代，其青铜器和殷代相比，篆刻的文字更多，史称金文。金文有记载，取得天下的武王曾宣告："余其宅兹中国，自兹乂民。"[①]《书经》和《诗经》的一部分也是周代的记录，《诗经》有"惠此中国，以绥四方""惠此京师，以绥四国"（《诗经·大雅·民劳》）等句。这两句意思相同，京师即是都城，中国亦指都城。金文和《诗经》都记录国王身居都城欲治民四方。国这个字，仿照城墙围绕而成的都城形状而造，所以这样的都市当时就是国家。周代各地这样的国家有很多，虽然周掌握统治天下的权力，但也只是其中之一而已。"中国"即指居于这些国家正中之国。因此位居中央的周，欲将统治四方国家及其百姓。是时的中国一词，还没有表示后来的全体中国之意。

周人自称"夏"。不过，"夏"也和"中国"一样，用来指称周的都城所在（直辖领地）。《书经》载武王告示曰："用肇造我区夏，越我一二邦，以修我西土，……肆汝小子封在兹东土。"[②]"小子封"指的是武王的弟弟康叔，灭殷之后，殷墟

---

① 见何尊铭文。何尊是西周早期的一件青铜酒器，周成王时为贵族"何"所作。1965 年出土于陕西宝鸡，今藏宝鸡青铜器博物院。

② 见《尚书·周书·康诰》。《康诰》与《酒诰》、《梓材》两篇都是周公对文王之子康叔说的话；《康诰》中其反复告诫康叔要明德慎罚，爱护殷民。

的土地封给了他，即是东土。周勃兴的据点在西方，故称西土。西土又分成“区夏”和“一二邦”。区夏即夏区，夏之区域的意思。邦就是国。所以西土有周的直辖领地，还有诸侯治下的诸国，其中直辖领地才被称作夏。周朝始祖后稷是农神，相传曾事于夏王朝。大概周人认为只有自己才是夏文化的继承人。

后来统一中国的秦，在统一之前，对东方的诸侯各国自称为夏。秦是古国，因靠近东周王室领地的西侧，所以沿用了周的叫法。周也好、秦也罢，这种对夏的执着，正是前所述及的小规模民族集团意识吧。

春秋时代的民族意识

秦统一中国前、周朝势力衰退之时，中国进入春秋战国的分裂时期。周最初以镐京（西安的正西面）为都，被异民族占领后，① 遂迁都（公元前 770 年）到东方的洛邑（后来的洛阳）。以此为界，迁都前为西周，之后为东周。东周时周王朝的权威已经衰落不堪，所以出现春秋战国这样的乱世。

虽是如此，春秋时期出现霸主，挟周王以令诸侯。春秋前

① 周幽王十一年（公元前 771 年），犬戎攻破镐京杀幽王，西周灭亡。

期霸主的口号是尊王攘夷，想要保护周王、击退夷狄。春秋后期，楚、吴、越等虽被认为是南方边境长江流域的夷狄势力，然势逼中央成为霸主，诸侯也不得不唯命是从。

楚、吴、越等是大国，但春秋时期的小型夷狄势力的后人仍然遍布当今中国内部。他们种族不同，所以语言和风俗不同于汉族国家。汉族国家便结成同盟，对抗异民族国家。这时候的汉族国家自称“诸夏”“华夏”“中华”等，相反称异民族为夷狄、戎狄、蛮夷等。由此可见诸夏或华夏这样共通的连带意识已萌生。所以我认为春秋时期，华夏民族也即后来的汉族已然成形。

春秋时期各国分立。但它们之间产生了共通的民族意识。民族的连带意识的出现不需等到国家完成统一。希腊虽然一直处于分裂状态，但一直拥有希腊精神，可以区分自己与非希腊人（barbaroi，即野蛮人）。春秋诸国也是如此。

只不过，取得民族胜利后的希腊在市民中产生了民族自觉性，春秋诸国却只在居于国家统治阶层的士以上才产生连带意识。庶民之间的这种意识更要到战国时期乃至国家统一之后方才产生。市民中的民族意识在这种意义上可谓东西共通。

诸夏、华夏这些共通意识产生的同时，也出现了歧视夷狄等异民族的意识。记载春秋时代的文献里，有“戎禽兽也”，“戎狄豺狼”等语。在警告异民族不要联手西戎，否则会失去诸夏信任的记述里有“犹得兽而失人也”等句。（以上皆引自《左传》）[①] 可见当时并没有把异民族当人看。当然，这些文献记载的虽是春秋之事，成书却是在战国以后，因此有观点认为这是受到歧视意识强化的战国以后的思想矫饰的结果。这也有可能，但我认为共通意识和连带意识是在与他者的对比中得以强化的，所以歧视意识的起源应该是在春秋时期。

春秋时期，华夏族虽然意识到与夷狄的差别，但相互之间交流却颇为频繁。交流使得夷狄因中国文明的影响而改变，也促进了华夏族同夷狄的同化与融合。河北省内的中山国就是例证之一。中山国遗址被挖掘后，出土文物在日本也展出过，都是代表那个时代中国文明的精品。但其中混有一件能够展现祖先游牧生活遗风的帐篷组件。唐朝著名的太宗皇帝李世民的文德皇后，乃鲜卑族出身。皇太子李承乾因行径怪异，被褫夺太子之位，据说他就曾在宫殿里搭帐篷居住。今日在遗址中尚可窥见中山国气派宫殿之遗风，或许当时真有承继祖先的生活方式而在帐篷里生活的人。

① “犹得兽而失人也”出自《国语·晋语七》，系作者笔误。“戎禽兽也”“戎狄豺狼”分别出于《左传·襄公四年》《左传·闵公元年》。

战国、秦朝的华夏族和异民族

春秋时期生活在中国中部地区的夷狄，战国时期被同化，渐渐地不再引人注目。诸国间不断竞争，小国领土被大国吞并，中国逐渐趋于统一的同时，各国内部也逐渐在统一，趋于一体化。说是一体化，可内部却是君主权力越发强大，君主、贵族和庶民间的差距不断扩大。内部的这种差距在外部也有所反映。他们对自己建立的社会的边缘群体，也即对奴隶和异民族的歧视较之春秋时期更加严重。刚才提到，有观点认为记载春秋史实的文献里的歧视意识，体现的是文献成立时即战国以后的思想，这种说法正是基于战国时期歧视观念愈演愈烈的事实。

从战国时期到秦统一六国，华北中部地区异民族的同化得到进一步发展，周边和外部都有异民族的聚居地。中国西南部的广西、贵州、云南以及四川的边远地区，现在仍是少数民族较多的区域。他们由多种民族构成，历史上统称为“西南夷”。长江流域的楚、吴、越不久后被文明化，现在不断挖掘出的楚文化遗物，因其独有的特征而备受瞩目。这些国家的正南方居有众多异民族群体。特别是浙江、福建、广东等地的诸民族被统称为“越”，又有东越（闽越）、南越（扬越）等分别，中原人泛称为“百越”。这片地方由汉民族开垦是唐以后的事了。

这种将南方称为“越”的叫法，如今留存在越南的国名中。以上便是大部分生活在中国国境内的民族。同样，在中国南部也有很多异民族，而战国、秦朝时的华夏族（汉族）并没有南进拓展，所以中国几乎没有和东南亚、南亚之间的往来。

但在北方，华夏族已拓展到农耕与游牧的交会地带，和当地的匈奴产生了冲突。匈奴以前也是中国内部的一个异民族，战国、秦、汉时期作为北方的游牧民族频繁地骚扰中原。诸国便从战国时在北方开始建筑长城来抵御攻击，到了秦代扩建成了万里长城，成为中国与外国的分界线。匈奴以及后来的朝鲜诸族住在长城外，保持着同中国的往来。

中华思想的形成

前已述及，中国人脑海里的文明意识，即只有中国人能创建文明，周边的民族皆是未开化与野蛮的，对他们要施以文教，让他们为文所化正是中国的使命。正如前述，这种文明意识包含两个方面：其一，对外蔑视、歧视异民族；其二，征服、同化异民族的同时持续将他们纳入文明内部。这种两面性正是中华思想的特点。

中华思想的两面性并非一同确立的。《春秋公羊传》记载：“《春秋》内其国而外诸夏，内诸夏而外夷狄。王者欲一乎天下，曷为以外内之辞言之?”由此可见按照《春秋》所记，在各国看来诸夏为外，在诸夏看来夷狄为外。春秋时代处于分裂时期，国与国之间、诸夏和夷狄之间存在歧视是时代特征，《公羊传》立书于战国末期至秦汉时期，正值天下趋于统一的时代。其中自当包括夷狄，所以区分内外的差别意识让人觉得不可思议。直到把夷狄也纳入文明内部的中华帝国成立，才可说中华思想已经确立。

值得注意的是，中华世界的成立并不仅仅依靠中华的民族和文化的拓张，如《公羊传》所言，也依赖于王的统一事业。春秋战国时期，君主权力得到强化，成为统合华夷世界的核心。而君主的治国能力一直被认为是君主德行的反映，这种观点开始越发被儒家思想所强调。中华和夷狄的差异事实上是文明不同所致，而不是被换作的君主之德，以及异民族因仰慕中华君主的高尚道德所以归顺而来的说辞。这样一来，秦汉大一统后，皇帝就丧失了仅凭权威等去统治臣民的基础。是否有国外异民族的归顺和朝贡，朝贡的多寡等也关系到皇帝的权威。换言之，在中华思想中，皇帝必须是中国内外各民族的中华世界的君主。

君主的存在以及德之有无，相比华夷间的民族差异更为重要，这种思想古已有之。春秋末期的孔子曾说："夷狄之有君，不如诸夏之亡也。"此句表明君主的有无是人类世界最重要的事情，华夷之别不如它重要。

战国末期的荀子则说："居楚而楚，居越而越，居夏而夏，是非天性也，积靡使然也。”荀子鼓励通过学习礼乐来培养德行。这句话表明华夷之别并非绝对，他更加重视品德涵养的修为。建立在《公羊传》基础上的公羊学主张包括华夷在内的天下大一统，又有丧失礼节则“中国亦新夷狄也”，反之，“夷狄也而忧中国”的说法。中国后来屡次被异民族统治，对异民族的统治者而言，强调德重于华夷的思想更有利于统治，所以他们一如既往地尊奉中华思想。毋宁说正是因此才确保了王朝统治中国的正统性。

毋庸讳言，中华思想强调中华与夷狄之间的差别，包含有对异民族的蔑视观和歧视意识。但同时也允许夷狄仰慕中华皇帝德行远道而来，接受中华文明的同化，成为中华的一员，所以产生了诸民族间融合、亲善的观点。中华思想的两面性，不同于仅强调希腊和 barbaroi 之间差异的希腊人思想。中国也和希腊不同，原因在于中国建立了囊括异民族在内的帝国，各个国家相对独立，而希腊国仅由希腊人构成。概言之，中国春秋时期存在着华夷之别的观念，后来随着中国实现统一，中华思想逐步发展完成。

中华思想具有两面性，哪面更为突出因时代不一而不同。唐朝建立了诸民族大一统的世界型国家，诸民族间和睦友好的一面更为显著。宋代以后，被辽、西夏、金、元、清等强大的异民族压迫、征服的时代里，相对于征服者强调以德治国、民族融合的观点，在被统治的汉族一方，民族差别则演变为强有力的民族主义而发挥作用。这种民族主义，在19世纪满族的清朝统治下，孙文等发起革命运动之时，最初体现为驱逐满族鞑虏的思想，不久则转化为反抗列强侵略的近代民族主义。此时，腐朽的民族差别思想被新思想所继承，脱胎换骨面貌一新。

中华世界和东亚地区

古代中国人认为皇帝是世界唯一且最高的统治者，其统治范围为世界全部，无边无垠。而实际上，中国势力所及范围有限，大约是东到朝鲜、日本，西到西藏及中亚的东部。相对于西亚的伊斯兰世界，这些地区属于东亚世界（可能比大家通常认知的东亚范围更广些）。

当然，中华思想是中国人单方面、自以为是的认知，等到东亚诸民族已然崛起时，各个国家就会依据利害关系而独自行动。所以我们必须重视诸民族、诸国家的主体性。而且诸民族在国家成形的时候，只能以当时的中国为模板，因此会仿照中国进行国家建构。譬如，日本引入中国的律令制，派遣遣唐使等都是出于同样的目的。故而，我们还是应试着聚焦中国来研究东亚世界。

由于各国仿效中国的国家制度，中华思想也随之进入各国。朝鲜等包括日本在内也以各自的君主为中心，试图建立让夷狄臣服的小中华世界。高句丽最先使新罗服从，称其为“东夷之寐锦”（寐锦是新罗君主的称号），百济则把加罗诸国视为“蕃”。新罗则自称“王城国”，向日本派遣了使者，此处不难看出其有视自己为天下中心的意图，而这就与将新罗视为附属国的日本的想法相冲突。

日本律令将唐朝视为“邻国”，却将新罗以“蕃国”“外蕃”论，将虾夷、隼人视作更下等的“夷狄”。[①] 日本吸收中华思想的同时却对边缘族群进行这样的阶层性区分，是它不同于中国的地理位置及政治地位的结果。

从“华夏族”到“汉人”“汉族”

我刚刚是效仿中国学者，以华夏族民族形成的角度对中国的民族形成进行了思考，华夏族是汉族的祖先。接下来我们试着思考一下汉族名称的由来。以“汉”为名最早现于汉王朝建立之时。在此之前，据说汉朝前的秦朝的名称是今日英语或其他欧洲语言所用的 China，La Chine 等的滥觞。所以让我们先来谈谈这个。

秦强盛以后，其名先是传到了印度，被叫作 Cina，Chinas

① 虾夷是日本古代对居住在奥羽地区至北海道的人们的称呼。隼人指古时居于日本九州南部的民族。二者都不服从并抵抗当时的日本中央政权。

等，然后又传到了欧洲。秦确实成功统一了广袤的中国，不过仅仅维续了 15 年，可为什么其名却远传他方呢？对此我一直百思不得其解。近些年来，我注意到秦这个名称在汉代已经开始指代中国。早前就有学者指出汉代的西域人将中国称作秦，而实际上在汉代，中国人区分自己人和外国人时，就已经使用了“秦与胡”，“胡与秦”的说法。于是秦之名远播他国的原因也就一清二楚了。

印度梵文的 Cina，Chinas 等词不同于 China 等名称，是通过佛典直接传到中国、日本等地的。汉译佛典里就以“支那”“震旦”之名出现。支那是 Cina 的直译，震旦一词据说译自 China staana，是“Cina 之地”的意思。支那的称呼在日本被长期使用，日本侵略时因滥用该词蔑视中国人，以致他们非常厌恶日本人对“支那”的使用。语言是有生命力的，用法不同便会产生别样的意味。而且语言能向对方传达意志，所以我们不应该使用那些对方不喜欢的词语。支那一词由来正统，中国人中也偶有使用，但日本人还是不用为好。

欧洲语言系统中，俄罗斯语把中国称为 Китай。它原指契丹，在金元时期则用 Kytai 指称中国北方。后来经马可·波罗（Marco Polo）传到了西欧。英语中的 Cathay 便源于此。现在仍然用作航空公司①等机构的名称。

① 如香港的国泰航空公司（Cathay Pacific Airways Ltd.）。

“汉人”的称呼在汉朝便开始使用，但当时仅指汉王朝的人。所以“汉”用来代指一般意义上的中国人大概是在汉朝灭亡后的魏晋南北朝时期。此时期，五胡等异民族占领中国北部建立国家。他们看不起汉人，称其为“汉狗”“一钱汉”等，随后便有了恶汉、痴汉、卑劣汉、无赖汉等带“汉”字的粗言恶语。可另一方面，也有好汉这样的词，这些词产生的前提是汉人、汉语作为指代一般中国人的用语已经得到普及。唐朝后，称中国人为“唐人”的情况已出现；在日本唐人一词用来称呼外国人，如“唐人阿吉”①。而在中国，汉人、汉族这些词得到普及，沿用至今。

可是元代又出现了称中国北方居民为“汉人”、南方居民为“南人”的说法。与刚刚提到的 Kytai 相对应，蒙古统治者称南方人为“蛮子”（野蛮人之意），“南人”便译出于此。在蒙古人统治的元代，据说汉族的民族主义表现得相当强烈。而统治者采用的“汉人”“南人”的区分方式，伴随二者的身份差别，发挥了分裂汉族民族意识的作用。

可以说汉族、汉人的称呼在某种程度上体现了民族意识的统一。与之相反，统一的国土名称却迟迟未能确定。这大概因国土实际指的是统治王朝的领土，它随政治形势的变化而有所

① 阿吉是意大利作曲家普契尼（Giacomo Puccini）《蝴蝶夫人》中主人公的原型。

变动。例如，从超越王朝限制的角度看“中国”一词，它原本是“中央之国”的意思，西周时期变成指代周的直辖地。到了春秋时期，随着诸夏同类意识的形成，变成了指代诸夏各国的“中国北部”，也即“中原”地区。后来中国继续保留着指代中原的用法。因为它依然援用“中央之国”的本义。这种用法一直持续到清代。由此，我认为中国一词事实上作为全中国的称呼而确立是在近代以后，关于此点有必要作进一步的考察。

3

古代国家的形态
——两种古代国家论

周和秦的不同

如前章所述，周王朝衰退经春秋战国时期强国吞并小国后，终于在公元前221年由秦始皇统一中国。这不同于后来的国家兴亡，不是国家衰落乱世就出现，或者被其他国家统一天下。周朝与始自秦朝的中央集权性质的国家不同，采用封建制度，各地有诸侯支配的小国家，周最初也不过是其中之一而已。但如果各个国家擅自行动则难以保持秩序，所以为了团结，以周王朝为顶点确立了君臣关系。

周王朝威严扫地，诸国开始自立，便出现了春秋、战国时期的乱世格局。即便如此，春秋时期还不时有霸主出现，图谋号令诸侯，到了战国时则弱肉强食，胜者为王、败者为寇。

春秋、战国时期的意义

乱世也好，弱肉强食也罢，春秋战国是中国历史上具有划时代意义的发展时期。因为社会的发展，旧体制无以续存，新体制将要诞生，这个过程必然充满混乱。这正是从周到秦的变化。此时期铁器的出现成为拉动社会发展的原动力。中国早期的铁制品属于铸造物。因为可以大量生产，最适宜用作农具，但脆而不韧，不适合当兵器用。兵器的话，青铜器是很好的选择，比较耐用。直到战国末进入秦汉时才渐渐变成锻铁和钢铁。

铁制农具于春秋时期出现。在那之前石器农具较多，铁器的出现使农业生产力得到飞跃发展。特别是牵引铁犁的牛耕方式，发挥了巨大作用。铁矿的开发，铁器的制造，贩卖各种农产品的行商得以出现，这些人抓住了成为巨富的机会。

文化方面也有显著发展。《诗经》中的叙事诗，讴歌了关于周的先祖以及众多贵族的传说故事，其多作为西周王朝的宫廷音乐得以保存。春秋时期，诸侯国中还出现了歌唱恋爱、生活苦难等个人情感的抒情诗。这些都是朴素的民谣曲子，战国末期的《楚辞》则出现了被后世汉代宫廷诗人继承的较难曲风。《楚辞》的核心是楚国贵族屈原，他因反对楚王政策而被流放。他在传统将要倒塌之时，回溯传统进而咏唱了自己没落不堪的悲惨境遇。

有观点认为叙事诗、抒情诗和散文是文学出现的一般顺序。叙事诗里经常出现早期国家形成时发挥核心作用的英雄，所以多采用英雄叙事诗的形式。希腊《荷马史诗》中的《伊利亚特》和《奥德赛》便是典型。《伊利亚特》中出现的要赛都市特洛伊，经海因里希·施利曼（Heinrich Schliemann）的发掘所证实。这些英雄活跃的时期被称作"英雄时代"。

中国的英雄时代在何时呢？有位中国学者称，大约是在迁都殷墟的盘庚时代。在此以前殷人是不停迁徙、反复移动的。又据《书经》记载，盘庚边和"众"商议边迁都至殷（后来的殷墟），从而稳固了国家基础。《诗经》中出现的周代先祖是农神后稷，这属于神话时代的故事，暂且不计；而从陕西西部的山谷来到位于平原的周原（岐山县）的古公亶父到文王时期，再到武王平定殷及其他各地，或许相当于周的英雄时代。关于此点很少有人讨论，不过请想象一下周族从狭小地域逐渐征服中国的过程吧。《诗经》里还记有关于国家建设及之后的诸侯王和贵族们的故事。

在这样的叙事诗时代过后，出现了个人可以自由表达感情的风气，于是便出现了抒情诗。在中国，春秋时代的《诗经》里的"国风"就相当于抒情诗。叙事诗里是英雄或国王率领共同体的民众开展活动，而一旦共同体崩溃，个人可以成为作家，抒情诗便应运而生。里面既歌唱自由恋爱，也吟咏随生活基础的崩溃导致的烦恼和怨怒。

人类社会即将进入迎来新秩序的艰苦奋斗时代，如何取胜的理论性思考成了当务之急。自春秋末年至战国时期，中国出现了诸子百家创作的散文。当时各国君主为获取胜利必须培养新型人才、制定战术和政策，散文的出现实乃大势所趋。培养这种人才的私塾在各地都有，以孔子的学园最为杰出，其中很多人成为诸侯的家臣，各奔东西。孔子最初也参与鲁国的政治（这种关系的说法多种多样），后来亡命流浪诸国，晚年则醉心于学问，进入至高境界。可以说他们就是日后中国知识分子的原型。

诸子百家，顾名思义，即向诸侯讲述的学说五花八门，有兵家、纵横家这样直接讲战术、策略的，也有儒家、墨家、道家、法家等论述理想国、理想社会该如何构建秩序的。关于中国今后的出路，大家各显神通，众说纷纭，其中法家和儒家脱颖而出，最终成为中国统一后的权威学派。

两种古代国家论
——专制国家论和都市国家论

西周后经春秋、战国以至秦统一中国的背后存在着上述经济、文化现象。虽说这些内容概说类的书籍几乎都有涉猎，我还是不厌其烦地谈了本书以外的事情。以下就那个时代建立的中国古代国家性质的争论，稍作介绍。

关于此点，有两种互相对立的意见，即专制国家论和都市国家论。专制国家或者说专制主义（Despotism）是欧洲人提出来的，相对于欧洲的古代都市国家、中世封建社会、近代民主主义社会，他们认为亚洲的国家始终是君主权力集中的独裁国家。说到独裁，比如近代的法西斯主义，它是建立在镇压民主主义之上，而亚洲的专制国家却建立于民众的无权力之上。国家之下，民众处于完全没有权利的状态。更甚者，有人认为民众处于植物状态，埋没进共同体而不能自立。

一般认为都市国家的典型是古希腊和古罗马。那里施行了古代特有的民主主义。仁井田陞著有《何谓东洋》一书。书中他为了对比亚洲的社会，引用了埃斯库罗斯咏唱波希战争的一节诗。波希战争中，为了抵抗专制主义国家波斯的侵略，希腊拼死奋战到底，“去吧，希腊的健儿们！去守护祖国的自由，为了亲儿，为了爱妻，守护自由吧！……”

此处明显表现出了捍卫自由的自觉意识，和守护祖国、保护妻儿相一致。因为它是民主主义的市民国家。若是像战前日本式的国家主义，个人与国家则是对立的，它要求牺牲自己和家人为国家奉献一切。这样便产生一个问题：国家究竟为谁而建？补充一句，希腊虽然是市民的国家，但除市民外还有众多奴隶。奴隶原则上没有家也没有妻子，没有自己所属的共同体，且不被视为人。古代人的权利意识、人权意识只发展到这个水平。

通过对东方国家、印度等地的发掘发现，不管有没有民族主义，古代早期国家被城墙环绕而成的都市形态，某种程度上可说是世界共通。美索不达米亚的国家、古印度文明的国家等便是如此。有观点认为中国也没有脱离这种世界史的普遍性倾向。以上是都市国家论。

西周和春秋战国时期的国家也呈现了被城墙环绕着的都市形态。“国”这个字本身便表示城墙环绕的形状。周朝的“封建制”也可用来指称日后日本的武家政治和欧洲中世的领主制。因为君主、领主间结成的主从制度、阶层制度在形式上和封建制非常相似。实际上，中世封建社会的基础在农村，周代的王和诸侯却居住在都市里。各国的君主与君主间结成的阶层制，换言之，其实是都市与都市间的上下关系。说起都市居民，最初统治阶层以防卫为目的而住在城塞里，民众从春秋中期开始陆续进住城内。由此诞生了名副其实的都市国家的形态。

专制国家论者当然对早期中国的国家形态一清二楚。只是因提到都市国家便易想起希腊的民主主义，所以不愿使用这个词，以“邑制国家”的说法取而代之。“邑”是所有聚落的意思。不论都市还是农村，其实都是“邑”的一种。所以“邑制国家”之类的说辞是毫无意义的。

多数专制国家论者认为，中国的早期国家虽具都市形态，但性质上实属君主专制体制。对此，都市国家论者认为，中国统一后都市国家的制度仍在留传，所以主张到汉末为止都应算作都市国家的时代。

中国早期的君主制是专制性的吗？

日本有位专制国家论者——法制史学家仁井田陞。在前文我已经介绍过《何谓东洋》中他引用的埃斯库罗斯的一节诗，与此诗形成对比，仁井田还引用了《书经》中的殷汤王讨伐夏的《汤誓》："尔尚辅予一人，致天之罚，予其大赉汝！尔无不信，朕不食言。尔不从誓言，予则孥戮汝，罔有攸赦。"

原引仁井田的译文和埃斯库罗斯的诗形成鲜明的对比。"予一人""余一人"，或者单纯的"一人"，这些词在殷墟出土的甲骨文和先秦的古典里经常作为君主的自称出现。德国哲学家黑格尔说："在东洋，自由局限于君主一人。"正如他所言，"一人"等词非常贴切地表现了君主孤高立于人上的状态。

然而，《汤誓》中汤王的话，顾名思义，乃誓言。这是向被称作"众庶""众"的民众们呼吁的誓言。可能是把民众们聚集到神前，在神前向民众宣誓，又请求民众代天罚夏，推翻夏王朝。依结果论赏罚也是誓言的一部分。当然，说是"誓言"，其实是汤王单方面的宣讲，也有人称事实上与命令无异。但是，吉本道雅认为，这种形式的盟誓是春秋早期之前，国家确立为祭祀共同体、国人服从祭祀秩序已成共识时的产物。

这种祭祀共同体的瓦解和新生的主从关系的形成将在下章论述。在此之后，专制君主的君权变得强大起来。尔后，也有誓、盟、约等言辞出现，但仅限于民间集团之间或是君主权力尚且弱小的王朝建设时期。

前面所言的“予一人”绝非独裁者，而是包括民众在内的祭祀共同体的领袖，可以说它是受誓言约束的。这个词在后世也一直被使用，再到后来则有了立“一人”并从之方能稳定社会秩序的思想。而立“一人”并支持辅佐他的通常是民众。

“孥戮”一词，仁井田解释为“杀妻儿”，也有说是“沦为奴隶”的意思。无论是杀还是沦为奴隶，都是一种苛酷的刑罚。违背共同体规定的人遭遇这样的命运在当时极为普遍。但那不一定是君主个人单方面施加的。此处以殷王为例，如前章所述，殷代君主的出身是不固定的，也没有世袭。当然，《汤誓》这篇文章由后世所作，即便如此其也大抵成文在对祭祀共同体尚记忆犹新的春秋初年吧。

中国古代有民主政治吗？

中国早期国家呈现都市形态是毋庸置疑的。那么，鉴于希腊的例子，都市国家论者又是怎样认为的呢？很早以前贝冢茂树就认为中国古时有民主制度。

据《周礼》，中国古代的国家有燕朝（内朝）、治朝和外朝之分，发生重大战争、迁都或确立君主等国家大事时，召集“国人”到外朝进行问政。所谓国人，指的是都市国家的主要成员，他们在特殊情况时化身士兵为国家而战。日常政治由君主、卿（大臣）以及大夫（氏族长）来处理，特别是春秋中期以后，如果无视全体国人的动向，政治则无法有效运行。贝冢认为，随着工商业的发展，古老的贵族政治开始动摇，便产生了这种动向。他认为中国也有和希腊一样的民主化运动。

可是，关于古代亚洲的民主政治还有另外一种观点。美国语言学家雅各布森（Roman Jakobson）认为，美索不达米亚文明初期存在“原始民主政治”（Primitive Democracy）。依据这种说法，苏美尔的都市国家形成期，存在民会和长老会，日常政治由长老会决定、执行，一旦有关乎国家命运的大事发生，民众就会被召集到一起共同商议。民会是履行军事义务的人的集合，相当于古希腊的市民总会或中国的国人集会。后来君主权力强大起来，东方国家就逐渐丧失了民主政治。

有人认为专制国家时期，君主权力一开始就很大。这种观点是荒谬的。从相对平等的原始社会逐渐发展成国家的过程中，出现过这种民主政治也不足为怪。所以在中国学者中有很多人承认原始民主政治的存在。不仅如此，甚至有学者认为，春秋时期都市国家的原始民主政治已经发展成熟到古典民主政治阶段。他们认为，中国也有诸大夫会议和国人会议、家族长（诸大夫被推为大家族的族长）会议和人民会议。

构成国家基础的民众聚落

就连上述这些主张存在过民主政治的人都认为，中国后来转变成了专制国家。成为专制国家后，之前属于长老会、民会的民众是否突然就变得毫无权利，变成像欧洲学者们所想象的奴隶那样？我看不然。

长老会、民会，特别是民会成员应该来自民间。这样的民众团体，中国古代就有所谓的乡、里等地缘区域和聚落（里是基层的聚落，乡是位于里之上的地方单位）。它们在全国统一后的秦汉时期也继续发挥作用。

君主权力得到强化，正值民众群体纳入权力之中时。春秋中期，民众从农村转移到都市，对君主权力的强化具有划时代的意义。这种现象，在古希腊称作“集住”，古希腊和中国的兵制改革，使民众成为军队的核心，化为步兵进行集体作战，遂开始“集住”（Synoikismos）（以前是统治阶层驾着由马牵引的战车作战）。随着民众的政治地位日趋重要，古希腊民主政治得到进一步发展，而在中国，统治都市的君主掌控着民众的军队，君主权力得到强化，最终在乱世中取胜称王。这也可以说是东洋和西洋开始分道扬镳的岔道口。从前住在城外的民众以聚落群体为单位，手持武器进行自卫，但此后这些武装力量变成了君主的兵力。

后来民众移居到都市，城内便出现了民众聚居地，和以前一样叫作“里”。具体来说，城墙环绕的都市里大道纵横交错，大道与大道之间的区域是“里”，它也被墙壁（可能是比城墙简单的土墙）包围，有里门和闾门，进去后有被称作“巷子”的小路，各家各户都面朝巷子生活。

由于耕地在城外，民众每天早晨必须穿过闾门（里门）去地里劳作，傍晚则原路返回。进出闾门时，旁边有里长监视。里内有叫作“社”的土地神，每年春秋会举行两次大型庆祝活动，民众聚集一起加强团结。他们相互认识，共同举办婚丧嫁娶。这样的里民被征调到军队后仍然很团结，所以能组建战斗力非常强的军队。

战国时期，尽管君主权力强大，但都市国家的基本形态仍有残存。近年，湖北省云梦县睡虎地出土了魏国的户律，据此可知构成都市国家的各个民众是何种样人。当时的魏国，拥有家庭和户籍、持有土地能从事农业、必要时可以为国弃农从军的人才有资格成为国家的一员。外国人、商人、负债的没落贱民（债务奴隶）则不享有这种资格。这和古希腊的市民完全一样。实际上，即使到了西汉大一统后，国家疆域虽有扩大时，国家民众的资格也一如往昔。

统一帝国下的聚落和身份

国家统一、疆域扩大是都市国家征服其他都市的过程，所以都市国家的形态并未消失。公元前 4 世纪中叶，战国时期的秦国政治家商鞅大刀阔斧地进行改革，施行了县制，小都市被合并到大都市。大都市对从属的小都市进行整理，在小都市上设县，县上再设郡，遂形成象征中央集权政治的郡县制。但郡和县的中心仍然在原来的都市里。下面没有设县的较小都市，则隶属于县，其下可再设乡等单位。

都市如此延续，郡和县使其从属于中央，成为传达中央命令的一种组织。包含县、乡在内的各都市内部又有里。商鞅在里内设什、伍，将百姓分成十人组或五人组，相互监视并承担连带责任。（秦统一中国之时，什被废止，只剩下伍）所以说，商鞅的政策是希望继续沿用原来的都市和聚落的形态，以强化国家统治。

可是，郡、县、乡的官员虽由上级任命，各都市基层的聚落却全凭民众自治。里中又出现了源自民间的互帮互助组织“邻”，它和国家强制推行的“伍”（日后改称为“保”）并存于世，从战国时期一直持续到唐代。

秦汉帝国不仅延续了都市国家的形态，也继承了都市国家的民众身份制。汉朝国家由官员之“士”和一般民众之“庶”

构成，庶民之下还有叫作“七科谪”的贱民和奴婢。奴婢即奴隶，被视作家畜。“七科谪”是七种罪人的意思，其中包括着魏国律法规定的商人和负债的没落民众。他们有土地可耕种，但不许入仕。户籍也与他人不同，是“市籍”。而庶民则有一般的户籍，有土地，要服兵役，可被推举从仕。这和之前所述魏国户律中所见都市国家市民的资格相一致。

七科谪的“谪”（也作讁），意为罪。身为商人本就是罪，这和现在所说罪的概念大相径庭。古代，违反共同体或社会的基本原理即是犯罪。如前述，都市国家的市民必须是从事农业者，商人不符合这个规定。在之后的较长时间里，商人一直受歧视，在科举考试中也受到一定的限制（例如，唐律规定，商人家庭必须经过三代才能做官，汉代经商家庭的人也要经过三代才能从七科谪的身份中解放出来）。

市籍是春秋时期到唐代的一种特殊户籍，生活在都市中叫作“市”的区划里的人拥有“市籍”。那个时代的商业仅允许在“市”内进行交易，这是古代国家统制商业的一种手段。商人属于“市”，从事商业，手工业者，医生、巫女、祈祷师（在古代不区分三者），占卜师等也在市内开店，被赋予市籍。这些身份仍然不同于一般庶民，会受歧视。市里还有游民、流浪者、无赖、侠客、乞丐、癞病患者等游离者，他们一般被社会排斥在外。可对一般庶民来说，市也是购买日用品、饮食喝茶、躲避邻人监视、放松心情的地方。市不断扩大发展，古代都市国家和大一统国家方才得以成立。

总而言之，秦汉帝国是传统社会和集权国家制度的结合体。持专制国家论的学者强调国家集权的一面，而都市国家论者聚焦于都市的延续问题。属于后者的宫崎市定等人强调秦汉时期都属于都市国家的时代。只不过都市和“里”的制度在东汉末期崩溃了，后来魏晋南北朝时期的农村出现了新的聚落——“村”（我们今日所说的村即源于此）。因此，都市国家论者实际上所主张的都市国家时期仅仅维持到东汉末年。话虽如此，但它与秦始皇以后确立了中央集权专制国家的想法大不相同。

家的结构

说到聚落，我顺便讲一下它的构成单位——家的特征，也即有关家族制度的说明。在谈到文明诞生时，我说过据新石器时代的居住地选址，可知那时的小家庭聚集在一起共同生活。并且有观点认为，在亚洲的专制国家中，正是由于家庭没有从共同体独立出来，从而使人们一直处于无权利状态。因此有必要阐明家庭在社会中的形态以及人们的生活状况。

战国时的秦商鞅认识到不仅有必要对国家或聚落等制度进行改革，家族制度也同样如此。他命令一家有两个以上男子的要分家，父子兄弟不能居住在一起。这相当于是命令人们构建我们今日所说的核心家庭。秦地处西部边陲，因此它以国家命令强制性地在东部发达地区构建了自生的小型家庭。周以来的贵族是大家族制，因家族关系而势力强大，大家族被分解成小家庭后，旧贵族势力逐渐衰退，君主权力则得到强化。

中国自战国时期以来，产生了很多这样的小家庭。据汉王朝的人口调查，平均每个家庭是五口余人。基于日本和欧洲的例子，人们普遍认为所谓家庭是从大家族逐渐变小，在临近近代时才成为小家庭。然而中国的例子说明这种变化历程并不具有普遍性。

中国的旧社会自然以农业为中心。中国的农民多是以小家庭为单位进行小规模土地耕作的自耕农。也有拥有大片土地的地主，他们在耕种土地时，很少像古罗马那样使用奴隶，多雇用佃农。佃农和自耕农一样，以小家庭方式经营小规模的土地。

不限于中国，近代以前家庭是生产的基本单位。近代的资本主义社会中，公司和工场成为劳动场所，除少数农家和商店外，家庭仅是消费单位。近代以前，因为家庭是生产单位，所以必须要有能够指挥家庭的、权高位重的人。于是便产生了家长这个角色。家长在古罗马、欧洲和日本等地一般由长子担任，其成为家长手握重权。然而在中国，兄弟之间比较平等，没有家长的权威。所以有人认为中国没有家长制。但请不要忘记，在中国父亲的权威是绝对的。父亲在成为家长时便开始发挥强有力的指挥作用。儒教之所以最为重视孝，即在于此。

另外，为了维护父亲的权威，法律和道德规定在其有生之年不得分割家产，子女们必须同居一处。但实际上在父亲生前分家产的现象很多。而且因为兄弟平等，所以家产也是均分继承。如果家中超过三个兄弟，只有其中的一个家庭能和父辈同住，所以以夫妇为中心的核心家庭大量出现。

小家庭对抗饥馑和战乱的能力较弱，相对比较富裕的家庭则会设法联合宗族（男系亲族），不使小家庭过于分散。于是，父亲自是当然，宗族的族长有时也会介入家庭干涉家事。只是近代以后，小家庭的独立性增强，另居他处的父亲和族长们的规制可谓鞭长莫及。家长制较强的社会中，无论家庭还是社会都倾向于以男性为中心。与此相对，家长制约较弱的汉人社会（中国本土、台湾、香港，新加坡等）中，女性就业机会较多，职场的氛围也远好于日本。

回说古代。战国以来小家庭产生后，国家为了掌握情况，制定了户籍，户籍制度、户籍等词由此出现。户籍可以反映整个家庭的构成，也利于国家掌握每个人的情况，这样便可以收税、征兵。日本学界称这种统治方式为“个别人身支配”，描述出中国古代国家专制性的一面。

官僚政治和民众社会

然而在国家君主（皇帝）和民众之间有官僚存在。国家通过官僚进行统治，让我们来看一下秦汉时期的官僚制。统治地方民众的官僚制据点是郡和县，郡县官府的正副官员由中央任命（郡的长官是太守，县的长官是县令、县长，次官又叫丞或长史，此外还有掌管军事的郡都尉及县尉）。长官和次官以下的官僚由长官选任，一般从本地人中选拔。选拔时多选取地方的有势者，或在听取他们的意见后进行选拔，由此政治方能顺利推行。

此外地方长官有向中央推荐官吏候补者的职责。郡长官推荐的人叫“孝廉”，郡以上的监察机关的州长官（刺史）推荐的人叫“秀才”。如前所述，先秦以来的地方组织乡和里依旧存在，推荐官僚候补者的事因此而被叫作“乡举里选”（选拔官吏候补者的事叫作“选举”。“乡举里选”是从乡、里选举候补者的意思），即听取乡里社会的“舆论”，推荐评价高的人（即基于评价的选举）。在这点上古代的民众组织（乡和里）在国家统治之下发挥着重要作用。这或许是原始民主政治体制的遗留。汉代乡里社会间的阶层分化严重，实际上往往是听取学者所说的“豪族”——地方权势者的意见，再推荐候补者。

尽管拥有发言权的是有权势的人，但政治运行在比发言权更高的层面上，所以君主专制并不有效。于是有人认为秦汉时期的统治是中央（国家）和地方（乡里）共同完成的。如前所述，从地方推荐上来的人中也有最终成为中央政府大臣的例子。大臣一般有好几位，他们召开会议共商国是。皇帝的独裁无路可行。

上述的官吏选任方法被魏晋南北朝所沿袭，只是汉代时尚还平等的乡里社会土崩瓦解，以致选举的方法多少有变。政府开始采用九品官人法（九品中正制），但遵循的依旧是地方举荐的模式。随着乡里社会的瓦解，地方豪族的势力得到进一步扩张，开始出现门阀贵族，他们因此得以被推荐而独占朝政。如此一来，皇帝无法独裁，只能对贵族听之任之。结束了魏晋南北朝分裂状态的隋，为了让中央权力渗透到地方而采用科举选拔官僚。隋唐时期，尽管贵族势力依旧很强大，但通过科举考试等从民间首次进入中央的人在逐渐增多。不论如何，总之并不存在建立于民众无权利状态上的专制政治。关于这点，稍后我再展开论说。

4 从新出土文献看古代官僚制度的发展

中国文书的现存情况

历史研究资料可分为文献和遗址、文物。文献中又有诸如《史记》《日本书纪》类的编著、著作和文书。有的文书和遗址、文物一样发现于土中，有的文书则藏于某个历代相传的家族中。大多数文书作为同时代史料而发挥作用，因此比起带有编者、著者个人主观意识的作品，它具有更高的史料价值。但是古代文书保存下来的很少，以日本和欧洲为例，文书基本只对中世史以后的研究起作用。

然而，中国历史研究的麻烦之处在于，中世以后的文书尽乎无存。并不是中国人不拟制文书，官僚制度发达的中国在很早以前就施行了文书行政，呈送给皇帝、上官的汇报，皇帝、上官下达的命令，各官厅之间的联络，预算和决算的制定及实施等有关钱的出纳也即会计等，都通过发送文书执行。民间结有各种契约，契约书也多有制作。当然私人信件类的文书数量也相当可观。可这些都无迹可寻了。

文书留存甚少的原因有几点。一是中国人侧重于编纂书籍。这可能和中国人较为尊重文章有关系，因为文章是作者深思熟虑精心创作出来的。而文书则是实用类型，形式千篇一律，缺乏创造性。因此，文书在当时大概被用作编纂书籍的材料，事后就被丢置一边了。

二是中国没有日本自古以来的寺院和中世封建制度下的领主世袭制。若有世袭制，则有必要保存记有各种来龙去脉的文书。中国周朝时期的金文就扮演了这种角色。日本中世以后的某些寺院和学校等处还将其所属庄园①的权利等刻在石头上保留下来。因为纸有可能毁于战火，不能万世永存。

在纸张珍贵的时代，废弃掉的文书人们会拿去再利用，在背面抄经。有的文书会被作为陪葬品埋进相关人士的墓中，若是这种情况，文书一般会在土中腐烂，无法见于后世。但在中国西北地区干燥地带的敦煌、吐鲁番等地，却发现了纸质文书。敦煌的文书是偶然发现被深深涂刻在墙壁上的，大部分是

---

① 庄园指日本平安、室町时代，贵族、神社和寺院在各藩国拥有的私有土地。

唐、五代、宋初时期的，也有五胡十六国、北朝时期的。吐鲁番有一些魏晋南北朝至唐朝时期的陵墓，从中发现了作为陪葬品而埋进的文书。已被发掘的文书仅是一部分，相信今后还会出土更多。

明清以后，有些地主、商人等的家族甚至延续至今。这些家族中曾保存有关各种权利关系、世袭劳动力等的记录。但很大一批在中国共产党实施的土地改革中被烧毁。近年，徽州（安徽省歙县，明朝时期有过大商人）等地发现了大量文书，引起了学界关注。

古代文书的发现

中国很早就创造了文字，但纸的发明要晚很多，因此古代文字一般刻写在龟甲、兽骨、金石、竹木等上。这些媒介虽然已很古老，但不会像纸一样腐烂，所以反而得以保存、被后人发现。商朝的甲骨文和商周时期的金文早就为人所知，其研究也开展得比较成熟。最近，接二连三地发现了刻在玉石上的春秋时代的文书和写在战国、秦、汉、三国等时期的竹木上的文书等。这些新发现的材料给我们的古代史观带来的影响非同小可。

首先，我想介绍一下刻在竹木等材质上的文书的形式和名称。文书内容分一行或两行写在细长的竹片或木片上，再用革质绳子串起来。“册”就是它的象形字。一条一条细长的板片称作“简”，根据材料分为木简、竹简。除此之外，有的木板上写有数行字，我们称之为“木牍”。它和简一起称为“简牍”。

这些竹木文书逐渐被纸张取代。纸的出现比我们以前所认为的要早很多。如今考古学家发现，西汉时期已经有纸，只是没有马上取代木简和竹简。1996 年，据称发现了 10 万条三国时期吴国的木制简牍。这个数量超过了迄今为止发掘的简牍总数。西晋时期的户籍是写在木片上的。到了东晋时，顾恺之的画和王羲之的书法风靡全国，由于他们都写在纸上，纸才终于普及开来。

纸张会在土中腐烂，所以在中国内地出土古代、中世时期文书的可能性很小，前所提及的干燥地区应另当别论。日后在中国内地发现纸张出现以前的古代材料则尚存可能。在被发现的文书中，有些极其珍贵，有些甚至可以改写历史。改写历史一般是因现代人生活方式的改变，影响了其看待历史的观点而引发的行为。目前，从新石器时代的考古学研究到战国、秦、汉以至魏晋的简牍时代，很多地方随着新史料的发现有必要进行改写。接下来我将一边介绍新近史料，一边思考凭借这些史料可以勾勒出怎样的古代史像。

侯马盟书和主从关系

出土的古代文书里，除却早有诸多介绍的甲骨文、金文不谈，按照时间顺序来讲，必须要提及春秋末期的侯马盟书。侯马是山西南部的一个都市，曾经是晋国都城所在地。1965～1966年间，这里发现了600余片写在玉石上的朱笔文书。据说其主要部分是晋国权势者赵鞅（赵简子）与其府上部下缔结的盟约文书。

晋本是春秋时期的大国，最初有六大公卿家族，称为“六卿”。晋国王权一衰落，六卿马上变得有权有势。他们戈矛相战，兼并厮杀，最后形成赵、魏、韩三家分晋的格局。史学界一般将此事（公元前403年前后）作为战国之始。

权势者相互斗争期间，臣下离合聚散的现象频发不止。因此新的人主和新的臣下之间并没有建立起牢固的主从关系。于是，权势者便召集新的臣下，在神灵前与他们签订盟约。春秋时期，霸主和其他诸侯国之间也缔结盟约。霸主虽为诸侯同盟之首，但同样的盟约在其他诸侯国内部也有缔结。通过缔结盟约，主从关系得以稳固，有力推动了战国以后强大君权的确立。侯马盟书反映这一过程，读来津津有味。

《史记》里也有揭示主从关系确立的故事。《史记·刺客列传》中记有侯马盟约时期豫让复仇的故事。豫让乃晋国人，先后事于范氏、中行氏及智氏。事于智伯时，深受敬重。不幸智伯被赵襄子所灭，豫让想要为主复仇，想尽办法接近赵襄子，伺机行刺。有一次他扮成囚犯模样，装作在粉刷赵氏宫殿的厕所墙壁，不过被发现了。还有一次他全身涂满漆，假装成癞病患者在闹市里行乞，但被朋友识破。最后一次，他藏在桥下等待赵襄子的出现。不料惊动了赵襄子的坐骑，被捕就范。赵襄子问豫让：你曾事于范氏和中行氏，两氏皆为智伯所灭，为何不为他们报仇，却独为智伯复仇呢？豫让回道：范氏、中行氏皆待我一般，我亦待他们一般，智伯敬我如国士，我自当以国士之身相报答。答毕，便伏剑自刎了。

豫让的话道出了当时主从关系的特征。范氏、中行氏和智氏都是六卿之家，此三家被吞并，遂只剩韩、魏、赵三氏。赵襄子便是侯马盟约之主赵简子的儿子。主家一遭灭亡，豫让便需更换人主。但是为了曾器重过自己的智氏，又不惜以身相报。因此，人主能否让臣下忠于自己，要看他如何对待臣下。

战国时期有“四公子”——齐国的孟尝君、赵国的平原君、魏国的信陵君和楚国的春申君。四人都礼贤下士，广招宾客，尝言孟尝君“食客三千有余人”。世间流传有很多关于他们为招贤纳士、为取得宾客信任而煞费苦心的奇闻逸事。四公子中有三人是国君之子，凭借权势和财富便可招揽宾客，但仅凭这些无法取得宾客的信任。孟尝君第一次召见宾客的时候，让人藏在屏风后面，悄悄记录下宾客亲戚家的住址等，待宾客告辞后马上派人送礼过去。平原君的情人见到邻家残疾人而嘲笑他。这个残疾人便向平原君说要取这位女子的首级。平原君一时应承下来，心里却瞧不起残疾人，对此事置之不理。

不料宾客一个接一个地离他而去，只剩下一半。可见人主的信义至关重要。

春秋战国时期主从关系的性质

这些故事说明，春秋战国时期的主从关系是一种人主施恩、臣下侍奉的相互关系，还没有发展到君主权力绝对化时的专制君主制。但这种关系也不是欧洲中世时期的双向契约关系，而更多属于情义关系的范畴。所以会有像豫让那样，尽管人主的恩惠只在一时，作为臣下却甘愿衷心侍奉至死。增渊龙夫把这种关系称作“任侠”的习俗，但从四公子苦心求贤的事来看，像后世的师徒关系一样，仅凭一宿一饭的恩义是无法让臣下奉仕服从的。只是后来的事实表明，随着君权的确立，这种关系容易逐渐演变成对君主的绝对服从。

法家便是主张君主专制的。其中集大成者是韩非子，他主张“术”和“法”二者不可或缺。“术”是指君主操纵臣下的方法，“法”则是依靠法来严格管理臣下。此处人主本应持有的恩惠被由“术”代表的技术性手段所替换，但重要的是把握住臣下的心这点仍然未变。韩非当然也明白这点，所以希望借助“术”和“法”从两方面去强化君主制。

儒家则认为君主应该通过仁义和德去获得臣民的支持。孟子甚至说，如果不这样则会引发革命。“君者，舟也；庶人者，水也。水则载舟，水则覆舟。”（《荀子·王制》）这个比喻一直传到后世。即便是专制君主，也必须获得与他处在相对位置上的臣、民的支持，这点是亘古不变的真理。

银雀山竹简和两位孙子

新出土的文献迫使我们要重新书写历史。我们可以用山东临沂银雀山汉墓出土的《孙膑兵法》作为例子来说明。该墓发掘于1972年，被认为建立于汉武帝初年。墓主可能是兵家，所以出土了相当数量的兵书。其中包含两位孙子的书——《孙子兵法》和《孙膑兵法》。《孙子兵法》由春秋末期事于吴国的孙武所著，从前以《孙子》之名为人知晓。《孙膑兵法》则是首次现世。

《史记》中有给孙子作传，介绍完孙武传记后，写道：“孙武既死，后百余岁有孙膑。”孙膑曾和庞涓一起学习兵法，庞涓觉得自己才能不及孙膑，便利用效力魏国的机会暗中召来孙膑，冠以罪名，施以重刑，断其双足。“膑”[①] 即是被砍掉双腿者的诨名。

孙膑后来事于齐国，成为军师。不久魏齐不和，戈矛相对。孙膑设计将魏国军队引到谷底小道，埋下伏兵，并削掉一棵大

---

① “膑刑”指的是去掉膝盖骨的肉刑。

树的树皮，写上“庞涓死于此树下”，静候魏军统帅庞涓到来。没过多久，庞涓来至树下，看到黑夜中白白一片的树干，便擦起火石，想要看个究竟。这时只见从山谷两旁一齐飞出很多箭矢，直指火光方向，庞涓中箭猝然倒下，魏军陷于大乱。司马迁记完这段故事后写道，“孙膑以此名显天下，世传其兵法”。

而事实上，后来世所知晓的仅是冠有孙武之名的《孙子》。孙膑的兵法等不见了踪迹。于是人们疑团丛生。《孙子》一书到底是否孙武所作？会不会是由孙膑所写？关于孙武的一生，只流传有他会见吴王阖闾时充满故事趣味的传说。事实上他到底是否真实存在过，孙武和孙膑又是否同一人等，直到现在依然是个疑问。不过银雀山一同出土的孙武和孙膑的兵法，还是有力地证明了《史记》记载的正确性。

近代人疑心重，动辄怀疑古书记载的内容。诚然，近代史学正是在批判性地研究古书所述内容中才取得了成果。然而上述事例也告诫我们：不能一味地否定古籍中的记录。近代史学是通过理性的和理论性的批判发展起来的，因此在否定某一事物时必须要有确凿的证据。遗憾的是，对古书的批判久盛不衰，古书不可信似乎已经成为一种通识。

云梦睡虎地秦简与法的形成过程

迄今为止出土了很多简牍，其中对我们的历史研究作出重大贡献的是出土的大量秦律竹简。其最大贡献是揭示了首次实现中国大一统的秦汉帝国的确立过程，以及帝国的性质。其次，让我们更为详细地了解到律令的起源。唐朝和受其影响的日本律令中的一部分得以留存，此前只能从古书引用的只言片语里了解大概。秦律的出土不仅让我们见到了大量的原文，而且展现了古人对律法所作的解释。由此律令的发展过程不再是不解之谜。

此秦律于 1975～1976 年间，发现于湖北省云梦县睡虎地秦始皇时期的一座墓中。据当时出土的年谱，墓主名喜（姓不明），秦王政三十年（公元前 217 年）时去世，享年 46 岁。虽说是年谱，也只是一种在始皇帝执政期间记有大事件的年表中穿插进自己人生重大事宜的记录。这种做法在当时普遍存在。喜可能是律法方面的官吏，治理着被秦吞并后的楚国故土，所以照所述内容判断似应与秦律有关。除此之外，墓里还发现一本占卜用书——《日书》。该墓出土的竹简共计 1100 余枚，大部分是秦律方面的文书。

准确来说，秦律方面的文书包括律法原文，还有以“法律问答”形式展开的对律法用语和律法运用的解释，以及称作“封诊式”的事件调查报告书的格式（有具体案例，非常有用）等。律法原文只有部分碰巧留存下来，按种类划分有田律、厩苑律、仓律等。从“法律问答”部分可了解律法的整体发展趋势，由此推断秦律几乎继承了前人魏国李悝的

《法经》六篇。

早前的记录显示，中国最早的成体系的法典是由战国初期仕于魏国的李悝制定，包含盗律、贼律、网律（亦称囚律）、捕律、杂律、具律六篇。其中具律相当于法典的总则，记述了律的原则，由此可见当时对法典的认识已经相当成熟。据说，后来魏人商鞅将《法经》带到了秦国。但关于这件事的史家记录现于很久以后，于是有学者怀疑战国初期是否真有如此成熟的律法。而此次秦律的发现证明：至少战国前期确实有过六篇法典。

可是翻开秦律会发现，此六篇属于“基本律”，除此以外还有很多分类详细的律条。大庭修称之为“追加律”。汉代律法的篇名一直流传后世，其中被叫作《九章律》的九部律法是在秦六篇的基础上新增三篇而成。此外，汉朝还有很多律令的篇名流传后世，我以为这些都可被称作“追加律”。秦律可谓也有着相同的构造。

比较《法经》六篇和秦时新增的律法可知，六篇内容是关于盗窃、伤害等罪，调查、逮捕犯人等事，是以维持社会秩序为基本的律法。然而秦朝时新增的律法主要是为了统治人民、规定官僚制的运用。由此可见战国这一过渡时期官僚制发达，所以新增了规定其运用的律法。

这次出土的还有确定与秦以外的诸侯国间关系的律法。也就是说其中包括了秦统一中国之前的律法。由此可推测，这些秦律大概是商鞅变法以后到秦始皇时期逐渐创制的条文汇总。

后世的唐及日本的大宝、养老律令中，一般认为“律”是刑罚规定（刑法）、令是行政规定。这种律法典和令法典的分工始于西晋初期的泰始律令，而此前律和令没有明显区别。秦统一将法律称为律，令是皇帝发出的命令，根据具体需要而发出的敕令。敕令在施行过程中逐渐成为先例、成为律。君主制国家的法律便是这样生成的。汉代创制了叫作令的法典，也即将皇帝命令汇集一起的法典。由于律法条文不断增多，必须予以整理，所以汉之后的魏开始了整理法典的工作，将其集大成，到了西晋时期得以完成。

中国的律令和罗马的法可谓同是世界最古老的法典，而罗马法的中心内容是私法，尤其是民法。与此相对，律令是公法是国家法。如前所述，后者起自皇帝。由此可见皇帝制国家和都市国家的民主政治之间的不同。家族法一看便知即是私法，这类私法在唐代被纳入户令中。它规定国家统治人民的方法，而家族关系的法也是以统治人民为立足点而成立的。

国家法和习惯法

中国民间也有习惯法。秦律饶有趣味的一点是也从习惯法取过经。譬如，“法律问答”中有一问提到，家里被盗贼侵入时，户主会大声喊“小偷！强盗！”此时如果因人不在家而没有听到喊声的“四邻”、“典”和“老”该如何接受惩罚。所谓典和老是村子的责任人，四邻是村里的互助组织。习惯法规定，上述情况中典和老需接受惩罚，而四邻则可以免责。出现突发情况通过大声呼叫来寻求帮助，是在公权尚未完善的时代，村民出于自卫需要而产生的惯例，人们听到求助声必须奔赴前去救助。这种惯例也存在于日耳曼的古代法典中。

再举一个例子。有位“免老”告某人不孝，希望处其死刑。有人问这种情况下能否赦免被告人前两次的罪责，回答是不能。免老是指被免除赋税的高龄老人，汉末是 60 岁以上。尚不甚清楚秦时的免老年龄，估计大体和汉末差不多。父母控告儿女不孝的案例在后世也一直存在。但只有秦律规定老人可以控告别家孩子不孝。古时，共同体的规定很严格，村落里的长老可以干涉其他家庭内事。秦律中的上述规定可能就是古代惯例留下来的遗风。

赦免前两次罪责是民间的惯例。给犯罪者两次反省的机会，如果还不悔改仍然依旧，便在第三次处以惩罚。法律中最终并没有保留这一条，但既然有人问及，表明当时民间依旧存在这项惯例。汉末成立的道教团体（五斗米道）吸收了这一点，由此可推断，这条民间惯例一直沿用到汉末。

公权尚未确立的时代，如果被外村攻击而不回击，则整个村落可能会被摧毁。古希腊把这称作“血之复仇”的时代。秦国商鞅严厉打击“私斗”，以至秦国变得“道不拾遗，山无盗贼”，“乡邑大治”。尔后，依据惯例而行逐渐退出历史舞台，取而代之的是公权强大的新时代。并且，通过皇帝立法，强有力的国家法开始形成。

秦律严格规定了对“私斗”的处罚。譬如，与人相斗，对伤到嘴巴、耳朵，拔掉胡子、眉毛、头发，铰断发髻，咬掉鼻子、耳朵、手指或嘴巴，以及咬到颧骨或脸且伤口宽至一寸深有半寸等种种情况该如何处罚都有详细规定。这般细致的规定没有延续到近代法律中，却一直是唐律之前的中国律法的特征。它充分表明了立法者的意志——一旦发生事件，必须彻底服从律法条文的规定。并且还有规定：路上发生了杀伤案件，在场的人如果不救助，则会处以最高额的罚金。也就是说，连旁观者都不能免责。这种做法或许有助于治安的好转，只是权力的重压也毫不留情地施加在每个人身上。

从肉刑到劳动刑、从无期徒刑到有期徒刑

秦律刑罚中有些部分引人注目。虽说秦律刑罚的主体是劳动刑，但很多时候会同时附加肉刑，这是古代刑罚遗留下来的做法。所以说，秦律处在从肉刑转向劳动刑的过渡时期。更让人惊讶的是，秦律的刑罚没有期限。从现代刑罚的观念看，这显得非常奇怪，但想想秦律中还存有肉刑，也就能理解了。

中国古时的“刑”有死刑、宫刑、剕刑（刖，断足）、劓（割鼻）、墨刑（黥，纹身）五种，统称为肉刑。肉刑会伤害身体的一部分且不能复原。所以有人认为肉刑的本义在于，毁掉人故有的完好身体，让人失去为人的资格，以致被社会流放。也有人据此认为，肉刑最初是和流刑合并使用的。

然而，很早就有把判以肉刑的人充作劳役的做法了。一旦被处以肉刑，人便会受到社会大众的歧视与蔑视。这样的人被用作劳役，实与奴隶无异。而实际上中国最初的奴隶正是异民族的俘虏和受刑者。秦汉时期有个叫“隶臣妾”① 的刑名。臣妾是奴隶的古名，它体现了受刑人和奴隶之间的紧密关系。

受肉刑者被用于劳动后，劳动刑的要素逐渐被重视起来。到了秦律，劳动刑成为主流，但其中依旧见有肉刑的残留。由于受刑者被社会排斥如同奴隶，所以当时难以对刑期有所考虑。

公元前167年汉文帝实施改革，致使刑罚发生了根本性变化。此次改革把肉刑变为劳动刑，具有划时代的意义，影响波及后世，一直受人强调。同时，它规定了五年以下的五等级刑期，此点也具有划时代的意义。这项改革首次对秦律以来的无期徒刑规定了明确的刑期。

---

① 秦汉徒刑的一种，指罚为官府服役。男者为隶臣，女者为隶妾。刑期终身，但许以钱或战功、耕作、劳动赎免。

农业的监督和税制

秦律关于官僚制度运营的条款很多，这些条款不胜枚举。在此，仅以有关农业生产的条文为例。田律规定，降雨多少，谷物种植的多少，未耕地有多少，干旱、暴风雨、洪水、虫害等情况要在旧历八月前由县呈报，并且规定距离远近的县发送文书的方式不同。据此办法便可知哪些地方应该免除租税，还能预测租税的收入。商鞅借助国家力量开垦土地，将其用“阡”和“陌”分开，给予农民。1979～1980 年间，四川省青川县郝家坪的秦墓里出土了一块木牍，上面写有阡陌的划分法，边界标志的制作法以及它们的维护办法等。也就是说，这是一条规定维护农业生产基础的耕地的律法。云梦的田律规定了要根据耕地的划分来收取田租。

当然，农业无法仅凭耕地维持，还需要肥料、燃料、拥有蛋白质的鱼类和兽类的来源“入会地”①。日本江户时代，村落持有入会地的经营范围，而古代中国由于村落没有明确边界，入会地由国家管理。田律对砍伐山林、填补堤防、捕猎动物都有季节性的限制。

① 共同使用地。特定地区的居民拥有共同使用权的山林、原野、渔场。

简单说明一下中国古代村落没有边界的情况。那时候农民群居的地方叫里，如前章所述，春秋以后里变作城墙内的一个区域。国家登记里民，从一定户数的农民中选出里典（汉代叫里正）来管理。所以里是户数单位。土地在城外，指定为某里某人的所有地，但并没有规定某里的土地范围。

春秋战国时期农业生产力的发展有赖于铁器的发明和牛耕的使用，而铁制农具和耕牛等只有富裕阶层才有。于是到了秦朝，国家让管理农业和畜牧业的各级官吏养牛，让农民聚居的里也养牛，以备耕作所需。厩苑律规定，要定期测量牛的体重，把握肥瘦增减，据之确定赏罚，铁器可向国家借用。还规定，铁器如果破损至无法使用，使用人须返还器具并出具书面形式的报告，但无须缴纳赔偿金。另外，因为铁器在汉代时属于国家专卖品，还处于普及过程中，国家由此获得了利益，但随后铁器便在农民中也普及开来。

秦代仓律中有规定稻、麻、粟、麦、黍、小豆、大豆等播种量的条文，只是尚不清楚此条文目的所在。1974 年在湖北省江陵县凤凰山发掘出的西汉文景时期的墓中，出土了列有借给各户农民谷物信息的竹简。上面记载着各户的户主名、劳动人口数、全家人口数、耕作面积、谷物借贷数，借贷数全部按照一亩一斗的比例发放，这跟秦代仓律规定的粟、麦的播种量相同。汉代时期农民的标准耕作面积是五口之家100亩，而凤凰山竹简记载的农民所持耕作面积要比它少得多。于是便产生了国家借种子给农民的必要性。

由上可知，农民的耕地、耕牛、农具、种子以及很多基本所需都由国家提供。还有些地区要依存于国家建造的水利设施。国家在农业生产中发挥着举足轻重的作用。由于农民必须依靠国家的分配，所以国家从农民那里征收租税、征发徭役就比较容易了。

农民的税收负担有人头税的“算赋”和田租。秦律规定，征收这些租税的是农民群居的里中的里典和长老，以及来自上级组织乡的部佐。江陵凤凰山出土的木牍中记录有汉代当地的几个里征收算赋的情况。一个里有30多户，一个里正（秦律中称里典）兼任三个里，大约100户农民中设置一个里正。里正征收按月支付的算赋，然后转交给上级机关西乡的佐。这种算赋征收的办法，西北边远地区出土的居延汉简（居延出土的汉代木简，后文会有论述）中也有记载，是由里正和父老（秦律中的长老）负责征收，再由乡上的长官有秩或者啬夫以及乡佐（秦律中记作部佐）两人将赋金带回。

江陵张家山汉简的法律文书

云梦睡虎地秦简的法律文书所记内容非常重要，而在重要性上毫不逊色的还有湖北省江陵县张家山出土的汉代法律文书竹简。特别是 1983～1984 年以及 1988 年年初发掘的墓里出土的汉律，可以和睡虎地出土的秦律相提并论。前者是吕后时的，后者是文帝初年，所以都属于西汉初期。

大家从前者发掘时的报道中已经了解到秦律的重要性，很多人翘首等待进一步的详细介绍，但至今律的原文仍然没有公布。原因之一是整理、连接律的题名和正文非常困难。只有 28 种律的题名被公布出来，由题名可知它类似于睡虎地出土的种类繁多的秦律。其中有完全和秦律相同的律法名称。

秦律中继承《法经》六篇的部分只是从“法律问答”中推测出其存在的可能性，而并没有留下正文。但从公布的汉律律名来看，其中基本律的名称有贼律、盗律、具律、捕律、杂律等，它们在《法经》后经秦律被汉代《九章律》所继承。《九章律》在六章上加上兴律、厩律和户律三章，其中有兴律和户律之名。还有告律、亡律、收律等补充捕律和网律（囚律）的条款，有补充兴律的条款，如徭律，还有补充户律的条款，如傅律等。我们期待日后能从张家山汉律看到基本律和各种补充律的原文。

此前讲到，秦朝不仅有为维持社会秩序而制定的基本律，还有不少属于为适应官僚制发展、运用官僚制而被迫制定的追加律。汉朝《九章律》中新增加的三章，可以说是为了满足官僚制国家的需求而追加的部分。可即便这样，仍然不足以运转庞大的官僚制机构。所以与秦律的状况相同，汉代又补充了不少追加律。

之前介绍过秦律中关于农业管理的部分，张家山汉律中也有田律，也有关于阡陌的条文，和前文所述的四川省青川县出土的秦代木牍几乎相同。关于货币经济，秦律中有关市律和金布律，汉律中则有市律、钱律和金布律，由此可知经济统管于国家。关于其他领域的律法，受篇幅限制，在此略过不述。总之，秦汉律法繁杂的状态表明，时代尚处于官僚制的发展阶段，每次为了满足官僚制运作所需，便发布条令以补充律法。又如前述，这种状态到了汉以后的魏晋时期得到整理与完善。

张家山汉墓里还出土了医学、算数和兵法类等的文书。法律文书中，近来公布了《奏谳书》。所谓谳，是指对判决有疑义的时候，县将疑案送到郡，征求上级的判决；对郡所作判决有疑义，则送到中央廷尉；廷尉也难以判决的时候，则上奏听从裁判的过程。《奏谳书》收录了这些判例。判例都是真实有过的具体案例，所记人物也都是实名，处于秦始皇到汉高祖时期，范围集中于故楚领地南郡。边远地区异民族负担的特别税和徭役的关系以及楚汉争霸时在各自领地间移动的民众、奴隶的状况等，在“书”中都有体现，内容非常有意思。

《奏谳书》中，南郡（江陵中心地区）地方的判例顺序最先且最详细，可同时也夹杂有不能称作谳的普通裁判记录。由此可推断，此判例集是墓主——可能是南郡的统治官吏，编集而成的备忘录。汉律的原文本当由中央发布，在全国实施。此墓出土的汉律估计也是为墓主参考用，而选取了部分汇编而成。前已讲过，睡虎地秦律正是如此方才得以存留至今。

尹湾汉墓木牍和西汉的地方统治

1993 年，江苏北部的连云港市东海县尹湾村里发掘了一座西汉末年的墓，出土了当时的东海郡府制作的木牍。墓主是东海郡一个叫师饶的人，职任功曹史。出土文书里主要是隶属于东海郡郡县以下的官府和官吏的名称，人口数，开垦面积，钱谷收支，官吏的规定人数和俸禄，上级官吏的档案，郡太守官署的属吏名单，兵器、车器等的收藏清单。郡有义务向中央报告每年的政务，叫作上计。这些可能是上计簿的底本（也有人认为部分文书和上计毫无关系）。我们倾向于认为是墓主制作了这些文书，而且其作为上计吏去过当时的都城。因为文书里还记有赠金人的名单，他们可能是墓主上京时前来饯别送礼的人。

据当时的史书记载，上计簿里还记载盗贼的数量、裁判记录等。尹湾汉简存留下来的只是上计簿的一部分。又因为钱谷收支只分别写有总额，所以无从了解税金的详细内容，从而也就无法知晓地方政治的运行情况。但可以从侧面了解到官府数量和官吏的名称、人员、俸禄等制度上的内容。因此，不同于中央发布的律等，尹湾汉简的意义在于告诉了我们地方官僚制度的状况。

根据尹湾汉简，可以知道东海郡辖下的县级官府共计三十八，其中县十八、侯国十八，邑（供给皇太后、皇后和皇女费用的土地）二。另有都官两处，这是专卖盐铁的地方官署，分别为盐官和铁官。实际上盐官有三，铁官有二。县之下的乡有 170 个，乡之下的里有 2534 个。民间有个说法叫“十里一乡”，但这里实则“十五里一乡”了。

郡的民政长官是太守，军政长官是都尉，两者俸禄相同，都是两千石。太守所在的太守府有官吏 27 人，都尉府有 11 人。县里有县令或者县长，县令是六百或一千石俸禄，县长是三百或四百石俸禄，其下有相当于次官的丞和军事方面的尉从属于他。县的官吏总数少则 22 人，多则达 107 人，数目相差大得让人吃惊。这些数已包括县下的乡、亭、邮的官吏。

乡是一般民众居住的都市；亭相等于警署，设在交通要地，也是官吏的栖居宿舍；邮是派送文书的组织。亭和邮里都住着从事邮送业务的人。乡下面的里是处于统治末端的聚落。里是自治型村落，管理村落的里正和父老从里民中选拔产生，因此不算作郡县的官吏。但即使这样，里正和父老也必须协助官署征税。换个角度看，里还具有自卫功能，拥有互帮互助的组织“邻”。所以，里原本是自治性的、共同体性质的村落，秦汉王朝时期被置于政府统治的末端。

从前的史书中记载：汉代时县以下的民众组织叫作“乡、亭、里”。但民众的聚落到底是乡—亭—里式的统治关系，还是说乡、亭、里是分属不同系统的组织，这方面曾有过争议。目前一般认为它们属于不同系统，尹湾汉简证实了这一点。不仅如此，关于里和亭是属于乡、被乡统合了，还是属于县、被县统合了，也有过争论。我原先认为乡、里、亭是被县统合的，尹湾汉简出土后证明了这一点。

东海郡的总户数是266290户，平均一里105户。这和“一里百家”的史籍记载几近一致。总人口数是1397343，平均一户5.2人，和当时的全国户口统计数字及“五口一家”的官方言语也相一致。东海郡可谓是一个较为均衡、可以当作范本来考量的地区。

再介绍一件颇有趣味性的有关里的性质的文书。20世纪80年代中期，江苏省扬州市仪征县胥浦乡的西汉墓中出土了一份叫《先令券书》的竹简遗书。西汉末年，有位老妇人一度把财产都分给了儿子们，其中一个儿子不肖，又曾因伤害罪服过役。老妇人担心他会把财产耗尽，遂把借给女儿们的土地回收给他后，特意留下遗言告诫儿子不许将这些土地随便转卖他人。

值得注意的是，老妇人是委托县三老，乡三老，乡的有秩、佐、里师等人写成这份遗书，而且还请了里师、伍人和亲族作见证。这意味着遗书内容有征得乡、里的权威者同意，且在里的长老和近邻五家以及亲族们的监督下能够有效执行。里师就是里正，里正是官方称谓。而里是民间的自治群体，有着一套自己的称谓方式，里师即是如此。遗言中所显示的里民同里的领导者以及近邻的关系，很好地表现了当时里作为共同体的一面。不仅家产分配如此，结婚、离婚、收养等关系的确立，里民征求其他里民和伍还有邻的保证是极为普遍的。

张家山汉简的户律里虽然有关于《先令券书》的条文，但由于原文没有公开，无从知晓其内容。

从居延汉简看国境防卫和官僚制度的运行

不同于上述新发现的简牍，中国西北部干燥地区保存有古代木简和木牍的事早已广为人知。20 世纪初以来，英国人斯坦因（Marc Aurel Stein）从敦煌、楼兰、吐鲁番入手了大量汉朝、魏晋南北朝时期的木简。特别是 1930～1931 年，参加了由瑞典与中国政府组织的西北科学考察团的瑞典人弗克·贝格曼（Folke Bergman）在甘肃省额济纳河流域，即汉代居延县所在地，发掘出一万多件木简，轰动一时。它们被称作“居延汉简”。新中国成立后，中国学者于 1972～1976 年间又在此地的三座遗址中发掘了近两万件木简。据说这些木简属于西汉武帝到东汉光武帝时期。

居延是汉代抵御匈奴的防卫基地，也是进攻匈奴的前沿基所。居于长城一侧，城墙和眺望楼沿防卫线依次而建，一旦发现匈奴军队，就燃起烽火发信号、摇动旗帜，若是夜晚，还会点燃火把。这里有隶属于张掖郡的居延都尉府和肩水都尉府辖下的眺望塔岗哨等所有官僚机关。它们不同于东海郡尹湾汉简所示，是边境戍卫的特殊机构。众多官吏和兵士在这里执勤，且官吏中的大部分下级官员还是按照一般做法从当地人中选拔。我们现在所看到的木简就是由这些人书写的。另一方面，兵士中也有部分是中原地区的征兵。他们的俸禄也由内地征收的算赋（人头税）来支付。官吏和兵士及其家人每月有口粮，兵士的衣服和武器当然也由官府派发。

木简多达三万件，内容五花八门，从中可以窥得边境生活的实况：眺望塔上的站岗，巡视眺望塔周边，点燃烽火的办法，信号的发送记录，眺望塔士兵之间以及上下级机关间的文书送达，各种杂役、粮食的配给，官吏休假，事务评定，兵士任期及相关迎送等日常事务，还有疾病、事故、死伤、刀伤等意外情况的报告与处理，士兵和官吏的借贷，旅行用文书的发放等。关于这些，可参考大庭修的《木简》和《木简学入门》、籾山明的《汉帝国和边境社会》等。

这批木简中还有中央发下来的诏书。中央政府的丞相等制定好政策后上奏给皇帝，皇帝发出诏书，将命令下达至中央及地方的下级机关。各机关顺次将诏书内容向下传送，从而可知悉政令从都城至边境眺望塔的传输路径。通过这种方式，也可以了解汉帝国是如何将广大领土的每个角落都纳入统治范围的。

最后介绍一下由借贷引发的一则有意思的裁判。文书是一则判决书，是对居延都尉府下的一位甲渠候官粟君投诉住在县城内的庶民寇恩的事件判决。还附带记录事件内容的审查资料。粟君雇请寇恩去觻得县（张掖郡所辖；居延县和觻得县都属于张掖）卖鱼，寇恩没有返还卖鱼所得，所以粟君投诉了他。审讯寇恩的是同乡长官啬夫。寇恩的说法是，他陪伴粟君的妻子花费了不少，寇恩的儿子为粟君捕鱼、无偿劳作，已经足以偿还债务。这份调查报告送至“法庭”，县丞（次官）作出判决，认为寇恩的说法在理，以粟君“为政不直”判处惩罚。

此案趣处在于以守卫边境为本职的武官支使庶民捕鱼、卖鱼。事实上，据审查，本来是甲渠候官粟君的部下华商和周育两人去卖鱼，两人因事无法前去，便送了一头牛和若干谷物给粟君。粟君于是将牛给了寇恩转雇于他。

这件事是公事还是私事，乍一看不甚明了。若是关于国境防卫的工作，粟君有权命令部下。卖鱼属于职务外的事，尽管如此两部下还是难以拒绝这份工作。他们为了逃避进而拿出补偿以示差事的不正当。粟君和庶民寇恩的关系不是徭役而是雇用。整个判决过程中无须指出这一点，说明无论是对部下还是对庶民的使役都是不正当的。

那个时候鱼并不好卖，没有多少收益。如果有收益，早就进了粟君的私囊。可是，关于这点粟君也没有遭到指责。可能是因为甲渠候官以这种方式来增加收入在当时是被允许的。后来的三国时期，魏国屯田官兼营商业的现象也很普遍。现在，日本的公务员被禁止从事副业，但中国曾在某个时段允许政府机关扩展财政来源，想来恐怕有一定的历史渊源。

5

国家和儒教

——汉帝国的政治和思想

秦汉交替期的意义

秦实现政治统一确实具有划时代意义，但各地区仍然保留有统一前浓厚的地域特色，民众社会（或者说共同体）也一如往昔。虽然曾霸据一方的旧统治贵族阶层并未消失，但统一给了他们沉重一击，相反促进了庶民力量的发展。秦统治全国仅 15 年便开始崩坏瓦解，于是各地旧贵族阶层和新兴庶民阶层纷纷揭竿而起。近年考古发现楚地尤具独特传统，遂首先成为起义大本营。最先起义的陈胜、吴广大呼“王侯将相，宁有种乎”，宣告新时代的到来。紧随其后开始的是庶民出身的刘邦和旧贵族项羽的争霸，最终天下落入刘邦之手，建立了汉王朝（公元前 202 年）。秦的统一固然重要，然秦本是诸侯国之一，相比而言，秦末楚汉争霸和汉王朝建立的重要意义丝毫不逊于它。

项羽、刘邦争霸家喻户晓，项羽最后退兵至长江边，渡河点的亭长劝他渡到江南以东山再起。可项羽回道："且籍与江东子弟八千人渡江而西，今无一人还，纵江东父老怜而王我，我何面目见之?"遂折回，率兵杀入汉军，最后死于乱刀之下。

刘邦也获得故乡沛县父老乡亲的支持，领"子弟二三千人"举兵而起。建立汉王朝后，某日他回到故乡，"悉召故人父老子弟"大摆筵席，高歌："大风起兮云飞扬，威加海内兮归故乡，安得猛士兮守四方。"又谓："游子悲故乡。吾虽都关中，万岁后吾魂魄犹乐思沛。"免除沛县的赋税，和"沛县父兄诸母故人"尽欢数日。

败者和胜者的结局一目了然，当时的英雄与豪杰背后都有乡亲父老所领导的社会和民众的支持。

汉初的政治和黄老思想

秦朝末年的争乱非常激烈，以至汉王朝建立之后没有马上采取激进的政治主张，而是注重让民众休养生息，让疲敝的社会恢复活力。众所周知，秦朝信奉法家，政治苛严，而汉初尊崇无为自然的道家思想很是流行。此时流行的道家学说叫作黄老思想。黄老的"老"当然是道家鼻祖老子，"黄"则是指黄帝。

黄帝原是皇帝，皇帝是皇天上帝，简称帝，代指商朝以来的最高神。但不知从何时起，众神逐渐开始被称为帝，战国时期又从众神中选出五人称为五帝。黄帝是五帝之首。古希腊把神作为和人一样具有喜怒哀乐的故事主人公而传诵，中国人则把五帝视作人间帝王而歌颂。不同的是，中国人逐渐不把五帝当神，而认为他们是古代实际存在的帝王。从而像秦始皇一样，把皇帝之名作为人世君主的称号，开辟了象征君主绝对性的大道。

被冠以五帝的诸神，也即五帝王的由来，说法不一。选出五人，是受战国中期五行思想的影响。而黄帝的名称也受到五行思想的影响。五行思想认为构成世界的基本物质是木、火、土、金、水五个元素，相当于古希腊所说的自然哲学。例如泰勒斯（Thales）认为水是最基本元素，恩培多克勒（Empedocles）则主张地、水、火、风是最基本元素。印度也有类似的思想。但是中国的五行讲究与颜色、德行、方位、季节的配合，其特点是不仅仅解释自然现象，也解释包括人事在内的所有一切现象。

颜色方面，木、火、土、金、水分别和青、赤、黄、白、黑相匹配。五行或五色又分别对应木德、火德、土德、金德、水德五德，代表皇帝和王朝所具之德，五德的消长则代表皇帝和王朝的盛衰交替。譬如，汉王朝是火德，新莽末期，赤眉军起义希望复兴汉朝，当时就是以红色作为标识。东汉末期的黄巾起义以黄色作为标识，表达了取代汉王朝的决心。

方位和季节方面，木代表东和春，火代表南和夏，金代表西和秋，水代表北和冬，然后正中央是土。所以五行五德的中心是土德，是最高神皇天上帝（皇帝）所持之德。而且土德的颜色属黄，所以皇帝逐渐被叫成黄帝。

为什么黄帝会和道家联系在一起呢？黄老思想是道家中相对来说比较关心政治的一派所信奉的。原始的道家是作为在乱世中想尽量避开政治的隐遁人士（隐士、逸民）的思想而发展起来的。所以其主张避免人为，回归自然。老子描绘的理想国家是人人相识、处处可闻鸡鸣狗叫，范围不过村落大小，说到底是原始部落国家。然而现实是强大的君主制不断发展，所以一部分关心现世的道家把最高帝王黄帝和老子相提并论，同时供为开山祖。

1972～1973 年，湖南省长沙马王堆汉墓考古发现了一具栩栩如生的妇人尸体，闻名海内外。此墓是汉初长沙国丞相利苍一家的墓，妇人是其妻子。其儿所在的三号墓里出土了大批帛书（写在绢上的书），其中有《老子》抄本两部，附属于其中一部的四篇是已经佚失的《黄帝书》的一部分，大概是黄老思想当时流行的版本。黄老思想主张顺应道家之道，兼用刑和德。道家若也想参与国家政治，这样的主张在所难免。

《史记》记载，战国中期齐国的有学之士学习了黄老思想。但司马迁举例的都是主张依法治国的人。这种法家思想影响了韩非子等，从而产生了秦朝的强权政治。关于此点，浅野裕一等的研究表明，《黄帝书》虽源于齐国学者的法家思想流派，但不像秦国一样在皇帝个人制定这点上追溯法的起源，而是借助道家的道、天等概念奠定法的权威，同时劝诫为政者不要恣意妄为地用法。不管如何，此抄本的发现为我们解明了黄帝和道家连为一体的原委。

汉初的政治家自然懂得法的效用，开国功臣萧何在汉高祖时期就制定了最基本的律法。可是后来者仅作继承，再没有积极地予以完善，只是打算顺应人世的自然变化。这反而推动了民众力量的复苏。古时，如汉朝一样，政府要想有所作为，必须凭借百姓的身体劳作，从而易使百姓疲乏困惫。而在民力衰败的汉初，这样的治政方式显然不符合时代，所以采用道家无为自然的思想较妥。

然而，如前所述，道家学说原为避世思想。汉初的为政者推行无为自然的另一个原因要基于当时的宫廷状况。高祖刘邦一死，皇后吕后掌握实权，重用亲族，一时势压刘氏。此时虽然高祖时期的功臣尚在，但由于他们遵循道家义理明哲保身，对政治比较消极，以致出现吕后一手遮天的状况。

汉初儒家和法家的作用

汉初政治里并非没有儒家的作用。由于儒家反复强调仁义、礼仪等，庶民出身的刘邦对此很反感。据说反感到只要有戴着儒冠的客人来，就让他脱掉冠帽，还在上面撒尿。有个叫陆贾的人向其推介《诗经》《书经》等，刘邦大骂："乃公居马上而得之，安事《诗》《书》?"陆贾毫不退让："居马上得之，宁可以马上治之乎?"刘邦方才听进陆贾谏言。

前些年仙逝的京都大学会田雄次教授，"二战"结束时在缅甸战场被俘，依此经历著成《阿弄战俘营》（阿弄，Ahlone），一举成名。书中有段有趣的描述。在战场上威风凛凛的战士们到了集中营一无是处，什么都不会做，反而是平日察言观色准备粮草（比如偷偷从酒保处偷来）的人非常受欢迎。环境一变人的角色也变，发挥作用的人也相应发生变化。书中很鲜明地描绘出这个道理。

汉初的儒家中有个叫叔孙通的人。此人起初事于秦，后从项羽，最后成了刘邦的部下。他得知刘邦讨厌儒家，立马脱掉儒家服装，一味推荐盗贼、壮士之流。弟子不满，他则说："汉王方蒙矢石争天下，诸生宁能斗乎？故先言斩将搴旗之士。诸生且待我，我不忘矣。"刘邦取得天下后，秦朝律法和礼仪被彻底废除，身经百战的部下们终日在宫中饮酒作乐，争功邀赏以致大声叫嚷，甚至有拔剑斩柱者。刘邦无计可施，叔孙通乘机建言："夫儒者难与进取，可与守成。"他思量此时正是儒者登台献策的好时机。

于是叔孙通说服刘邦，招徕自己的弟子及鲁国的儒家们，重新制定了宫廷礼仪。据说，某天照此礼仪举办完庄重的仪式后，本性单纯的刘邦感激涕零："吾乃今日知为皇帝之贵也。"

吕氏势力被肃清，文帝即位后，出现了贾谊、晁错等积极进言的新型官僚。据说贾谊近儒，晁错近法。尽管他们的很多进言遭受当时保守权贵势力的抨击而没有被采用，但仍然对应对诸侯王的措施产生了重大影响。

秦废除周代以来的封建制度，开始在全国统一实行郡县制。而施政缓和的汉朝则封地给同族和功臣，让他们建立各自的王国，置于郡县之间。这就是所谓的诸侯国。刘邦对异姓诸侯王非常警惕，制造借口将他们个个歼灭。留下来的异姓诸侯王只有长沙王。然而同族的诸侯王中也有心怀不满者，甚至有揭竿而起的。贾谊和晁错提议削减诸侯王的势力、分割大诸侯王的领地，其中有些提议被采纳实施。

诸侯王们当然强烈反对这个提议，于是文帝后的景帝一即位，他们便以"请诛晁错，以清君侧"为名联兵发动"吴楚七国之乱"（公元前154年）。尽管晁错最终被廷臣处以死刑，但此次叛乱并没能动摇汉王朝的体制根基。反而是中央旗开得胜，平定叛乱后，进一步采取措施，削弱了诸侯王的势力。并且规定诸侯国内部的官吏一律由中央任免，由此诸侯王失去了政治上的独立性，中央集权得到彻底强化。

汉武帝的政治和法家、儒家与道家

如前所述，黄老政治适用于汉初的社会情势，它的实施使民力恢复，使政府收入增加。据说武帝在位期间（公元前141～前87年），五谷丰登，国仓满溢甚至腐烂有余。在此财力支撑下，汉武帝开始采取积极的对外政策，如出兵进攻宿敌匈奴等。

可是这样一来，不管如何国富民康，都难以满足财政支出。到了武帝后期，朝廷开始注重财政政策，新设盐铁专卖制度、均输平准法、财产税等。所谓均输是指政府把物资从富足有余的地方运到匮乏不支的地方，赚取利益。所谓平准，是指政府在丰收之年买进物品，歉收之年再卖出，从中获取利益。前者利用经济发展的地区不平衡，后者利用时间上的差异，二者异曲同工。

能够采取这样的政策，尽管有经济发展不平衡的因素，但确实也因为经济有了一定的发展。经济发展使民间有了财富，出现了富裕的地主和大商人，由此也提升了财产税的收益。而且政府一旦发现财产申报有假，会毫不留情地没收财产以便增收。均输法、平准法也是政府和商人利益相争的产物。富裕的地主、商人一般被称作豪族，比前文中父老层的地位要高。武帝统治时期，这些豪族和国家的对立情绪比较显著。

为了抑制豪族，有效地施行财政政策，国家权力必须强大有力。法家思想的施政模式与发动强大的国家权力相契合。所以武帝时期，法家官僚逐渐变得有势力。但是凭借法家思想并不能有效地管理百姓。其缺陷在秦朝时已经得到证实。此外，虽然在汉初很多官吏是跟随布衣出身的刘邦而发达起来的朴素平民，但到武帝时期，有文化素养的知识分子成为官员的主流。武帝时想建功立业、为治世增光添彩，道家和法家是无能为力的。于是，儒家便有必要登上历史舞台了。

如此一来，汉初以来的道家人士会怎么样呢？武帝初年以前，由于武帝祖母窦太后是个虔诚的黄老思想信奉者，黄老思想在宫廷中也很有影响力。当时道家支持者数量众多，从司马迁的父亲司马谈的思想中可见一斑。太后去世，武帝亲政，儒家和法家终于开始抬头，但此时仍然有地方遵从在中央大势已去的道家，如在现安徽省拥有领地的淮南王刘安。刘安很早就招贤纳士，组织他们编撰《淮南子》。这本书的中心思想当然是道家思想，同时也混杂了一些五花八门的别家思想。

平定吴楚七国之乱后，汉王朝进一步巩固了中央集权，但依旧密切警惕诸侯王的风吹草动。特别是淮南王刘安，由于他父亲曾经参与谋反而丧命，所以朝廷和刘安相互戒备，互有猜忌。此时恰好出现了不同于中央儒家和法家的思想集团，因此对立也更为激烈。最终，武帝给淮南王和其弟衡山王刘赐戴大逆不道的罪名，从而处死，没收了领地。这也就意味着道家的大本营被摧毁了。

对儒教国教化一说的质疑

汉初儒家的作用是像叔孙通那样为国家制定礼仪。儒家所主张的道德和礼仪虽然成了知识分子教养的一部分，但还没有被政治利用去教化人心。而这一作用的发挥至少要到汉武帝以后。

向来有这样的提法，儒教从汉武帝时期开始成为国教。无须多言，国教的说法起源于罗马帝国把基督教国教化的事实。但西汉的儒教，真的可以被视作国教吗？确实，从汉武帝时期的相关记录可知，那时设置了儒学经典的五经博士，开始了孝廉考试等。但有考证说在朝廷内设置学问负责者——博士之事早已有之；还有一种说法认为博士中虽有负责儒学之人，但五经官齐备是在那以后的事了。据说根据孝廉等德目来选拔人才在汉文帝时便已开始。

至于儒教思想有否在知识分子阶层和统治阶层普及开来，有没有实施基于儒学思想的政治，我认为汉武帝时期虽有施行法家政治，也有很多信奉法家的官吏，但独尊儒教这点尚未达成也是确信无疑的。

所谓儒教的国教化，一般认为以董仲舒的上奏为发端。确实，董仲舒是汉武帝时期的大学问家，他有上奏也属事实。可是现今所能见到的董仲舒的上奏材料是年份各异的内容混为一体，须进行严谨的辨析。可能这些上奏文是因为董仲舒是大学问家，后世想歌颂其功业，才被做成的。

董仲舒学问的特点是结合了儒学和灾异说。灾异指天灾地异、天变地异，原始社会以来的古代人认为这些现象不纯粹是自然现象，也是对人类世界未来事情的一种预示。这种原始心性一直持续到汉代。

最初的儒家教义应该是要克服这种原始心性。人之德这一观念在儒家之前就有提倡，而儒家首次提出它是人由内而发的。他们主张要积极实践这种德，在政治上君主必须依德施政。战国时期的孟子认为，君主失德则会失民心、失天下。

但是在君主权力被强化的时代，官吏自然不会支持孟子所倡议的革命。董仲舒认为，君主之德若欠佳，天会通过自然现象的灾异给出警告，君主之德若可嘉，天也会降祥瑞以称赞。以上表明儒家在不断调整姿态来适应新的时代。

汉武帝之后的汉昭帝时期，有过一场有名的“盐铁论争”（《盐铁论》里记载了论争概要，所以称为盐铁论争）。这场论争由武帝以来的法家官吏和受法家之害的地方上的出身民间的贤良、文学之士发起。贤良、文学之士的主张接近儒家，这表明即便是汉武帝以后，法家和儒家依旧针锋相对。同时，贤良、文学之士以豪族势力为倚靠，由此可见儒家思想和豪族势力紧密相连。

再之后的汉宣帝时期，儒家思想已经得到大力普及。据传还是皇太子的汉元帝见宣帝重用法家，便谏言："陛下持刑太深，宜用儒生。"宣帝脸色大变，回道："汉家自有制度，本以霸道杂之，奈何纯任德教，用周政乎！且俗儒不达时宜，好古是今非，使人眩于名实，"又叹息道，"乱我家者，太子也！"宣帝大概认为儒家太理想化，所以要兼用现实主义的法家。

儒教的普及

今日一般认为儒教得以普及是在公元前1世纪后半叶的汉元帝时期。儒教一普及，王莽作为教义实践者声名鹊起。他凭借声望获得人们的支持，制造假的祥瑞，还制造舆论宣扬他有皇帝资格，最终推翻了西汉王朝，坐上皇帝的宝座（公元9年）。宣帝语中。执此之际，董仲舒的学说反而被革命（指王朝更替）利用，这多少让人感到有些讽刺。

但是王莽生性偏执狭隘、为人狡黠，人格不健全。王莽像数学算式一样实践儒教道德，结果诞生出和他一样的顽固儒士。让这样的人取得天下，统治百姓，也是一大悲剧。在政治上他们遵循儒教经典所记的古时为政之道，但很多已与现实不符，致使民众痛苦不堪。终于民众发起叛乱，王莽政权只在历史长流中昙花一现。

反对王莽的叛乱中最有名的是赤眉军起义。由于参与反叛的民众都染红了眉毛，遂得此名。如前所述，红色表示的火代表着西汉王朝的德，这充分体现民众希望恢复汉王朝的愿望。赤眉军起义失败，取而代之夺得天下（公元25年）的是汉室一门的刘秀，即光武帝。

光武帝即位后，皇帝确立祭天仪式，从官方角度公布承认了与儒教紧密相连的谶纬说。"谶"指的是在汉代盛为流行的预言，记载这些预言的是"纬书"。两者合而为一，将相信预言类的思想称作"谶纬"。"纬书"是依托儒教经典"经书"而造的，汉代儒教中，"经书"和"纬书"相辅相成，颇是流行。自董仲舒以来，儒教有关灾异的神秘色彩部分被浓化，所以它与谶纬相结合也并不困难。而且，倘若要绝对化皇帝权力，采用富有神秘色彩的仪式和思想是恰当的。（这里尚无合理依据）

板野长八认为，光武帝时儒教成为国教已是事实。诚然，谶纬说在东汉一直流行于宫廷，不过也有不少东汉儒者认为，严格来说在原始儒教的角度上谶纬说是异类。而汉朝宫廷也干预了儒教教义的原本内容。西汉宣帝和东汉第三代皇帝章帝分别召开的石渠阁会议和白虎观会议即是例证，在这里由皇帝亲自裁定、评判教义。所以也有人说白虎观会议确立了儒教的国教化。当然，教义因此被歪曲和改变也就在所难免了。

董仲舒的学问未能流传万世，被称为"今文"，当时的版本是用通行文字书写。秦始皇曾焚书坑儒、弹压儒学，以致许多原典散佚。但有汉以来，各处不断发现古文书写的版本，其中包括从今文典籍中无从知晓的经典，这些被称作“古文”，所以东汉时期古文研究空前兴盛。由于阅读古文需要注释，便产生了“训诂学”，也出现了东汉末期郑玄那样的大学问家。

然而这些只是学问上的变。儒教开始在民间普及是其成为人们进入仕途的必修以后。前面讲过，汉代时期要为官首先得在乡里有声望，而欲想博得声望必须身体力行儒教教义。所以想入仕途的人必须学习儒教。

重复一下，地方官向中央推荐官僚候选人是所谓选举的主要途径。它有两种类型：一是州的刺史推荐的“秀才”“茂才”（初为秀才，后因光武帝刘秀，东汉时期改称茂才以避讳），二是郡太守或国相推荐的“孝廉”。“孝廉”的确立过程前已述明，而它的称谓实际上也和儒教相关联，这充分揭示儒教是举荐标准的基本事实。

东汉儒教特别重礼仪，所以又名礼教。道德履行在人与人之间的关系中，通过礼仪得以体现。然而据说儒教的礼仪是“礼仪三百，威仪三千”，非常复杂。若要领会其中要义，只能拜师求学。于是儒教老师在各地开设私塾，当地的富豪和权势者（豪族）的子弟则进入私塾学习。这应该是儒教得以普及的最大原因。

可实际上，这些开私塾的人不是官员就是和官员有关系的人。所以官员老师手下的学生通常会成为官员的部下，或是被推荐。这种私人关系即便在学生成为官员之后也会持续。后来东汉官僚中出现派阀，把这层关系称为“门生”“故吏”。门生指学生，故吏指原来的部下。东汉末期，拥有门生、故吏越多的官僚在官场越得势。所以，如果说选举把豪族和国家结合在了一起，那么门生、故吏则把官僚化的豪族们联系到了一起。

外戚、宦官和名士的对立

可是东汉时期，又出现了一批和儒教官僚对立的势力群体——外戚和宦官。宦官是在后宫服侍皇帝私生活的人。因在皇帝近侧，如果把其培养成心腹，则便于皇帝专制独裁；但如果用人不当，则容易导致宦官狐假虎威甚至凌驾于皇帝之上。东汉皇帝多早亡，接二连三地都是年纪幼小的皇帝继位，所以外戚掌握实权。皇帝长大，能够独当一面了，外戚便成为绊脚石。有位皇帝曾利用心腹宦官成功扫除了外戚势力，不料却助长了宦官的跋扈横行。

外戚和宦官的势力一直持续到东汉末期，特别是在东汉末年，宦官已处于权力中枢掌握实权，势极一时。有些地方豪族放弃推选而贿赂宦官以图出人头地，有的甚至成为宦官的养子。曹操的父亲就是成为宦官曹腾的养子后，出重金买到了高官太尉。宦官的势力通过这些人渗透到地方，其中自然免不了还会有贿赂和请托，从而加剧了政治的污浊不堪。

于是便出现了批判、对抗宦官势力的人，他们是学习儒教、从地方进入中央的官僚及其外围人士。起初的反对者是一些在“中央的大学”（太学）求学的官僚后起之秀，尔后应援朝野的名士便多了起来。

宦官政治阻塞了人们的仕途之路，且反对也同利害关系紧密相连。由于儒教学人是对抗的主导，当时政治的混浊显然与他们的理念截然相反，于是这些反对者自称“清流”（与此相对，也有学者称与宦官相结的人为“浊流豪族”），坚信自己的主张是正论（清论、清议）。反对运动进行得十分猛烈，宦官们也对此严加镇压。这个事件叫作“党锢”“党禁”。因为宦官们认为反对者结党结派，遂称他们作“党人”，一律处以禁锢。当时的禁锢是指剥夺官僚（士大夫）身份，命令在家禁闭的意思。党锢共进行了两次（公元 166、167 年），不少人惨遭杀害。

事实上，儒教官僚的抵抗表现得最为激烈的是整个东汉时期通过举荐从地方进入中央的人，他们有自己的社交网络，联络也方便。另外，还有前文提到的通过门生、故吏关系建立起来的联合群体。所以宦官称他们为党人也不足为怪。这些反抗者为了推选，之前就已在不断努力提高名声，若受到镇压则会变得更有名望以至更让人敬仰，所以反抗会进行得非常激烈、顽固。如果不与这些名士为伍则会有损声名，所以出现虽没被逮捕却自称是党人的人。据说有个叫张俭的人，为了躲避追兵而四处辗转，不少人不顾牵连可能导致的家破人亡，帮助他隐藏。

可是有个叫岑晊的人，逃到贾彪家时，贾彪闭门不许进，据称是因为他对为了一己声名而给别人添麻烦的行为表示鄙夷。乍一看这种行为像是为了节操，其实里面也有图名图利的部分，所以自然也有人认为名声不过是虚妄而已。还有不同于名士的选择把自己置身于政治之外的逸民，这样的人在东汉末期有所增加。《后汉书》里，与《党锢列传》《宦者列传》等相并的还有《逸民列传》。魏晋南北朝时期，继承名士一系的门阀贵族成为统治者，但即便是在乱世，贵族之间仍然保留着浓厚的逸民情节。

东汉末，外戚为了抗衡宦官而同清流名士联合，最后的外戚何进与名士袁绍结为一气。袁绍家连续四代官至最高位级的三公，门生、故吏遍布天下。后袁绍带军闯入宫廷，对宦官格杀勿论。这支军队中的将领就有尚还年轻的曹操，他是个有先见之明的人，不同于父亲而选择了跟随清流一方。宦官被歼灭之后，不料何进召来了董卓。董卓率领军队占领了国都，袁绍和曹操仓皇外逃。董卓把皇帝带到了自己的根据地长安，但后来曹操又夺了回来，挟持皇帝掌握了实权。

无论是宦官、清流名士还是董卓、袁绍、曹操这些人，都属于统治阶层。他们的争权夺势，让民众生活得水深火热。这些民众信仰后来称为道教的一种宗教团体，其中影响力较大的是太平道和五斗米道（天师道）。他们宣称人类的罪和疾病有因果关系，让民众坦白、忏悔罪过，给他们护身符，让他们喝灵水、念咒文、作祈祷。虽然其中多有巫术成分，但帮助信者忏悔罪过，解除他们内心的苦楚，又有组织宗教团体，可见已经产生孕育新宗教的萌芽。

五斗米道在陕西、四川的边境地区建立了宗教王国。太平道在华北中部有大量信众，遭到政府压制后他们掀起了大规模的农民起义，史称“黄巾之乱”（184 年）。“黄巾”的说法是因为起义军带有黄色标识，说明人们已经不再支持汉朝的火德（红色），转而向往土德（黄色）政权。黄巾之乱被镇压后，世间又处于群雄割据的状态，曹操尊奉天子，势力大增。历史遂进入名著《三国志》所描绘的格局。

6

秦汉与匈奴

——古代帝国对异民族的政策

中华世界与诸民族

在讲述中华思想的部分，我提到中国人所构想的世界也包括汉族以外的异民族。这是因为从汉族历史初期开始，就与其他民族有过接触，并且把其纳入己国的疆域或文化圈内。但认为异民族必须从属于汉族却是中华思想的错误所在。更何况，汉族并没能像罗马帝国一样征服异民族。诸民族之所以能够保持独立、活动自由，正是因为他们从各自的立场不断观察、学习着中国文明的先进性。正如我将在后文讲到一样，诸民族同中国通过各种纽带联结在一起。于这层意义上，以中国为中心的“东亚世界”方才成立。

另一方面，北方游牧民族生活的草原地区，其自然环境和生活条件均不同于中国。这片草原地带横跨亚欧大陆内部，生活在这里的游牧民族建构了一个可称作“内陆亚洲世界”的独特王国。但这个内陆亚洲世界在东边与东亚世界、在西边与东方国家即西亚世界相接触，分别与他们建立了紧密的政治、经济关系，并且起到了使东西方文化交流的重要桥梁作用。就东亚的中国来说，与游牧民的交往对其的冲击要远大于与同环境下与农业民族的共生。因此，如果忽略与游牧民族的关系，将无从谈起东亚世界的历史。白鸟库吉非常概括性地指出东洋史是南北两民族的，也即中国与北方游牧民族的对抗史，我觉得言之在理。

秦汉帝国时中国的统一和领土扩张一直延伸到与游牧世界接壤的边境。秦汉在边界上筑起万里长城，与强大的匈奴势力相对抗。据中国方面的记载，匈奴的祖先起初生活在中原，很早就和华北的华夏族有过接触。周代的金文和《诗经》里有汉族和猃狁族战斗的记录，据说猃狁就是匈奴的祖先。可在秦汉帝国建立之时，匈奴已经转移到了北方的蒙古高原一带。秦汉帝国形成的同时，他们也几乎建立了自己的统一国家，这点与多数东亚民族在秦汉影响的作用下确立国家的倾向大不相同。匈奴穿过横亘东西的草原地带，很早便受到西边的东方国家文明的影响。匈奴的青铜器和敷地用品等的花纹中存在黑海北部的斯基泰文化的影子就是例证。

汉初的汉匈关系

战国时期，中原北边的燕、赵、秦等国在北方国境建筑防护墙，阻止游牧民的侵入。秦统一中国后，将匈奴赶到更北边的同时，把之前的防护墙连接起来筑成长城。据说秦长城东起辽东、西至临洮（甘肃东南），较现在的长城更偏北。汉王朝向西扩张领土时，把秦长城延长到敦煌以西的玉门关附近。

秦末，中原各地群雄并起，匈奴首领冒顿单于统一了蒙古高原。冒顿，在蒙古语中意为英雄，与音译之“巴特尔”等同义。单于全称为撑犁孤涂单于，据《汉书》，撑犁意为天，孤涂意为子，撑犁孤涂也就是天子的意思，总之单于是广大的意思。无论是中原还是北方民族的萨满教对天的崇拜都是一样的。虽然有匈奴是蒙古族或是土耳其族的说法，但由于他们都属于阿尔泰语系，语言上有亲缘关系，所以很难判断孰是孰非。而且，按照现在的民族划分标准来谈论过去的民族，这本身就有欠妥当。

汉朝在饱经秦末的战乱之后，已经不具力量去和匈奴对抗。汉高祖刘邦为了阻止匈奴南下，出兵征伐，在山西北部（现在的大同一带）被匈奴大军包围，通过贿赂勉强得以攻破包围圈一角，狼狈不堪地逃回了长安。于是汉朝与匈奴结下约定，维持和睦：①把公主（皇女）嫁予单于做妃；②皇帝与单于结兄弟之谊；③汉向单于赠送贡品（绢、酒、米等）。这个约定在高祖之后继续执行，文帝景帝时又新增了第四条：在国境开通关贸（关市）。

高祖之后的文帝在给匈奴的国书中写道："先帝制：长城以北，引弓之国，受命单于；长城以内，冠带之室，朕亦制之。"大概意思是先帝高祖缔结的约议，希望以万里长城为界，生活方式全然不同的两国能够和谐相处。

这份国书还写道："汉与匈奴邻敌之国。"所谓邻敌，是相邻敌国的意思。敌国不同于现在的意义，和匹敌的"敌"一样，是对等的意思。也就是说，汉朝和匈奴应作为毗邻而居的对等国家相处下去。而中华思想认为所有国家都应仰慕中国、服从中国，但正如实际上和匈奴的关系一样，无法避免出现对等关系。因此，说成是敌国也就意味着某些时候对等国会成为现今意义中的敌国。归根结底，在中华思想的框架里，与其有对等关系的只能是敌人。

这种对等国关系，在汉和匈奴交换的国书中也有所体现。汉朝写道："皇帝敬问匈奴大单于无恙。"匈奴则回道："天所立匈奴大单于敬问皇帝无恙。"西汉前期，虽说是对等关系，明显匈奴实力在上。此时，据说汉朝书写国书的木牍长为一尺一寸，匈奴有时却用一尺二寸的木牍，写道："天地所生日月所置匈奴大单于敬问汉皇帝无恙。"

这种国书形式被后世承袭。唐朝给敌国或兄弟关系的国家书写国书时，依旧书“皇帝敬问（某国君主）”。“无恙”这个词也有用于日本推古朝送给隋朝的国书中。想必大家听说过“日出处天子致书日没处天子无恙”吧。

汉武帝的征服与统治

汉武帝时期，国力大增，对匈政策开始转守为攻。此时卫青和霍去病等将军大显身手，而匈奴势力大减，对汉已经不再是威胁。其中匈奴右翼势力四万人向汉投降，致使现在的甘肃省地域成为汉朝领土。汉武帝在此设立武威、张掖、酒泉、敦煌四郡，开辟了通往西域的路线。

为开通西域路线创造契机的是著名的张骞。匈奴兴起之前，在其西边的甘肃一带居住着月氏民族，后来因受匈奴压迫，一部分向西迁移，在中亚地带建立了一个叫大月氏的国家。汉武帝计划联合大月氏夹攻匈奴，遂派遣张骞前去交涉（公元前 139 年）。张骞在经过前往大月氏的必经之地匈奴领土时，被匈奴抓获扣压 10 年以上，娶妻生子。但是他不忘初衷，某日趁看守疏忽，逃出匈奴，穿过大宛（费尔干纳盆地）、康居（今哈萨克斯坦）抵达大月氏。大月氏所在地叫作巴克特里亚，是中亚最富饶的地方。大月氏安居此地，没有答应汉朝的请求。张骞在回程中再次被匈奴抓获，偶遇匈奴内乱，成功逃脱，在离开汉土 13 年后终于回到家乡。

张骞此后又出使乌孙（匈奴以西，居住在匈奴和大月氏之间的民族），派遣部下至西域各国，开辟了西域交通。于是，西域众多国家开始纷纷向汉朝贡，大批物资进入中国。其中武帝格外想要大宛产的名马，不惜派大军想把它夺来。西域气候干燥，沙漠广阔，虽偶有绿洲城邦点缀其中，但对被派遣的士兵来说，穿过沙漠实在痛苦不堪。汉军还打算向沿路的城邦征收粮食，不料城邦担心遭到掠夺，紧闭了城门。据说士兵们陆续倒下，进攻大宛全无胜算，勉强回到敦煌的只有一二成。武帝大怒，再次下令远征。这次他准备了很多牛马搬运武器和粮食，又安排了另一支军队前往西域，以防匈奴从侧面进攻。抵达大宛的远征军断掉大宛的水源，逼其降服，获得良马、中马凯旋。

汉武帝还派兵远征东边的朝鲜。其动机可能是想控制住东边，以便和匈奴对战。在朝鲜，秦末动乱时期的燕国流亡者卫满建立了卫氏朝鲜国，起初属汉朝“外臣”。外臣是相对于内臣的称谓，表示处于国外的臣下国。外臣国的国君和中国皇帝缔结的君臣关系，也叫作“册封”，在之后的很长时间，这成了中国统治外国的主要形式。然而，卫氏朝鲜王不久便和中国断绝了关系，所以汉武帝将其消灭，取而代之设置乐浪、真番、玄菟、临屯四郡，使其成为中国的直辖地（公元前 108 年）。其中唯独乐浪郡存留后世，即今日的平壤。

在南方，同样是在秦末动乱时期，今广州一带建立了南越国。建立南越国的虽然是汉人赵佗，大多数居民却是少数民族的越人。汉高祖封赵佗为南越王，把他作为汉之外臣缔结册封关系。后来，南越王自立，自封皇帝，甚至把疆域扩张到越南北部，但好景不长，文帝时期又转回外臣。汉武帝想把南越王招为内臣，遭到越人的反对。越人不同于汉人，反对直辖统治自是当然。汉武帝也将其灭亡，设南海（今广州）等九郡（公元前111年）。其中交趾郡是今日越南河内。

如此这般，中国疆域一直延伸至越南，在那设置了郡县。此时，中国南部住有很多不同于汉族的其他民族。尤其是四川的一些地方和广西、贵州、云南等地，现在仍是很多少数民族的聚居区。汉将生活在这些地域的民族统称为西南夷。民族众多的西南夷中，实力好不容易达到可以建立国家的是夜郎王和滇王。然而二王不知世界之大，对汉使者问道："汉孰与我大?"这便是成语"夜郎自大"的由来。

据说汉朝曾赠给二王印玺。关于这种王印，比较有名的是汉赠给倭奴国王的金印，它代表倭奴国王统治国家和人民的权力受到汉朝的官准。这种权限一般是中国的外臣所享有的，夜郎王和滇王的领地上设有郡县，道理上讲应该受汉的直接统治。所以二王相当于是被赋予自治权的外臣。例如，滇王所治之地是现昆明市南边的晋宁，汉朝于此地设置益州郡，赐滇王印，承认其当地首领的身份。

滇王墓在晋宁的石寨山，刻有“滇王之印”的金印便出土于此，且常被拿来和倭奴国王的金印作比较。陪葬品里还有诸如铜鼓类的具有南方特色的物品，附在上面的铜制人偶和动物形状可看到斯基泰式的特征。恐怕当时四川南部、西部一带的少数民族有与北方交流的通路。

尽管中国内地也存在异民族的王，一般而言域内的诸民族都被纳入郡县制的构架内，由汉王朝的官僚来治理。然而，在异民族形成多个集群而居的地区，格外设置了行政区划“属国”和“道”，由属国内的属国都尉来治理。所谓都尉，原是负责郡内的军事、警察要事，属国都尉则已离开郡的治所被安排到异民族的聚居地。除都尉外，如果郡内各地都有异民族居住，有时还会因方位而设置东部都尉、西部都尉、南部都尉等。另外，属国设在郡内，而道则设在县内。中国域内的诸民族，在保持各自风俗习惯的同时不必像汉人一样缴纳税金，但他们大多会向中央纳贡。

匈奴的臣服和通婚政策

匈奴被汉武帝打压之后日渐衰落、分裂，开始内部纷争。汉宣帝时（公元前 55 年），呼韩邪单于向汉投降称臣，接着又入朝到汉廷。这意味着处于敌国关系的匈奴首次成为汉室外臣。汉朝格外厚待于他。一般情况下，一旦成为外臣会从汉朝获得“某王”“某侯”的称号，而呼韩邪单于继续保持单于旧称，位于诸侯王之上，也即是内臣和外臣的最高位阶。

汉元帝即位后（公元前33年），呼韩邪单于入朝时受赐宫女王昭君为妻。和匈奴的通婚政策——一般也称作和亲政策——自高祖刘邦和单于冒顿缔结送嫁公主的约定以来，代代执行。最早汉高祖打算送走自己的女儿，但吕后伤心欲绝向高祖求情，遂改为选派宗室女性。这个政策一直都有施行，但究竟会选派什么样的女性送给单于，其名已无从知晓。仅仅知道有位叫作细君的女性被送给了乌孙。这位女性是某个因谋反罪而自杀的王族的女儿。属于皇族是确定无疑的，只是因为是谋反者的亲人，所以才遭遇这样的运命。

受赠的乌孙王年事已高，语言自是不通，和细君一年也就见一两次，后来就转给孙子，让她做了孙媳。丈夫死后，家族里的人娶走寡妇是北方民族常见的习俗，民族学上称为“转房制”。在日本也经常有丈夫死后与丈夫的兄弟再婚的情况，我们称之为“逆缘婚”。“转房制”源于拉丁语levir，意即“丈夫的兄弟”。但北方民族中不是仅限于兄弟，寡妇再婚对象的范围是丈夫的整个家族。然而，在中原没有这样的习惯，甚至认为这是违背道德的，所以被送到北方的女性为此感到痛苦。

细君终日悲叹，作有一诗，流传后世：“吾家嫁我兮天一方，远托异国兮乌孙王。穹庐为室兮旃为墙，以肉为食兮酪为浆。居常土思兮心内伤，愿为黄鹄兮归故乡。”而实际上，这首诗应该是后人根据细君的传说创作的。

这样的通婚政策主要作为针对北方游牧民族的怀柔政策而被后世王朝沿用。唐朝称其为“和蕃公主”。如细君诗里所述，这些被强制性送出去的女性生活在与汉人截然不同的环境里，成为国家政策的牺牲品，她们的悲苦一言难尽。王昭君是这些悲剧女性中最有名的典型，古往今来被写进许多故事里。王昭君并非皇族，而是从后宫女性中挑选出来作为牺牲品的，身份上容易博得同情。

据一则有名的故事讲，汉元帝后宫三千，皇帝根据画师的画像来决定侍寝的女子。换作今日就是看照片作决定了。于是后宫女子争先恐后贿赂画师，请他画得漂亮点。王昭君没有贿赂，结果被画得很丑。等到要给呼韩邪单于赠送女子的时候，汉元帝想送出最丑陋的女子，于是参照画师的画召见了王昭君。结果发现王昭君是个大美人，顿生怜香惜玉之心，但元帝重视与单于的信赖关系，还是把王昭君送过去了。但据另一种说法，王昭君因为一次皇帝的召见都没有受到，变得有点自暴自弃，所以主动提出出塞和亲。

唐朝时，大街小巷里流行一种边看画卷边说唱的表演形式，其中王昭君的故事就是主要内容之一，由此这个悲剧便家喻户晓了。元朝有一首叫《汉宫秋》的名曲，故事中王昭君在国境附近的黑河边投河自杀。这种设定反映了当时受蒙古人统治的汉人的民族情感。

李陵和司马迁

在汉与匈奴的对立中产生了很多牺牲者。尤其是汉武帝大宛远征等事，为了满足君主的愿望，牺牲了汉王朝和西域双方的大量士兵与民众。王昭君也是其中一名牺牲者，她被后人作为悲剧性主人公而传唱，让人感同身受。但也有男性和王昭君一样，命运受摆布，不能自主。中岛敦小说中描绘的李陵就是这样一个人。

李陵身为将军，作战骁勇，在深入匈奴境地时，由于对他心存芥蒂的另一位将军没有送来援兵，结果被匈奴大军包围，许多部下阵亡了，他也被迫投降。此段时期，世间传言李陵在传授匈奴攻汉战略，武帝大怒，将李陵一家全部杀害。李陵无奈，只好做了匈奴的将军。汉武帝驾崩后，朝廷发诏令请李陵回汉，李陵拒受，自刎于沙漠。投降匈奴已经甚是屈辱，为什么还要回到故土继续忍受屈辱呢？李陵当时或许是这样一种心情。人们为李陵的命运所感动流泪，像昭君一样，街头巷尾诞生了很多关于他的故事，为世人传诵。

受李陵牵连的人中，有位叫司马迁的史学家。他因为友人李陵辩护而惹怒了汉武帝，被处以腐刑（宫刑）。他的余生也备受屈辱，但与李陵稍有不同。他为了专心撰写《史记》而苟且活命。武帝的时代是自古时以来中国发展最为昌盛的时期，因此会由内而外产生需要编写综合性历史叙述的气象。而司马迁本人正是从父亲的遗言中深刻地意识到自己的使命。为此，他努力活了下来，正是因为《史记》蕴涵了命运悲惨的作者的心血，所以能够感染读者。而且，由于作者的命运使他置身于体制外，所以这本书能够以一种比较客观且自由的态度来叙述当时的治世情况。这对于历史书而言是极其重要的。

接着说回匈奴。呼韩邪单于之后，匈奴内部仍然纷争不断，东汉初期分裂成南匈奴和北匈奴两部分。南匈奴投靠汉朝，北匈奴则向西迁移，不久甚至出现在了欧洲大陆，被称作 Hun（Hun 大概是匈奴的原名。阿尔泰语中 k 音和 h 音相通）。南匈奴被安置在汉朝北边，为抵挡北匈奴等的攻击、保护汉朝立下了汗马功劳。这类似于罗马帝国边境的日耳曼人所发挥的作用。然而，南匈奴进一步南下，逐渐定居在山西南部一带。后来被纳入曹操的统治范围，成为西晋末期五胡诸民族蜂起的先锋。

西域都护的统治

几乎与呼韩邪单于投降同时，汉宣帝设置了西域都护（公元前 60 年），负责管理西域。汉武帝在位时，汉曾出兵西域，但由于财政困难和战况不佳，一时放弃了此地。匈奴分裂后，这个地方的匈奴向汉告降，于是西域又成了汉朝的地方。

西域有一些分散的绿洲都市，它们连在一起形成小的国家，所以有西域三十六国或五十余国的说法。此地是东西方商品交会的重要交通要道，因此成为汉与匈奴争夺的对象。匈奴在此地安置官职——僮仆都尉，让他们向各都市征收税金。汉朝一占领此地，便切断了匈奴的财源，这也是匈奴势力逐渐衰弱的原因之一。虽然这片区域成为汉朝的领地，但依旧存在很多各自分立的小国集群。这是其他地方所没有的特征。汉朝不让这些国家分地而治，所以设置了西域都护这一特殊官职来监视他们。

东汉时期，班超作为西域都护取得了突出的成就。班超出身于书香门第，兄长班固著有《汉书》，小妹班昭是文学家，才情横溢，远近闻名，而班超则不安于案前，想和张骞一样在异乡建功立业。班超在西域待了 31 年，一直管理着帕米尔以东的今新疆一带的地区。

班超想派部下甘英出使罗马帝国，罗马帝国当时在中国被称作大秦。甘英被大海所阻没有抵达目的地，但由此使得中国人直接到达的地方比起张骞时更向西延伸了。阻挠甘英的大海是波斯湾还是地中海，不得而知。班超长期居住在西域，不免开始怀念故乡。但是西域的去留完全掌握在他一人手中，所以东汉朝廷一直不允许他返乡。后经小妹班昭三番五次地请愿，班超方才得以回家。此时他已经 71 岁，百病缠身，次月便去世了。

说到大秦，自称是大秦王安敦（罗马皇帝马可·奥勒留·安东尼·奥古斯都，Marcus Aurelius Antoninus Augustus）的使者，某日来到了属于东汉领地的今越南中部。那时，罗马和印度之间贸易来往频繁，甚至出现了《红海航海记》样的指南。所以罗马商人或是相关人士想要远涉前往中国也相对容易些。但当时的中国人还没有发展到南方，直到很久以后才和东南亚以至印度开启了频繁的贸易往来。

异民族统治的原则——羁縻

汉代有位文人记道“匈奴臣服，汉惟羁縻，未专制”，另一文人也记道：“盖闻天子之牧夷狄也，其义羁縻勿绝而已。”

羁，意为马络头，或缰绳；縻是缰绳的意思。羁縻引申为像控制牛马一样，对异民族进行间接的统治。这是统治异民族的基本原则。

秦汉以来，中国王朝施行郡县制度，直接统治中国域内。但国外的异民族中，还保有着古时的组织，所以原则上一般是这些组织的君主和中国皇帝之间缔结君臣关系。前面讲述的同外臣的关系即属于这种情况。君臣关系缔结后，皇帝颁发册书给臣，也就是任命书。因为是由皇帝直接册封、任命，这种关系叫作册封关系。册封是羁縻政策的最主要形态。汉和匈奴的早期关系是敌国关系，后来汉通过册封以及通婚（和亲）转为怀柔态度。和亲也是羁縻政策的一种形态。册封和和亲都被后世王朝所袭用，羁縻政策则作为针对异民族的传统政策而得以继续。

只是西域有很多小国家，汉朝不可能与每个都缔结册封关系，所以设置了西域都护。都护由汉人担任，它是一个监视机关，在其管理下的各小国仍然保有古时的国家组织。汉朝还在朝鲜设置郡县，进行如中国域内一样的统治，不过在其下层还存续着朝鲜诸族的民族社会。并且中国内地的郡县里也居住着很多异民族，仍然保有着由其自身构成的社会，所以要通过“属国”和“道”这样的特殊统治机关来治理这些地方，即充分运用羁縻的思想。

7

魏晋南北朝和诸民族国家的发展

诸民族的动向和魏晋南北朝时代的特征

匈奴等另当别论，东亚诸民族大体都在中国文明的影响下，然后社会发展，文化进步，建立国家。而且秦汉帝国或匈奴强盛的时代，他们也经常被征服受压迫。其中较早勃兴的是高句丽和西羌，尤其是西羌，扰乱着东汉边境的安宁。不过就像日本邪马台国是在汉灭后的三国时期建立一样，很多东亚民族开始崛起也恰逢三国、魏晋南北朝时期。

中国自秦始皇实现大一统以来，除了王朝更替的短暂时期以外，通常长期处于一种统一的相对和平的时代。尽管有像金和南宋那样南北二分的时期，但金、宋两王朝的领土内还是维持着稳定与统一。仅有魏晋南北朝是个例外，分裂、战乱连绵不断。此时期，东亚诸民族的活动开始显著起来，特别是中国北部和西部的游牧民，他们侵入中国、接二连三地建立国家。由此形成中国整体大分裂的时代特征。

可是诸民族的兴起和活跃瞬间拓展了东亚历史的舞台。汉族由于北境为异民族占领而南下至长江流域，建立了国家。汉代之前，虽然国境一直延伸到南方，但汉族的政治、文化中心一直在北方。此时由于汉族南下，在江南开拓了新的天地，为后世奠定了将该地区发展成中国经济中心的基础。在文化方面，“六朝文化”盛兴，超越了北方的异民族王朝。所以说，魏晋南北朝时期虽是大分裂的格局，但东亚历史世界扩展显然是其特征之一。

三国的领土扩张和倭国的朝贡

公元3世纪魏晋南北朝初期，正值《三国志》中著名的三国时代。此时期，魏、吴、蜀三国分别在边境扩张领土。蜀国诸葛孔明遣兵到云南，七擒七纵当地异民族首领的故事广为人知。吴国在尚未开拓的江南建国，对当地的山越人进行了数次讨伐。汉人把南方诸族称作越人，然而山越人中也有从中原地区逃来的汉人。

吴国还对今越南北部的领土虎视眈眈，积极地把它纳入己方版图，其目的在于从背后牵制蜀国。同理，蜀国开拓云南也是为了对抗吴国。在越南拥有据点的吴国，向当时被叫作扶南的柬埔寨派遣了使节。这是中国人首次踏入柬埔寨，获取了柬埔寨到印度一带的知识。吴国还让战船出海去探索夷州和亶州。据说夷州就是台湾，而亶州则是海南岛或种子岛。

和日本有关系的是魏国。魏国将军司马懿（字仲达）起初和西边的蜀国对峙，诸葛孔明去世后，他指挥军队向东进发，消灭了东汉末以来占据辽东的公孙氏。公孙氏拥握朝鲜半岛，在乐浪郡的南边设有带方郡，管辖倭国（日本）和朝鲜半岛南部的韩族。魏灭公孙氏时，另派军队把乐浪、带方二郡纳入掌中。公孙氏灭亡是在238年，代表倭国的卑弥呼使者访问带方郡是在翌年。东汉时，倭人数次到访过乐浪郡，又在东汉末期与带方郡接触，说明他们对大陆的形势非常敏感。也因此卑弥呼能对大陆的最新情势敏锐地作出反应。

使者出访完带方郡后，又被派遣到汉朝国都，在那一年的年末谒见了皇帝，并带回了“亲魏倭王”的金印。这意味着卑弥呼接受了皇帝的册封，两者正式建立君臣关系。后来，魏从带方郡派出使者来到倭国，谒见了住在邪马台国的卑弥呼，还介入了倭国内乱。这是魏作为宗主国，为了捍卫倭王权而采取的行动。卑弥呼死后，带方郡的使者直到看到卑弥呼的儿子壹［臺（台）］与顺利即位始才回国。

消灭公孙氏之后，魏将军毌丘俭进攻高句丽，攻陷都城丸都城（现吉林集安），一路追击高句丽军，深入东北内地。由此，连同朝鲜半岛的韩族以及倭国等东方的情况变得广为人知，所以在《三国志·魏书·东夷传》中记有这些信息。根据其中的倭人条项，可以知悉日本早期的国家状态。

魏又是如何看待以邪马台国为首的倭人情势呢？从当时的记录来看，与“亲魏倭王”具有同等地位的只有西方的“亲魏大月氏王”。有人认为两者是东西两边的防卫要地，因而受到重视。若果真如此，让人疑惑的是，为何魏会重视尚未完全统一且未开化的日本呢？

在日本，邪马台国的位置在九州还是畿内是大家非常关注的问题。这个问题关系着日本的国家起源，引起关注自是当然。但读过《魏志倭人传》[①] 会发现魏人所认为的倭国位置比实际地点更偏南。书中写到倭国位于今福州东边的海上，那么便是台湾北端或是冲绳南部一带。持九州论或畿内论的研究者们指出《倭人传》的里程和方位有误，但魏人当时认为该记载正确，并据此制定出对倭政策。如果考虑倭国的位置偏南，则倭国会在吴的背面对其构成威胁，而吴又是魏最大的敌人。因此，这么说来魏国重视倭国的说法也不无道理。不过，也有说法认为由于朝鲜半岛南部的韩族反抗日益强烈，所以魏才重视朝鲜背后的倭国。

① 指上述《魏书·东夷传》倭人条所载内容。

五胡诸国和人口迁移

取代曹魏政权的是司马懿的子孙建立的晋（265 年）。晋初，倭国卑弥呼儿子壹（台）与即位，向晋朝贡。之后，倭国便音信杳无。晋结束了三国鼎立的局面，为区别日后的东晋，史称西晋。西晋将兵权分给皇室司马族，让其治理各地，结果反而招致内乱（“八王之乱”）。内乱期间，异民族五胡蜂起，相继在华北建国。史称“五胡十六国”时期。

五胡指匈奴（南匈奴）、羯、氐、羌、鲜卑五族，羯属于匈奴系，氐和羌属于藏族系，鲜卑和乌桓一并被称为东胡，据说是蒙古族或蒙古族和东胡族的混血种。鲜卑族由宇文氏、慕容氏、拓跋氏等构成。鲜卑建国后从北方境外迁入中国，而其他的胡族其实早已居住在中国域内。所以东汉末期开始，中国域内已经居住了相当数量的异民族，他们为了摆脱汉人的统治而起义、暴动。

西晋末到五胡时期，民族迁徙和民众移居频繁地在东亚各地进行。如前所述，曹魏消灭辽东的公孙氏后，继而征伐东部的高句丽，攻陷了都城。高句丽后来东山再起，向南迁至朝鲜半岛，4 世纪初（313 年）吞并了乐浪郡和带方郡。

但后来高句丽西部的鲜卑慕容氏崛起（前燕），占据辽西、辽东一带，征伐高句丽，其都城（丸都）再次沦陷。慕容氏后来调转矛头，南下至华北建国，后又被前秦苻坚所灭。苻坚是氐族，兴起于西部，当时压制高句丽的中国王朝已经灭亡，在朝鲜半岛高句丽与百济、新罗或对立或相联合以共同对抗倭军。4 世纪末广开土王（好太王）即位，打败新罗和百济以及倭军，进而把势力扩张到辽东一带。这些在集安的《广开土王碑》里仍有记载。

辽东地区从战国时代开始就有汉人移至。慕容氏和高句丽相对立时，这里的汉人或被慕容氏统治，或避难到高句丽的势力范围。据说受慕容氏统治的汉人会按照籍贯建立郡县、居住在一起，可见那时曾有过大量的集群性移居。慕容氏把其中的文人招为智囊，让他们参与政治，又给予农民土地和耕牛，让他们开垦荒地。在高句丽的领地内，乐浪郡原本住的是汉人，后来又有新的汉人避难而来，这些人无疑也提升了高句丽的政治力量和战斗力。

华北中部的汉人，多因五胡所逼逃至边境。他们进入前述慕容氏与高句丽的势力范围，这从侧面反映了东北地区的状况。也有不少人逃到了西北甘肃的各个政权之下。这一带的“五凉王国”兴衰交替，汉人于此也建立各自的郡县，同高句丽一样，文人被录用，劳动力则被用于开垦。后来的隋唐王朝创建者都是出自西北一带的俊杰，因此具有当地地域特色的文化也对隋唐时期的文化、学术产生了影响。

综上所述可知，汉人先进的知识、技术和劳动力对五胡各政权来说举足轻重。据说统一了五胡各国的北魏，在建国之初就把居住在发达地区的汉人官吏、百姓和诸民族等人口36万、手工业者10余万人强制性地移居到都城（平城，今大同）周围。这样，发达地区来的知识分子成为政治顾问，百姓则为建筑事业提供了劳动力。这种形式和移居到日本的渡来人[①]所发挥的作用一样。日本的渡来人也是大陆人口迁移的余波。

东晋、南北朝的对立世界

华北汉人移居最多的地方是长江流域。晋王朝的贵族迁移至此，在南京（当时的建康）拥立西晋皇族，建立了东晋政权（317年）。迁移到江南之初，他们总觉得风也不对山河也不同，难以适应。但不久之后便将夺回故乡作为维持政权的目标，同时开始开拓新的天地。随着东晋政权的建立，南下的汉人非常多，他们集体移居，用故乡的名字建立了郡县。

华北的黄土区域和江南的水乡迥然不同。华北在旱地种植粟和麦，江南则是在水田种植水稻。在此之前，华北的农业很发达，但江南随着汉人的大量迁入，水稻种植技术和产量都得到提升，到唐朝中期，华北变得开始依存江南的谷物。

---

① 即归化人。日本对古代从大陆渡抵日本的定居者的称呼。

南北两个世界不仅自然条件不同，而且在华北有五胡诸国，在江南有汉人贵族的政权，他们在很多点上都形成对照。华北的异民族把江南汉人蔑称为“岛夷”，江南汉人则把华北异民族贬称为“索虏”。前一称呼源于汉人的居住地像岛屿一样被水流环绕，后一称呼是因为北方民族把头发编成绳子（索）样垂在背后。后世清朝的发辫习俗即源于此。夷和虏都是野蛮人的意思，也就是说他们相互称呼对方为野蛮人。

东晋时华北处于五胡十六国时期。五胡各国中，前秦苻坚曾经一时几近征服华北，甚至乘胜追击，欲吞并南方。但在淝水（今安徽）之战中败给了东晋的精锐之师（383 年）。从前曹操想要吞并东吴，在赤壁之战（今湖北）中败北，同样淝水之战也确立了南北对峙的局面。东晋后被宋王朝取代，五胡十六国为北魏统一，历史遂进入“南北朝”时期。三国、西晋的统一、东晋和五胡十六国以及南北朝时期被统称为魏晋南北朝。

仅就南方而言，从三国时期的吴算起，吴、东晋、宋、齐、梁、陈，有六个政权兴亡更替，所以魏晋南北朝又名“六朝”。这是汉人传下来的名称，所以会重视汉人王朝一方。所谓“六朝文化”，即认为江南地区的文化水平要高于华北的“野蛮人”，这不就是直到后世汉人都蔑视北方胡人的观念所起的作用吗？

北朝的异民族统治和诸民族国家

不过，北朝带来了清新的风气，以及新的时代运势。北朝最初的北魏是鲜卑拓跋氏部族建立的政权。拓跋氏起初在中原的北方边境以外，建国之际，迁都至中原北边的平城（今大同）（398 年），开始统治中原地区。五胡国家都为游牧民原有的部族制和传自汉人的州郡制间的矛盾而烦恼。北魏在建国之初废除了部族制，成功地转型为中国式的统治方式。

北魏统一华北是在第三代太武帝在位之时。太武帝信仰道教，实行废佛（禁压佛教）政策。佛教自五胡时期以来，在民间传播的同时，也获得不少胡族信者。大概因为胡族发现佛教中有对抗中华思想的理念吧。另一方面，道教作为民众信仰和佛教相对，太武帝时期出现一个叫寇谦之的人，他宣扬适合统治阶层的新道教，将道教渗透进了宫廷内部。儒教是统治阶层的思想，和民众没有关系，有些贵族反对佛教以保护中华传统。此时，儒家的大贵族崔浩与寇谦之联手支持废佛行动，然而后来他因编纂国史时诽谤祖先获罪被处以死刑。

太武帝死后，佛教复活，与皇权融合渐深。皇权又和中国文化的传统紧密相连，所以为了巩固皇帝权力统治国家，必须摄取中国的文化。北魏中期，孝文帝迁都到中原中部的洛阳（493 年），实行彻底的改革，禁止了胡服、胡语，又规定在宫内必须穿汉人衣装，讲汉语。这就是史上的孝文帝“汉化政策”。

只是，我们不能把汉化政策仅仅看成是向中国文化的同化。选择、实行这种政策依靠的是孝文帝所持有的权力，其中军事是核心力量。此时期施行的均田制等（下章详述），也不仅仅是对中国传统政策的沿袭，而是依托胜利者的权力对中国社会进行的改组。

北魏后来分裂成东魏、北齐、西魏和北周。在西魏形成了胡族兵力和汉人农民兵士相结合的府兵制度。府兵统帅宇文泰的儿子建立北周，再次统一华北，随后的隋朝实现了中国南北的统一。隋与唐的建立者都生于率领西魏府兵的武将之门。

这些北朝政权都属于鲜卑族王朝，鲜卑族在南北朝初期统治了蒙古高原。他们进入中国内部建立国家后，最先在蒙古高原崛起的是一个叫作柔然（蠕蠕）的部落。此后的北朝末年突厥兴起。在柔然和突厥的北边，有一个叫铁勒（敕勒、高车）的部落联盟。突厥原来也是铁勒中的一个部落。铁勒和突厥应该都是从土耳其语音译而来，很显然，今日土耳其人的祖先出现在那片土地上。也就是说，现在的土耳其人是兴起于蒙古高原，而后渐渐向西迁移的。

北朝诸王朝和柔然、突厥基本上处于敌国（对等）关系。有此强彼弱的时候，但持续时间不长。为了保持实力均衡，相互之间频繁地进行了皇族或王族女儿的交换。换言之，在汉族和胡族之间也进行了汉王朝和唐王朝为了怀柔北方民族而施行的通婚（和亲）政策。可是北朝末期，突厥兴起，北齐和北周为了讨其欢心，争先恐后要求迎娶突厥可汗的女儿。同时，突厥还收到了众多礼物，为此突厥可汗夸口道："但使我在南两个儿孝顺，何忧无物邪。"北周也曾送皇女给突厥，所以北周灭而隋立后，隋和突厥的关系变得复杂起来。

北魏和蒙古高原的柔然对立时期，西边的甘肃一带正值五凉王国兴亡之时，其南面的青海在五胡十六国初期到隋唐年间，有一个叫吐谷浑的民族建立的国家。他们原本是蒙古高原南部的鲜卑族，西迁后成了吐谷浑族，由于控制了东西交通要道，久盛不衰。与战乱多发的甘肃相比，吐谷浑所在地区已然统一，所以东西交通经过此地更为安全。吐谷浑还经由四川，向东晋和南朝派遣使者，被宋王朝封为陇西王、河南王，在后续的王朝里同样也得到了河南王的封号。

五凉王国的最后一个是北凉（匈奴沮渠氏），也和南朝通信，获得河西王的称号。南朝之所以优待这些国家，是想把北魏包围起来，并且通过这些国家可以和柔然取得联络。可是北魏灭北凉，占据了整个甘肃，这意味着包围网有了一个缺口。

高句丽、百济和倭五王的朝贡

再看看东边，五胡的前燕（慕容燕）、前秦以及北魏都同高句丽接壤。高句丽向这些北方的王朝派遣使者，接受封号，对东晋、南朝也同样如此。百济因为北边被高句丽所阻，遂向东晋、南朝派遣了使者。奈良县天理市的石上神宫藏有据称是百济送给倭王的“七枝刀”。围绕刻在上面的“泰□四年”的年号，有很多种说法。其中据说最可信的是东晋太和四年(369 年)。这说明当时百济臣属于东晋，用的是东晋年号。

高句丽、百济和中国王朝属于册封关系。如前所述，中国皇帝和高句丽王、百济王结成君臣关系，进行册封。当时兵荒马乱，久分不和，中国王朝不具备向东方延伸势力的实力，但依旧在东亚诸国中持有权威。于是诸国向中国朝贡，从中国王朝接受王位，希望借此提高对国内臣下与民众的威信，在国际上也获得相对的优势。而南朝，通过异民族的朝贡，不仅能够巩固皇帝的权威，且能与上述东西双边的势力相呼应，形成包围北朝的局势。

在此局面下，倭国是怎样的状态呢？据记载，公元 413 年倭国和高句丽一起朝贡，有说法认为这是日本向南朝的首次朝贡。但是，当时的朝供品据说是高句丽的产物貂的毛皮和人参等，所以有人认为是高句丽的使者带领倭国使者去朝贡的。相比而言，我更加赞同坂元义种的观点，他认为是高句丽把俘虏的倭人带过去，以向南朝显示高句丽的威势已经波及很远。如《广开土王碑》所记，那时倭和高句丽是敌对关系，东晋封了王位给高句丽，却对倭王没作任何表示。后来日本遣唐使把虾夷人[①]带到了唐土。依照中华思想，让夷狄服从也就意味着君主权威的提高。受到这种思想影响的晋代高句丽和唐代的日本天皇，都想证明自己征服了夷狄。

因此我认为倭国的朝贡始于南朝宋公元 421 年。有记载说“倭赞”也即倭王赞因朝贡被授予王位。后来整个宋王朝时期，倭王赞、珍、济、兴、武五人皆有派遣使者，史称“倭五王”。自卑弥呼和壹（台）与之后，倭国和中国的交往中断了一段时间。一般倭五王被等同于大和朝廷，但也有少数人认为其是九州一带的政权。

五王如果是大和朝廷的天皇，那么“赞”则是应神、仁德、履中诸天皇中的一位，也有人说珍、济、兴不是天皇反正、允恭、安康，就是履中、反正、允恭，总之有各种推测。天皇武雄才大略基本已成共识。《宋书·倭国传》里收武送达的国书。此乃名至实归的美文，略带夸张地描述了武征服四方的情景。近年埼玉县稻荷山古坟出土的铁剑，以及熊本县江田船山古坟此前出土的铁刀铭文，经鉴定都属于这位天皇时期的文物，铭文中称天皇为“治天下大王”。所以一般认为这个时代的天皇自称大王，也有观点认为大王是臣下对天皇的美称，天王才是正式的称号等。如果有大王或天王的称号，无疑昭示了王权的发展。

---

① 即阿依努人，住在北海道、库页岛和千岛群岛的民族。

在此，我们比较一下高句丽王、百济王、倭王从宋王朝获得的称号。高句丽王是“使持节、散骑常侍、都督营平二州诸军事、征东大将军、高句丽王、乐浪公”，百济王是“使持节、都督百济诸军事、镇东大将军、百济王”。这些都沿袭了前代东晋的封号。东晋时期二王分别是征东将军、镇东将军，宋初发展成大将军。当时中国的官位有九品，将军是三品，大将军相当于二品。

我们推断倭王赞获得的官号是“安东将军、倭国王”，倭王对此不满。珍即位后，自称“使持节、都督倭百济新罗任那秦韩慕韩六国诸军事、安东大将军、倭国王”，并且要求得到宋王朝的正式认可。但宋王朝未答应，说明倭王想获得跟高句丽、百济相匹敌的称号，而宋王朝对他却不加重视。也有人指出，征东、镇东和安东这三个将军名号也有地位高低之分。

待到济继位倭王时，终于被任命为“使持节、都督倭新罗任那加罗秦韩慕韩六国诸军事、安东将军、倭国王”。同珍的自称之名相比，此时已超过百济，添加了对日中来说与任那同义的加罗，完善了六国诸军事的形式。百济很早开始就向江南王朝朝贡，宋朝自然不想把它置于倭国王的统治之下。但倭执着于统治百济和大将军的称谓。武时，在济的官位基础上再次拔高，自称“使持节、都督倭百济新罗任那加罗秦韩慕韩七国诸军事、安东大将军、倭国王”入朝。这一干名号没有被即时允可，直到宋朝末期，他才终于获得“安东大将军”

的称号。然而宋在次年便灭亡了，由此倭王和中国的往来再次中断。

中国所赠官号的意义

高句丽王、百济王和倭王受赐之官号，北凉和吐谷浑也同样被赐予。这些官号和魏晋以来赐给中国国内官僚的基本相同。

以前，高句丽有被五胡各国任命为营州刺史、平州牧（刺史改名后的称呼）等，都督营平二州诸军事则是它的升级版。营州和平州都在中国北部。南朝没有统治北方，所以把这一带的统治权交给高句丽也无关痛痒。刺史和牧属于地方官（本是文官），乱世之下，地方官被授予兵权兼任武官以指挥军队。这就是所谓的都督诸军事。都督诸军事一般还会附上使持节、持节等称号。所谓节，是皇帝的旗帜标记，持节则意味着被皇帝授予军队的指挥权。此外，高句丽王的“散骑常侍”是于文字意义上另加的，仅仅是为了提高官吏地位而授予的名誉称号。

百济的都督百济诸军事意味着中国王朝承认百济的军事指挥权，封此称号是理所当然的，而倭王却向宋王朝示以列有众多国名的称号，要求宋承认其对倭国以外其他地域的支配权。倭王把加罗、秦韩（辰韩）、慕韩（马韩）等列在一起，又重复了加罗和任那，还举出前代的地名，以增强称号的威严。而其最在乎的是宋王朝能够认可它有权限对百济、新罗进行支配。

翻阅《日本书纪》可知，日本的王权观念想把百济和新罗当作朝贡国看待。倭王要求的称号表明在5世纪时倭国已抱有这样的野心。或者如《广开土王碑》所记，如果倭军隔着百济和新罗与高句丽开战，那倭王大概是想获得中国王朝的认可，以便让战局朝有利的方向发展。不管如何，这是倭方一厢情愿的想法，而实际上百济自主且独立地和中国展开交往，并没有从属于倭国。新罗是在梁王朝时期开始于南朝露面（此时新罗独立与否尚且存疑），而此前的宋朝对其归属并不关心。

如果都督诸军事是表示拥有军事指挥权的官职，那与此同时赐予的将军称号只不过是表示武官地位高低的官位。“将军”原本也是要实际指挥军队的，这个时期开始变成显示身份的一种符号。凭此可以知道地位之高低，所以还是有必要的。征东、镇东、安东各将军之间有地位差距，而且将军和大将军之间也有显著差别。总之，这些称号决定了诸国的国际地位，所以倭王要想超越百济和新罗，不仅要在称号里加入百济，还要执着于索取大将军的地位。

倭王珍在位时，有消息称：珍和倭隋等十三人，请求被授予平西、征虏、冠军、辅国将军名号。倭王济在位时“任命二十三名军郡”。也就是说，倭王不仅给自己也给部下索要宋朝的官位。他们希望借用宋朝的官位来更加明确自己与部下的身份差、等级差。中国的官位不仅在国际、在诸国国内也具有一定的意义。

“倭隋”好像是某个人的名字，和前面出现的“倭赞”是相同用法。中国人认为人都应该有姓，所以会在意外国人的姓氏问题。那时的日本人可能还没有姓，所以“倭”在此处被当成了姓。这种情况下，倭不仅是国名，同时也被视作国王的姓，故而倭隋其人应该是皇族。

从平西将军到辅国将军是三品官。倭王的安东将军也是三品，只是顺位排在平西将军之前。如此一来可知，这些部下是倭王身边的皇族或贵族，他们和倭王之间在地位上无甚差别。倭王在此时也尚未持有独断的地位，即倭王只是同等位阶中的第一人而已。

中国没有“军郡”一词，应该是笔误或其他原因所致。不过尽管没有先例，或许可以解释“军郡”作“军和郡”的略语，也就是说他们被封予将军和郡太守的称号。

百济王也封部下十一人为行冠军将军、行征虏将军、行辅国将军、行龙骧将军、行宁朔将军、行建武将军等，并请宋朝正式任命他们为冠军将军、征虏将军、辅国将军、龙骧将军、宁朔将军、建武将军。“行”是暂行职务的意思，百济王应是用这种形式指定将军名，然后以征得宋朝的正式任命。之后的齐王朝，百济王也是事先给四名部下指定将军号或“王”号，而后请求任命。“王”在中国是皇帝下面的爵位，如此一来他们和百济王的关系又将如何呢？对于此点，有人说百济王是大王。总之，从上述任命方式来看，倭国的平西将军等应该也是先由倭王指定，然后征求认可的。

百济王和倭王如此努力地为部下争取中国王朝的官位，正如前述是为了明确君主和臣下间的身份差别，以确立君主权。此时，倭王的例子表明，君主和臣下的差别极其微小，然而通过这种任命无疑进一步强化了君主权。五王的最后一位——武的“治天下大王”即示明了这点。推古朝时期君主权得到强化，制定了“冠位十二阶”[①]；6世纪，百济和新罗也制定了自己的位阶制度。在此之前，他们都是借用中国王朝的位阶来决定国内的官位序列。

1971年，在韩国公州（以前是百济都城熊津）发掘了百济武宁王夫妇的陵墓，出土的墓志里写道：“宁东大将军百济斯麻王，年六十二岁，癸卯年五月丙戌朔七日壬辰崩，云云。”斯麻是武宁王的本名，汉字有多种形式表述，墓志与《日本书纪》上的写法一致。可是这个武宁王的官阶只有“宁东大将军”。宁东大将军是从南朝梁得来的称号，可见中国的官位也通用于百济，用以强化王的权威。

① 日本推古十一年（603年）圣德太子制定的该国第一个官位制度。在德、仁、礼、信、义、智六德目上再分大小两级，以官帽和衣服的颜色加以区别，亦称“官位十二级”。

新罗的发展和倭国的局势

朝鲜三国中，相比高句丽和百济，新罗建国最晚。初期，高句丽军驻留其土，指挥新罗。其也有和高句丽一道向五胡十六国的前秦入贡，但后来的南北朝时期，其出现的年代却晚了很多。6 世纪以后，有记载显示“斯罗”（即新罗）在 502 年、508 年曾向北魏朝贡。此时是智证王时期，新罗国力不断增强，智证王才始自称“新罗国王”（从前自称麻立干，是个土著称号）。521 年，新罗进入法兴王时期，王和百济使节同行来到了南朝梁。这一阶段，新罗完备法律，创制独具特色的官位制度，确立年号为“建元”。年号是国家独立的象征，高句丽在广开土王时期也创建了年号“永乐”，除此之外用的都是中国的年号。

值得注意的是，自 478 年武向宋朝派遣使者以后，倭王对中国王朝的朝贡就中断了。齐和梁都授予倭王将军号，但这是王朝建国时提高国内外臣下官位的例行公事，实际上倭国使者并没有到场。所以倭国、新罗与中国的交往在时间上擦肩而过。

武派出使者的第二年，齐王朝建国。是年，加罗国王“荷知”前来朝贡，被授予辅国将军、本国王的封号。加罗极像日本的任那，由诸多小国构成，据说派遣使者的是当时加罗诸国的盟主大加耶。不过，该地区夹于新罗和百济之间，遭受两国压迫。532 年，新罗击败金官国，562 年又攻陷大加耶，统一了加罗诸国。

据《日本书纪》记载，后来在这片土地上出现了任那的日本府。可是，当时还不曾使用“日本”作为国名，认为它属于日本殖民统治的据点的观点显然更是谬论。加罗诸国有过独立，它和日本的驻外机关好像确实有着某种联系。而倭王武派遣使者和大加耶派遣使者在时期上刚好擦肩而过也让人饶有兴味。或许是由于倭的控制力衰弱的缘故。何况，新罗合并加罗诸国亦给予倭国以沉重的打击。

倭王要求宋王朝授予他百济、新罗、任那、加罗等国的都督诸军事的地位，希望承认他对这些国家的军事领导权，而倭对中国的朝贡和其想支配朝鲜的意图也有密切的关系。如此一来，丧失上述据点，武以后的一段时期没有恢复和中国的往来也绝非偶然。因此从结果看，中国王朝授予的都督诸军事是否真的有效，值得质疑。

然而倭王和中国王朝的交往还有另一种现实。通过这种交往，倭王政权在同等国中的领袖地位得以确保。武王不久便获得更高一级的“大将军”地位，这样此时期出现“治天下大王”的称号也非偶然。再到后来的推古王朝时，王号已经不再适合于强化后的王权。随着王权的强化，倭王政权必须学习国家统治的体制，于是又同中国恢复国交。由此在送往中国的国书中出现了“天子”“天皇”等语。

新罗、百济、高句丽三国在南北朝末期有向南北两王朝朝贡，然而隋唐统一王朝的建立，让朝鲜半岛感到了压力。三国应对这一局势的政策不同，对立日益激化，后来演变成统一半岛的争斗。倭国不能不考虑这种国际情势，这也是它恢复与中国国交的原因之一。为了应对这种局势，必须进一步强化王权。此外，推古朝时期天皇家和苏我氏针锋相对，最终苏我氏被击溃，天皇开始推行统合权力的大化改新。

8

门阀贵族社会的变迁

——从汉到唐

贵族社会说的种种——连续还是非连续

汉代在中国的古典世界中可谓已经发展到头，唐代则承继中国文明的影响，再一次统一了以中国为中心、包括诸民族在内的大世界。此时期，东亚诸民族兴起，关于他们的动态我在前两章有所论述，而这一章我想讲一讲中国自身的变迁。

汉和魏晋南北朝时期的历史，应视为断绝还是连续，是连续还是非连续，学者们见解不一。就像如何看待罗马帝国和日耳曼民族迁移后的欧洲关系一样，汉和魏晋南北朝之间也存在同样的问题。诚然，历史变迁中连续和非连续的两面往往同时存在，而问题的关键更在于倾向于哪一方面。

内藤湖南虽是首位强调此时期非连续性的学者，但他认为魏晋南北朝和隋唐时期可以算作一个连续的时代，具有鲜明的"贵族政治"特征。近来也有学者使用"贵族制社会""门阀社会"等词予以概括。无论哪种说法，现今已普遍确认此时期是贵族与门阀权势遮天的时代。

承认此时期属于贵族政治、贵族社会的学者中，也有论调强调它与汉代的连续性。因为贵族原是汉代豪族。尤其是研究豪族、贵族土地所有制的学者倾向于将两者视为一体。还有一个问题是，如何看待皇帝权力和贵族的关系。内藤强调皇帝受贵族势力的干涉、自由受到限制。而持连续论的学者们则认为贵族也属于官僚，他们只是皇帝权力的一种寄生。反对者则强调，尽管贵族是官僚，但并没有寄生于皇帝的权力，其势力的基础在于乡里社会一面。

当然，也有见解认为如果将皇帝的权力视作问题，那么较之皇帝和贵族，其与人民的关系更为重要。因为皇帝和贵族都是统治阶级，不能忽略他们统治的对象。这样又出现一种观点，认为从汉到唐，皇帝权力的基础在小农（自家经营小规模土地的农民）一方。这是一种连续论。但小农是属于乡里社会的，豪族在乡里社会的农民中逐渐得势，从而产生了贵族。认为贵族势力在魏晋南北朝得以确立的正是反对寄生官僚说的学者。这则属于非连续论。

豪族、贵族的大规模土地所有和宗族、乡党

正如前述，贵族起源于汉时的豪族，豪族原本是地方势力，当然是大土地所有者（地主）。即便豪族成为王朝的贵族，这点也是不变的。让我们先来看看大规模土地经营的状况。

关于地主所持有的土地是由奴隶耕作还是由佃户（有的地方是农奴、隶农）耕作，学界观点尚未一致。我想可能是地主的直营地由家庭劳动力和奴隶耕作，直营地周围则是佃户耕种。直营地的规模有限，大规模的所有地中应该有不少是佃户租用地。

当然，如五胡十六国、北魏初期那样有很多农地荒废的时期，或许也会扩大直营地，即便使用粗放型的奴隶劳动，也有增加产量的必要性。但一般而言，中国农业的特征是注意力细密的集约化经营，而各个家庭各自耕作更适合这一点。也许是这个原因，使得战国以后家庭成员少、耕作小规模土地的自耕农多了起来。即使是持有大规模土地的场合，为了利用家庭式的小型经营，分割土地、划出佃户租用地从而租给佃户的情况也十分多。

只是由于自耕农增多，大规模土地所有没能占据社会大部。豪族和小规模的自耕农都居住在乡、里这样的地方村落

社会，都是乡、里的成员。在表示豪族势力之时，经常会用到“宗族、乡党”。所谓宗族，是指父系亲族。乡党和乡里同义，指乡里的农民。乡和里原是汉代的村落型组织。魏晋南北朝时期出现了“村”，但行政上仍较多使用乡、里。党是先秦时期的村落名，[①] 尽管后来其消失了，但乡党作为固定词组仍被后世经常使用。豪族势力不仅依赖于拥有的大规模土地，更是通过团结宗族来壮大力量，从而影响到乡里的普通农民。

与宗族对应，还有单家、单门这样的词。如前所述，中国人在继承财产时是兄弟均分，所以家产会被分割，随着世代的延续再被细分下去。贫穷的人没有力量去阻止这种趋势，各自为家、分散四处。所以他们被称为单家、单门。相反，虽然豪族也有家产细分的倾向，但同时也能增加家产来弥补损失，即使家产被细分，各家也可团结一致维持势力。这就是宗族的力量。

家产被分割的家庭，随着时间的流逝，出现了贫富差距。但若有宗族的帮助，就可以救济贫穷、阻止没落。并且在战乱、造反发生时，还可以团结一致进行防卫。记述汉末豪族每年定例活动的《四民月令》中有过记载，旧历九月、十月，寒气逼近，宗族救济亲族中生活困难的家庭，替贫困家庭操办

① 党其实是古代的一种地方基层组织。五家为邻，五邻为里，五百家为党。

丧葬，修理武器并训练战斗，还有义务为迎战盗贼的袭击作好准备。众所周知，后来建立蜀国的刘备，在父亲去世后，家道贫寒。而他幼时和同宗的小孩们一起玩耍，得到这些孩子父亲的学费赞助，从而得以师从当时有名的学者。

由刘备的故事可以想见，宗族共居一地。竹林七贤中的阮籍、阮咸一族就是大贵族，道路北侧是富裕家庭，南侧则住着贫苦家庭。阮籍、阮咸就住在道路南侧。据说有一次，在晾晒衣服之际，看着北侧居民炫耀似的晾出一排漂亮衣物，阮咸气不过，在庭院中挂起一条硕大的兜裆布以示对抗。阮咸的心情暂且不论，由此可看出宗族集居的状态，这种形式有利于同族的救济和防卫。

魏晋南北朝时期，救济、防卫的准备扩大到乡党的民众间。散财济贫的故事常可见于此时期前期的记载中。而且汉代以后的豪族建有避难用的城堡，称为“坞”。三国到五胡十六国的乱世时期，华北一带有不少“坞主”大显身手，他们将民众聚集到“坞”，共同保卫自己的区域。乡党是豪族、贵族势力的基础，为了维护这个，豪族、贵族们不惜倾囊相助，而民众也倚仗他们愿意服从领导。

然而另一方面，豪族、贵族是大规模土地所有者，如果他们想扩展面积，则将夺取小农的土地，致其没落。豪族、贵族中也有人因为土地的扩充而被乡党怨恨。这种和乡里对立的做法，以及联合乡里、保护乡里民众生活的方式，究竟哪种才是主流呢？

谷川道雄认为，当时的豪族、贵族有着抑私为公的精神（此处“公”也即乡里多数人的私）。这并不是所有豪族、贵族所持有的态度，但可以说他们中确实也存在这种理念。问题是，这种理念或者精神是在他们中怎样产生的。关于这一点将在下一节中讲述。总之，豪族、贵族的势力基础存在于乡里社会，他们得到乡里舆论的支持，遂晋升为王朝的官僚。在这样的结构下，与乡里相联合的正是能够实现贵族阶层利益的人。

从豪族到贵族——曹操的时代和九品官人法

豪族是地方的大规模土地拥有者，在乡党民众间也拥有势力，但仅此还不能称为贵族。要成为贵族，必须取得王朝的高级官僚地位。接下来要讲述的问题是豪族会如何转变为贵族。东汉末期，豪族有清浊之分，贵族产生于哪一流派也是问题之一。

东汉末期宦官掌权，浊流豪族处于体制内，清流豪族则反对体制。但随着宦官的没落，浊流失去势力。浊流的典型代表——曹操的父亲，携大量财产和妻妾逃往四处，最后被军阀（东汉末期的割据势力）杀害。与此相反，曹操有先见之明，与宦官对立，同清流豪族结交。但他在掌握权力后，并没有成为豪族、名士所期待的那种人。那么为何清流豪族会从反体制的一方转为体制内的一方呢？

曹操以破格纳贤而著称于世，甚至宣称“唯才是举”，“或不仁不孝而有治国用兵之术：其各举所知，勿有所遗”。这是曹操的用人方针，不同于清流豪族名士的傲慢和出身意识。清流豪族与宦官相对立，又有批评政治和品行的习惯，曹操对此怀有戒备。孔融正是因为没有摆脱这种习惯，总是挖苦曹操，所以被他杀害。曹操的智囊荀彧，长于战略，荐才有功，却终究无法背叛汉王朝，自尽而终。他大概是明白要平定乱世必须借助军阀的力量，但却不希望军阀成为治世的主角。

曹操也深知名士们的实力。名士不仅统治着乡里的民众，在各地也互通有无，拥有全国范围的联络网。在名士们看来，要应对乱世必须支持曹操、袁绍、孙坚、孙策、孙权这样的军阀，遂聚集其下。曹操重用了其中有才能和有执行力的人，由此名士内部产生变化，朝着王朝贵族方向发展的人逐渐增多。这种现象到曹丕时期变得更为显著。

曹操的儿子曹丕（魏文帝）废掉汉朝皇帝，于公元230年建立魏王朝，并且设立了被后世称为“九品中正”或“九品官人法”的官僚任用制度。它和汉代乡举里选的方法一样，也是推荐选举，但相对于由地方官推荐的汉代，此制度设置专任官——“中正”，负责推荐候补官吏。且让中正在推荐之际，将人才分成一品到九品的等级（此举称为“乡品”），然后按照品级高低赐予相应的官吏地位。从此时开始，官职被划分为一品到九品（即“官品”）的等级，和推荐之时的九品级（乡品）相对应。这即是中国官位制度的滥觞。

九品中正的方法是对乡举里选的进一步发展。原本由乡里、乡党的舆论（世论）而举荐成为官僚的人中，在东汉末期之后，逐渐出现已确立名声的豪族、名士家族，他们相互交游，从而建构起某种意义上可称是社交网络的世界。设立中正以推荐专门官员正是为了对应这种社交界。中正从这种豪族社交界中选拔产生，通过听取舆论评议而决定推荐者。中正的推荐书，不仅要写推荐者的德行与能力，还要写有父兄的官位。由此一来，九品中正之法亦是豪族推荐之法，而且父兄的官位决定着推荐的品级，所以地位高的官僚代代辈出的门第也就几无变动。这就是所谓贵族与门阀的家世。

不过，此时贵族、门阀势力的根基尚在乡里。他们联系着乡里的父老乡亲，受他们的世论（乡论）支持。而且，由豪族、贵族形成的地方社交界，以舆论（上层乡论）为后盾，成为王朝官僚，持续独占着高层地位。川胜义雄将这种结构称为“乡论环节的重层构造”。通过这种构造，贵族便能一只脚踩在乡里，另一只脚踏进王朝。

贵族社会的确立——晋与南朝的贵族制

“九品中正”开始于魏朝，从政治局势来说，贵族门第的确立始于西晋，晋王朝由魏之重臣司马氏所建立。魏朝乃军阀出身，和名士、大豪族格格不入，而司马氏本身就属于大豪族，所以能够获得豪族界的支持，掌握实权。因此，九品中正的运营变得更加切合大豪族的利益，高地位的贵族门第逐渐固定下来。于是西晋时期，有言“上品无寒门，下品无势族”，还出现了被称为“门地二品”的家族。后者是指被选为二品的门第，一品都是皇亲，所以二品是实际地位最高的门第。

东晋、南朝时期，贵族门第和下级士族、庶民之间的距离和差别越来越大。东晋政权原是被五胡从北方赶到南方的大豪族拥立司马氏建立而成。他们通过轻视江南地区当地的豪族来确保自己的统治地位。

他们率领华北来的民众群体一路南下，用这些劳动力开垦未开之地，很多人试图建立自己的地盘，但和乡里的关系终究不及原来在华北那样亲密，所以加强了对王朝的依存。正因如此，他们的门阀意识进一步高涨，更加强调与地位上比当地豪族、下级士族还要下等的人的差别。此时期，这种等级意识甚至被描述为“士庶之际，实自天隔”。

由北方南下的集群武装在身，有的后来成为朝廷的重要兵力。朝廷倚仗这些兵力进行北伐，宣称要平复北方，这应该也是维持政权的必要之举。东晋与宋、齐、梁、陈四朝的皇帝不同，他们皆是手握兵权的武人出身，而非位居政权上层的贵族。武人出身的实权者，采取接受前一王朝皇帝退位的形式（即“禅让革命”），因此即位之前需要完成繁琐的仪式，也须要耗费相当长的时间去取得贵族社会的公认。而贵族们无论王朝是否交替，依旧居于较高地位。

贵族们虽然居于高位，却不愿意处理麻烦的政治实务。于是，皇帝起用一些地位卑微的所谓寒门、寒人等身份低下之人，让他们执行实务。齐王朝时，有个叫纪僧真的人，深受皇帝器重，最终出人头地。可当他向皇帝提出想要进入贵族社会时，皇帝却说即使是皇帝也不能创造贵族，因而转让他去请求贵族。于是纪僧真便去拜访一个叫江敩的贵族。不想江敩却一下子将自己的座椅搬开，远离客人，以表示士庶不同席。纪僧真大失所望，快快而归。诸如此类的故事在当时不胜枚举。

由于贵族居高临下不问政事，地位较低的人便有了崭露头角的机会。贵族的这种状态继而导致贵族子弟不治学问、不习武艺，在家衣来伸手饭来张口，成为一群毫无胜任能力的人。梁武帝时期南朝贵族制达到鼎盛，由于治世不道，武人侯景揭竿而起，幽禁了武帝。这次叛乱中，不少贵族子弟想要逃跑却因不能骑马而命丧九泉。顺利逃出来的人多聚集到南朝第二都——江陵，可又受到北方西魏军队的攻击，以致很多贵族被俘虏到北方。

有个被俘虏到北方的贵族，名叫颜之推。他比较了南北两地，反省了南朝社会的不足，为了鼓励子孙后辈学习终身受用的儒学，著成《颜氏家训》。后来，南朝建立了陈政权，王朝衰落之势不可阻挡，最终被北朝兴起的隋消灭。

皇帝权力的强化和贵族社会
——北朝的贵族与农民

北朝的贵族受胡族统治，境遇大不同于掌握统治权的南朝贵族。他们从五胡十六国开始到北魏时期，和乡里一直保持密切的关系。北魏的崔挺，家世乃当时第一等贵族博陵（河北）崔氏。每逢春夏秋冬四季更替，他都会向“乡人、父老”致信问候，很注意维持与乡里的联系。

北朝贵族在胡族统治的乱世之下，率领宗族和乡党组织自卫团，或者被任命为胡族政权下的地方官，掌握地方政务、维持地方秩序。北魏前期，胡族政权依靠贵族和豪族的力量来统治地方。到北魏中期，皇帝权力日益强大。

北魏皇帝权力的强化始于由国家直接统治原受贵族支配的农民，也就是所谓均田制（485年）、三长制（486年）。秦汉帝国时期，尽管小规模的自耕农较多，却由皇帝（国家）直接掌控。而乱世之下，国家权力衰弱，失去土地的农民逐渐增加。均田制就是国家分给农民土地，让自耕农重新活跃起来。此时，国家根据奴隶的数量进行了土地分配，由此部分承认了大规模的土地所有，但不再允许贵族、豪族支配佃农。所以他们的大规模土地所有经此不得不受到限制。

为了实行均田制，创制了组织农民的三长制。三长制以五家为一邻、五邻为一里、五里为一党，并分别设“长”。这虽是按照户数编制而成的制度，但实际上是在古来就有的村落里进行组织，统治着村落的农民上层群体成为三长。如前所述，贵族势力是通过上层群体的父老来统治乡里的农民，三长制则斩断了贵族势力的根，让国家能够直接统治贵族势力下的农民。在这种制度实施于整个北朝的过程中，贵族逐渐开始脱离与下层乡里的联系，而成为国家权力的寄生。

均田制是分配土地的一种规定，但国家并未持有多余的土地，它是在农民原有土地的基础上推行的。国家收回死者或老去之人的土地，然后再分给达到一定年龄的人。均田制的施行情况有着地域差异，农民的土地依据规条被分为露田（日后的口分田）、桑田（日后的永业田）等登记在户籍上，因此能够有效地控制非法土地所有者的扩张。均田制也分给寡妇、老人、病人、残疾人一定的土地，整体上发挥了社会保障的作用。社会保障是现代用语，按照当时的社会来讲，可以说是保障了乡里农民的生活。贵族、豪族保全乡里的责任前章已有表述。但他们也无法抵挡乱世之下农民流离失所的大势。为了解决这个问题，必须依靠异民族作为战胜国的施政策略，均田制应运而生。贵族和豪族虽然是以乡里为后盾而成为国家的官僚，但面对乡里农民的同时还要履行作为朝廷官员的职责，所需努力非同小可。均田制、三长制开始担任保全乡里的职责后，贵族们逐渐脱离乡里而专职于朝廷官僚之事。

均田制、三长制始自北魏中期的孝文帝，他同时把都城从平城（大同）迁往洛阳，积极吸纳中国文化，欲建立起中国特色的皇权制度。这时候他面临的是如何解决中国贵族社会与北方民族统治的关系问题。于是孝文帝实施“分定姓族”政策，确定胡汉两民族统治层中各阶层人士的对应关系，创制出两族融合的新贵族体制。所以，由此至唐代的贵族阶层中，包含了很多北方的民族。

然而北魏皇帝权力的强化反而加剧了王族等少数贵族的集权。北魏兴起时北方边境的武人们则开始沦于权力的边缘。北魏末，这些人一怒之下易帜起义，北魏遂分裂成东魏和西魏。东魏领袖建立了北齐，西魏领袖建立起北周。东魏—北齐的统治地区中，大贵族势力强大，而西魏—北周的统治地区中多是二等贵族。西魏融合二等贵族和武人势力，成功地把他们组织成国家的统治层。陈寅恪将东西两地的贵族分别称为山东集团和关陇集团（关指陕西、陇指甘肃），并指出隋唐皇室、隋唐初期的统治层皆出于后者。

隋唐初期政权的统治层

隋原是西魏—北周统治层的一员，其于581年取代北周建立了新王朝，合并了南朝陈，于589年统一了中国。隋对南北朝以来的统治体制进行了大改革，其中一项措施就是施行科举制。科举制代替门阀推举的九品中正制（九品官人法），实行学科考试。

另一项措施是“废止乡官”，这是针对地方统治体制的改革。汉代以来，由中央任命的各朝廷官署的正副官长可以自主选择下辖官吏。在地方上，乡里的权势者及其代理人被选拔，从而掌控了地方政府，也即乡官。这种制度在魏晋南北朝时期被继续沿用。而且魏晋南北朝时期，地方上设有州、郡、县三级官府（汉代，郡、县为民政机关，州是监察机关。汉末，州也开始掌管民政），不受中央控制的官吏泛滥成灾。于是隋废郡，仅保留州、县，地方仅限于选拔下级官吏，主要官员则由中央任命指派。

这两项制度的施行强化了中央集权，但实际上并非所有官员都由科举选拔产生。科举以外，还有子承父业亦可为官的任子、门荫等制度。而且考上科举的人还需有官员任命的手续。

此时期身、言、书、判成为选拔的四个基准。身指姿态、容貌，言指言谈，书指笔迹，判指成为官员判案时的书写能力。这些无疑有利于贵族。

唐朝二代皇帝太宗李世民统一天下，通过贞观之治，奠定了统治基础。但李世民的治世依旧是关陇集团的统治，还是可以看作有庶民阶层的参与呢？中国学界对此存有争论。众所周知，唐在隋末动乱时期推翻、取代了隋（618 年），但隋唐建国者及其身边贵族都出身于西魏—北周以来的关陇集团。但隋末发生的是广泛且大规模的起义，起义领袖中有的也来自农村上层群体，问题是这样的新兴阶级在多大程度上参与了政权。不过从后述看来，庶民的崛起力量还是极其微小的。

不可否认，此时期的传统大贵族在社会上依然德高望重。唐太宗针对贵族受尊重的社会习气，组织编纂了《贞观氏族志》，对全国的贵族进行等级排序。初版中，由于山东贵族崔民干位列第一，于是又命令重编。重编后，皇帝一族的陇西（甘肃）李氏家族成为第一位，外戚次之，崔民干则第三。随着国家势力的增强，这样的干涉成为可能，但可看出山东贵族的势力依旧很强。同级贵族之间可以反复相互联姻，即便到了唐朝后期，皇族仍然不能和他们通婚。文宗遂叹息："我家二百年天子，顾不及崔、卢耶？"

尽管政治世界中，隋唐初期是以关陇世族为权力中心，可不久后发生了动摇此霸权的事件。唐朝在三代皇帝高宗之前一直世态安稳，但高宗死后，武后（武则天）掌握政权，建立新王朝，改国号为“周”（690 年）。武氏想要独掌政权时遭到唐初以来大官僚的反对，而跟随武氏的是不认同由关陇世族独揽权力的官僚。武后政权建立后，关陇世族处于下风，广布各地的其余贵族也都随之晋入政权上层。

据说武后有学问、善识人且重视科举起用人才。尽管科举制源于隋朝，但一般认为科举出身者大量成为朝廷官员始自武后执政时期。科举给地方贵族和门第卑微的地主们提供了机会。武后为了进一步扩大支持范围，还允许卖官：提供一些拥有免除徭役特权的各种类型的官位，从而使庶民中的地主、富商等能够进入官僚制的下层。

盛唐以后的新势力

武后之后，混乱持续了一段时间，随后迎来唐玄宗的开元之治。开元之治的为政者即是科举取士的官僚。不过表面繁华的玄宗盛唐时期，也是背后体制逐步瓦解的时期。随着均田制下均等规模佃农的分解，均田制以及与其紧密相连的租庸调制（定额均等的税制）、府兵制（农民征兵制）开始崩溃。新兴地主从佃农中分解、诞生出来，有的成为科举官僚，但能力还是有限。

于是，出现了寻找新财源，希望通过接近唐玄宗受他器重而最终出人头地的人。所谓新财源，其实是抓逃户、流民以便课税，挪用储藏在江南的紧急情况备用物资，并为此采取了改善运河的运输、减少相关损失等办法。除此之外，也存在不法榨取。由此产生了专门负责财政的官员，以取代科举官僚。杨贵妃的从堂兄杨国忠就是出身于财政官僚系统，后来成为玄宗在位时的最后一位宰相。

另一方面，此时期异民族的活动也很活跃，而府兵制形同虚设、毫无建树。府兵制的瓦解使很多没落农民没有依归，于是便出现了募集他们的佣兵制度。这一时期，异民族社会变动激烈，进入唐土的有很多，他们同样也应征佣兵。佣兵被派去守护边境，指挥他们的是手握重兵的节度使。节度使粟特人安禄山出入宫廷，深得玄宗信赖，他在和杨国忠的权力之争中败北，掀起了一场“安史之乱”（755~763年）。安禄山和杨国忠的权力之争表面上看起来是个人之争，实则是财政官僚和节度使、唐初体制崩溃中出现的新势力之间的较量。

安史之乱不仅是唐代的，也是将旧中国历史分为前后两段的划时代事件。所以唐代后半期的社会新动向值得关注。这个问题将在后文详述，下面先谈谈政治势力的变化。

基于此乱，唐朝前半期的繁荣景象落下帷幕。支撑繁荣盛世的中央集权体制完全瓦解。曾经仅被派往边疆的节度使，为了平定叛乱，开始进驻内地，并在平乱后掌握民政成了大规模的分权势力，史称“藩镇”。类似这样的武人崛起，在古代国家末期的日本、朝鲜（高丽后期）等国都可见到，而在中国，武人得势仅出现在唐朝后半至灭亡后的五代时期。五代以后，宋朝统一天下，文官政治再次到来，上层官僚全部由科举制度产生。科举成为一种发挥至高无上力量的制度。此种制度的基础无疑在唐时已然成形。

如前所述，安史之乱以前的官僚中有承继前代的门阀贵族，有科举出身的官僚，也有财政上的专门官僚等。这种划分是随着政治的推移而进行的，并没有统一的标准。贵族世家有去参加科举考试的，财政官僚中同样也有出自贵族和新兴阶级的。总之，唐朝后半期的宫廷中有各种势力的活跃身影。

没有财政官僚的话，安史之乱后的财政再建则无从谈起。尤其是他们根据商品经济的发展开展的官营盐业，占据了唐朝后半期朝廷货币收入的一半以上；直至民国时期，它都是政府收入的重要来源。之后，财政政策开始不受官僚出身左右，逐渐受到重视。其中最重要的政策是取代租庸调的两税法。它是一种针对土地所有的不均等，而根据土地和财产的多少来进行课税的方法。

唐朝后半期朝廷官僚组建朋党，分庭抗争，引起了一场“牛李党争”。其中一方由牛僧孺、李宗闵率领，另一方的领导者则是李德裕。前者属于科举官僚派，后者属于古来的门阀贵族派。科举出身的文士和传统的门阀贵族，无论是生活态度还是政策都大相径庭。

但是两派阀中都明显有很多新兴势力。这是因为每当中央派阀盛衰交替之时，反对派的领袖即调职为节度使。此时，早先在藩镇幕府中的不少新兴势力（其中也有没落贵族）被纳为部下，随着领袖复归中央，他们也一同晋升。所以这时期，新兴势力不仅依靠科举，也抓住了藩镇这条通往成功的缆绳。因此，唐朝后半期到五代，政权之下汇集着大量的新兴势力。五代乱世之时，门阀贵族趋向没落。到了宋代，新兴阶层完全掌握了政权。

唐代的基层组织

本章主要讲述贵族社会的变迁，在尾部也谈到了新兴势力，这些都是有关统治阶级的。有关被统治阶级的民众，本书已在魏晋南北朝部分对豪族、贵族和乡里的关系，均田制下的皇帝（国家）、贵族与农民的关系进行过论述。最初和乡里保持紧密联系的贵族们，自南北朝到唐代期间逐渐脱离乡里，以官僚身份定居在长安、洛阳附近，或是以地方官的身份在任职地定居。如此一来，国家成为这些贵族们的群体性的统治机构，民众也成为国家直接统治的对象。

说到北魏三长制时，曾讲过贵族是因为此制度才脱离乡里，成为国家的附庸。三长制后来发展成唐代的乡里制。乡里制把民众以一百户为一里、五里为一乡的形式组织起来，在里中设置里正，让其负责租税征收和治安维持等。前已述及，汉时农民已经形成了“里”型聚落，但汉代的里同时也是农民现实生活的场所，而唐代的里只不过是为了便于行政管理而将某些户数集合起来的一种单位。唐代农民实际居住的是被称为“村”的聚落。村在汉代里瓦解后于魏晋南北朝时形成。政府对村的自治功能怀有戒备，为了让命令顺利下达、执行，人为地创制了这样的组织。所以，尽管里正是从农民中推举产生，但他唯政命是从。学者一般将这种组织称为行政村，马克斯·韦伯认为创制这种他律性的强制性团体，正是中国式国家（韦伯将它称为“家产制国家”）的特征。

为了配合里，虽然律令对乡也作了类似于行政村的规定，但实际上它是更具象的地方单位。隋以及唐朝初年，设有乡正、乡长，由于乡正是地方有势者，有时会干扰行政的贯彻执行，所以后来便不再设置这种官员。又因为乡是重要的地方区划，唐朝希望以其为单位来掌控民众。户籍等重要公文也都通过乡进行处理，无论是里正还是农民都不以官而以乡作为自己的所属。恐怕这种方式更加符合民众社会的现实。由于乡里没有了行政性官员，文书整理等行政类工作都由从属于乡的里正附带办理。

虽然乡里没有行政官员，但规定要设置乡望、望乡、耆老、父老、耆寿等人。与其说他们是像里正样的国家统治的爪牙，不如说他们是地方民众的代表，是联结行政机关州、县和民众之间的桥梁，是被期待能够成为配合统治的人。之所以能这样说，是因为县令在决定民户等级（唐朝民户共分九级）的时候会找他们商量，他们也可以请愿以减免租税。而且他们会被邀请参加州、县举行的典礼，有的会成为州、县的官员，有的甚至被任命为县令、县尉等。

唐末，里制逐渐瓦解，乡里也开始设置官吏，和村的行政官员一起担负行政职责。大概他们中也有人登上藩镇的高位吧。这些乡、村组织逐渐形成宋代的乡村，从中不断涌现士大夫、士人等新兴统治阶层。

贵族时代的文化——魏晋的清谈和文艺

稍再回顾一下有着贵族时代之称的魏晋南北朝及隋唐时期的文化特征。汉代是儒学全能的时代，成为王朝官僚、实施善政是人们所重视和向往的，而随之拥有富贵之身，也被认为是理所应当。

曹操执政期间，出现了“建安文学”（建安是曹操所拥立的汉献帝时期的年号），掀起了新诗风。建安文学吸取民谣形式的同时，亦把它改良得更加贴合文人的气质，从而为唐诗的形成奠定基础。建安文学的精神是“慷慨”，充分表达了在这样一个朝不保夕、命途难测的艰难时代，奋力地、奔放地生活下去的诗人们那难以抑制的强烈感情。这种感情的流露正是曹氏一派的诗文风格，其中曹操的儿子曹植尤为出名。其兄曹丕（魏文帝）感叹人生短暂、世事无常，却言“盖文章，经国之大业，不朽之盛事”，以歌颂文章的无穷。这种无穷、不朽的意识大概为后来老庄及佛教思想奠定了基础。

东汉末的清流名士们，自封他们的议论为“清议”。他们主要是批判政治、品评人物，自然也受当时的宦官政治以及人物的推举制度影响，会以儒教道德为标准。清议是此一时代确立的名士社交界的议论。这种性质的社交界由魏晋时期的贵族继承。然而，魏晋贵族社交界的谈论更像是“清谈”而不非“清议”，其内容比起儒教更加接近老庄思想（道家）。清议被曹操所厌恶，一般认为清谈从魏帝权力衰弱的正始（齐王芳执政时期的年号）年间开始。这期间出现了王弼、何晏等人才，对《易经》和《老子》作注，用老庄思想对儒教经典进行了阐释。尽管儒教有利于强化皇帝权力，但这已经不是贵族们所关心的问题，因为道家支持他们摆脱权力的掣肘、采取自由行动的态度。

清谈中最有名的是“竹林七贤”。这气质相仿的七人被归于一起是后人所为，而并非七人真在竹林中有过议论。他们都是贵族出身，但命运各异。其中尤为著名的是阮籍和嵇康，他们都生活在魏帝势力和司马氏势力水火不容、性命朝夕不保的纷争年代，老庄的逸民思想可谓道出了他们的心声。司马氏相中阮籍，有意让其与女儿结为连理，不料阮籍终日酒醉不醒，含糊回应，事情不了了之。据说，每逢有人来宣扬儒教，阮籍总是不屑一顾，以白眼相对，于是有了“冷眼相看”一词。

嵇康性格更为率直，生活得自由奔放。有大臣请他为官，他却以绝交书作为答复，让对方怀恨在心。因他与魏氏家族有联姻，最终被司马氏杀害。对于他们而言，老庄思想是对抗黑暗政治的理论基础。

不过竹林七贤中也有位居高官者，如山涛、王戎。山涛等掌管过举荐之事，在贵族社交界渐次流行开来的清谈为了进一步提高名声而利用他们，由此清谈波涛汹涌般地盛行起来。可是如此，就失去了老庄思想对于政治的批判意义，培养出的人光有口才而无能力，最终趋向堕落也在所难免。

七贤中的嵇康和阮籍是音乐方面的名人。正仓院藏有一把名为阮咸的琵琶。像这样的游艺之事，是老庄式自由的产物，也是当时贵族应有的一种教养。而在儒教中，文章、绘画、音乐一般被视作劝善惩恶的手段。得益于老庄思想的流行，学艺的价值得到了认可。除阮籍的诗和嵇康等的乐外，到了东晋，还出现了王羲之的书法和顾恺之的绘画。当然，这些成就的取得，与纸和毛笔的发明也有关系。不过那些只提供了技术条件，若没有接受它们的社会思想和风气，学艺也不可能变得如此盛行。

文学方面，继建安文学、阮籍等的诗歌后，东晋末年出现了陶渊明（陶潜）。陶渊明也深受老庄思想的影响，他反感黑暗政治，吟《归去来兮辞》隐居故乡，与大自然和酒为友，共度余生。咏唱大自然是这个时代诗人的共同点，这其中也可看出老庄思想的影响。但陶渊明的独特之处是，他在咏唱大自然的同时道出了人生真谛。

佛教与国家、贵族、民众

正当人们对现实的政治世界、无为的大自然、现世的荣华富贵失去兴趣，而对无穷、不朽的世界有所关注时，西方传来了佛教。一般认为佛教进入中国是在汉代，而由于汉代是儒教全盛时期，佛教不可能广泛传播。所以直到五胡十六国时期才逐渐传播开来。当时，北方受异民族统治，战乱不断，百姓生活得水深火热。而异民族的君主又希望获得不同于儒教的统治百姓的思想与能力，于是佛教僧侣受到器重和保护。五胡十六国时期，佛图澄在华北建立起大量寺庙，鸠摩罗什翻译了佛教经典。

为此，五胡至北朝时期，佛教作为国家佛教而得到大力发展，并进一步在异民族和庶民中得到普及。不过它遭到了儒学人士的反击。北魏三代皇帝太武帝沉迷于道教，道教此时已被寇谦之发展得更趋成熟。于是儒教和道教携手进谏太武帝，掀起了中国的第一次废佛运动。但是太武帝驾崩后，佛教复兴，在平城（今大同）郊外修建了云冈石窟。北魏建国之始，便已有“皇帝即如来”的思想，云冈的五尊大佛，分别代表的是北魏开国以来的五位皇帝。之后北魏孝文帝迁都洛阳，遂又在洛阳郊外开始建造龙门石窟。该工程一直延续到唐代。

江南的佛教可谓是贵族佛教。其中有名的是东晋慧远主持的念佛结社——庐山白莲社。慧远借助贵族的支持，向皇帝主张佛教团体的独立性，展开“沙门不敬王者”的讨论。他认为，尽管在中华思想中皇帝拥有至高无上的绝对权力，但由于僧侣事关至今的中国人也不知道的来世，所以他们能发挥独特的作用。慧远结合来世，主张神（灵魂）不灭的思想。这也是中国文人的思想中所没有的，所以他和反对者们开始了一场“神灭不灭”（灵魂是否和肉体一同消失）的论争。沙门是否礼拜王者，“神灭”“神不灭”的论争一直持续到唐代。

上面已介绍了国家佛教和贵族佛教的特征，但其实在别处还有与民众接触的信徒。经历了乱世的他们预感到末法的来临，播散了念经给观音、弥勒、阿弥陀等以获取救赎的思想。北魏末至北齐时期的云鸾，坚信阿弥陀的本愿，认为可以借助他力进入西方极乐净土。他成为日本源信、法然和亲鸾的教祖。

以净土信仰为首的佛教，在唐朝以后更为盛行，留下了很多进贡、供养佛像的记录。其中为皇帝的祈愿及对父母、先祖、家族的来世和幸福的祈祷经常列在一起。这充分表明，佛教信仰与皇帝崇拜、家族制度及祖先祭祀相结合的状态已经深入民间。这种形式始于北朝，可能对于之前的民众日常生活，皇帝等并没有多大意义。所以就与皇帝权力强化同步建立起的隋唐而言，佛教的意义非同小可。当然，或许较之隋唐帝国的现实，民众为超生而祈祷的愿望更为强烈。但即便这样，他们仍然不忘为皇帝祈福。隋唐帝国正是在这样的民众基础上建立起空前坚固的体制。

唐诗和儒学的变迁

如前所述，南北朝末期有颜之推力推儒学。唐朝初期，其孙颜师古制成了儒家五经定本，又与孔颖达编撰《五经正义》，统一了经典的注释，使其成为科举考试的基准。然而不可否认的是，这反而阻碍了儒学思想的发展。

科举考试的科目中，最为盛行的是明经科和进士科。明经科考儒学，进士科主要考文学。比起要求以固定形式解答的明经科，进士科相对来说更为灵活，为此也更受欢迎更为盛行。在此背景下，唐代文学特别是唐诗得到了高度发展。

唐诗在整个唐朝中被分为初唐、盛唐、中唐、晚唐四个时期。在此前的南朝贵族社会中，对偶句和音韵齐整的诗歌形式已发展到极致，初唐诗歌受其遗风影响，仍然有较多固定形式的美文。至盛唐，出现了抒发个人情感和思想的诗歌，其代表是李白和杜甫。两人皆生活在唐玄宗时期及安史之乱平定后，李白家世尚不清楚，据说其父是商人。杜甫出身于下层士族，科举考试一直不中，大半生在四处漂泊中度过。这些非门阀贵族的诗人带来了一股新的风气。另一个代表性诗人王维，虽是名门望族出身，但曾在安史之乱中被俘出任伪职，郁郁不得志而隐居山林。

中唐的代表诗人是白居易（白乐天）。他也出身于下层士族，年轻时候的诗作多批判社会，锋芒毕露，晚年荣升高官，多吟唱闲雅的生活。因为安史之乱后，时代已经不再同于杜甫时期。他们的社会题材型诗歌采取叙事形式，如后来的《长恨歌》和《琵琶行》等；用语又平易，广受读者喜爱，可见诗歌和民众势力的增强紧密相连。叙事诗推动了日后“传奇”小说的出现，两者诞生的前提都是读者群的形成。

中唐时期，文章方面也出现了改革的气象，比如韩愈、柳宗元倡导的古文运动。古文运动排斥南朝以来注重形式的华美文章——骈文，主张重拾汉代的散文形式，创作蕴涵作者思想内容的文章。编集韩愈文集的李汉在其序文中写道“文乃贯道之器”，即文章必须阐明儒学之道。韩愈不仅是古文的主要倡导者，还被誉为奠定宋学基础的新儒学复兴的先驱。

晚唐诗人中有杜牧、李商隐等。他们已经不像中唐诗人那样对政治怀抱希望，作品多以当时兴盛的都市市民生活和成熟的娱乐场所为背景，表现了颓废的一面。但同时，目睹唐末混乱的韦庄和皮日休也留下了一些揭露社会黑暗的作品。

最后补充一下，具有中国统治阶层显著特征的“文人”，如既是知识分子又是高修养者这点，学界一致认为他们产生于魏晋南北朝时期。只是当时他们还被局限在贵族门第这个狭隘的畛域内。这个界限是在唐朝中期以后被打破，诗才横溢的知识分子开始抬头。他们在相互交游中进一步提高教养，并酝酿出政治和文学的改革运动，引领了时代的发展趋势。可以说宋代树立起来的文人类型正是始于唐朝中后期。

9

隋唐世界帝国和国际交流

所谓世界帝国——丰富的特色

如前所述，魏晋南北朝时期大分裂的同时，东亚的历史世界也在进一步扩大。这主要源于东亚诸民族的兴起。隋唐结束分裂，实现了统一，但它与秦汉的统一有所不同。即隋唐的统一包含有前一时代兴起的东亚诸民族国家。为此，人们常将隋唐的国家称为世界帝国。

实际上，称秦汉为世界帝国也说得过去，这样的表述偶尔可见。这样说是因为在中华思想中皇帝是中心，所设想的范围广阔无垠，而秦汉帝国的运作也是基于这一思想。但现实中这仅仅是想象而非现实，比如汉王朝与匈奴的对峙就一直没能消解。又因为国家形成前的东亚存在很多民族，汉王朝虽然统一了延至后世的中国疆域，但还不足以称作世界帝国。据此，我们认为世界帝国的形成在隋唐时期。

世界帝国可谓普遍存在于近代以前，如统一地中海世界的罗马帝国，取而代之且统一了更广区域的阿拉伯帝国、伊斯兰帝国、欧洲的基督教世界帝国等。最后，欧洲查理大帝（Charlemagne）的国家软弱无力，但还是建立起了一个用基督教紧密联系起来的世界。

伊斯兰帝国超越政治上的统治领域，掌握了世界的商业要道，其影响波及东亚和中国。关于这点，后文还会详述。而且其还是近代欧洲各国迈向世界的前沿，本质上等同于近世初期葡萄牙和西班牙在世界范围内的活跃。以前的世界史，沿袭欧洲人视角的书写方式，从而忽略了此点。直到英国、法国等在资本主义发展的驱动下，开始在世界各地开拓殖民地、半殖民地和从属国之后，二者的本质才显出不同。由上可知，世界帝国虽可说是普遍性的，但各具特色、不尽相同。

近代西欧各国通过对殖民地的巧取豪夺和剥削压榨而得以繁荣发展。目前看来，这种观点非常具有说服力，因为我们理解的资本主义生产方式不是与一国范围而是与世界市场融为一体的。持此种观点的学者中，也有人认为近代以前的世界帝国同样通过榨取从属国家获取朝贡物品以至繁荣。但这让人大为疑惑，因为东亚的世界性帝国——唐并非如此。

经济上支撑唐帝国的是全国范围征收来的租税。对于朝贡物品，中国方面也会还礼，据说有时朝廷甚至因此项支出太大而苦恼不堪。那么，隋唐的世界性征服到底是如何发生的呢？比起经济因素，更有其他要因，如为了维护中华之国的皇帝权威，为了确保国家安全（尤其是必须压制北方民族的入侵），为了诸民族的利益（诸民族有向中国寻求安全保障、为建设国家向中国学习以及从中国获得先进物资的必需——当然这也可以说是经济因素），等等。

世界帝国和宗教的关系也很有意思。基督教和伊斯兰教都是一神教，非常重视向心性。这个特征为各自的世界统一发挥了重要作用。东亚又如何呢？在东亚，佛教的作用举足轻重。此时期的宗教具有日本所说的镇护国家的性质，即以护国宗教的名义来守护世界帝国。所以遣唐的日本留学生中有很多僧侣，他们的使命不光为了引入文化，还要学习佛教以服务国家建设。

只是佛教没有基督教和伊斯兰教式的顽强的统一性。佛教的特征是一边向各地习俗和信仰妥协，一边扩大自身的影响力。日本的神佛调和就是例证之一，即在融合多样地域特性的同时不断发展。如此多姿多彩的世界最终成为一个世界，即东亚世界。奈良大佛的原型是龙门大佛，也就是华严教的教主卢舍那佛。一即多、多即一的华严教义，可谓非常符合东亚世界帝国的情况。

如佛教所示，东亚世界没有欧洲世界或伊斯兰世界那样顽强的统一性。那么东亚诸地区、诸民族是否还是一盘散沙呢?请想一想中国文明对周边的影响,日本和新罗向唐朝派遣使节、学习政治、采取文化,我们不能不承认它终究是一个世界。不过,诸地区、诸民族的关系没有欧洲和伊斯兰地区那么紧密。正因如此,对于东亚地区诸民族的高自立性与主体性,我们应该投以关注。

隋王朝和突厥、高句丽
——世界帝国建设的失败

此处让我们简要回顾一下隋唐是如何让诸民族臣服并建立起世界帝国的。北方游牧民族向来是历代中国王朝的最大敌人。这些游牧民族在建造统一国家、侵略南方农业地带时会发挥强大的能量,但由于其国是各个部落的联合体,内部集聚力脆弱得让人不可思议。隋朝建立之前,突厥已是大帝国,拥有西达伊朗国境的广大领土,但后来东西各立可汗,其下又有统领各部族的小可汗,处于内部纷争频发的状态。所以才轻易中了隋朝的离间计,突厥大帝国完全分裂成东西两部,东突厥拥立后来成为隋朝傀儡的启民可汗。因此有隋一代北方得以安定。

二代隋炀帝即位后,巡塞北,幸临启民可汗大帐。大概这一举动或许是想确认可汗的忠诚。可汗聚集起奚、室韦及其他北方民族的首领，当着隋炀帝的面亲自割除帐篷周围的杂草，以示对中国皇帝的恭顺，同时也彰显了皇帝的威慑。突厥对数十部族、民族的统治得到隋的认可，隋则通过统辖启民可汗如期获得北方的安定。启民对隋的臣服也使其确立起对诸部族、诸民族的统治地位。

启民可汗曾向隋朝介绍了一位偶然来到突厥的高句丽使者，由于二者均是戒备的对象，得知他们互有交往后，隋倍受打击。于是，隋炀帝身边出现了一位建言者："高丽之地，本孤竹国也，周代以之封于箕子，汉世分为三郡，晋氏亦统辽东。今乃不臣，别为外域，故先帝疾焉，欲征之久矣。但以杨谅不肖，师出无功。当陛下之时，安得不事，使此冠带之境，仍为蛮貊之乡乎？"（《隋书·裴矩传》）孤竹国和箕子都是传说，自汉武帝将其置于乐浪郡治下后，其同中国域内一样受汉王朝直辖，一直持续到晋初。因为有过这样一段历史，所以建言者说尽管隋文帝征服高句丽无功而归，但不能置之不管。

隋文帝出兵的直接原因是因为与邻国高句丽产生纷争，至于有没有上述考虑，不得而知。但朝鲜原是中国的郡县，受惠于羁縻制下不同于其他异民族的地域属性，隋朝时期的中国人对朝鲜抱有特殊的感情。后代的唐太宗一度考虑立皇族为新罗王，并驻军朝鲜。

总之，隋炀帝的中华意识尤为强烈，对于臣下的提案自无异议。他向高句丽使者表示希望高句丽王来朝，王反而畏惧不敢去。隋炀帝翌年便向高句丽国境挖掘运河。隋朝文帝、炀帝时期，开通了杭州（江南）至长安的大运河，联系起魏晋南北朝时期被分裂的南北两地。然而这次的运河（永济渠）与大运河主道不同，从中途开始便通到了今日的北京附近。不言自明，这是为了建设进攻高句丽的补给站点。611 年运河开通后，次年隋炀帝便开始第一次高句丽远征。可见自突厥领地事件以来，隋紧锣密鼓地进行着筹备工作。

此期间，隋炀帝还在突厥、高句丽以外的地区进行领土扩张，一心想提高中华帝国的国威。西部吐谷浑（青海地区的民族）和东部的高句丽一样，与突厥素有来往。隋炀帝便征伐吐谷浑，威势远及西域，由此开始接受各国的朝贡。在南方，又出兵林邑（现在的越南中部），还派遣使者去琉球催促朝贡事宜。

然而，远征高句丽失败了。隋炀帝过于执着于高句丽远征，三次讨伐后，反而让本国惨遭灭亡。一般将隋朝的灭亡归咎于隋炀帝政权的结构和其本人的性格，此处我只想提一下他过于强烈的中华意识所造成的后果。

高句丽远征征调了大军，准备过程已给百姓带来沉重的负担。开战前已出现农民起义，并且蔓延全国。魏晋南北朝后，中国领土变得更为辽阔，起义范围之广与黄巾起义不可同日而语。如前所述，义军首领中有农村的新兴阶级，可见官僚和豪族也对隋朝开始绝望，遂揭竿而起。之后，唐朝建立者李渊趁乱攻陷长安开辟了新的王朝。隋炀帝喜爱江南，当时身在江都（扬州）离宫而为部下所害。隋朝灭亡了。

唐对突厥、西域的征服和羁縻州的统治
——世界帝国初期的统治形态

唐朝二代太宗、三代高宗时期，领土扩张，世界帝国形成。契机源自630年东突厥的灭亡。当时唐朝俘虏了突厥首领颉利可汗，导致突厥群龙无首。从前中国在统治异民族时，一般会保留其君主，中国皇帝和君主之间再缔结君臣关系（即册封），从而利用君主来达到统治异民族的目的。可突厥失去了接受册封的君主。于是一番商议后，在旧属突厥地区设置州县，任命突厥各级要人为州都督、刺史、县令等。此种州县区别于域内的州县，史称“羁縻州”。

唐后来打败了突厥北方的铁勒各部，在铁勒诸部族中设置羁縻州。对于东部的契丹和奚也同样如此。西突厥拥有西蒙古至东西土耳其斯坦[①]的辽阔地域，唐逐步削弱其势力，

① 指亚洲中部以帕米尔高原和天山山脉为中心的横跨东西两方的地区。其中，西土耳其斯坦指中亚五国，东土耳其斯坦归属于今中国新疆维吾尔自治区。

在高宗初期俘虏其首领后，将旧地编成羁縻州。由此，唐朝羁縻州远至西土耳其斯坦（粟特）的绿洲国家，与伊朗国境接壤。

只是，唐在征服了东土耳其斯坦的吐鲁番高昌国后，在那设置了与中国域内相同的州县，并从中央派遣官吏实行直辖统治。因为高昌自前以来就是汉人的殖民地。魏晋南北朝的乱世时期，汉人移居边境开拓边疆，在那建立了汉人政权。以汉人居住范围扩大为背景，始自唐代的由中国中央直接统治西域部分地区的转变，可谓具有划时代的意义。

第二次世界大战后，经对日本大谷探险队（西本愿寺的大谷光瑞派遣的西域探险队）带回的文书研究表明，唐代在吐鲁番施行了均田制，返还、授予农民土地。现在中国吐鲁番地区的陵墓里还在不断出土汉文文书，以帮助我们了解该地区的行政和民众生活等，其解析程度目前要好于其他地区。

这样的特殊地区应另当别论，在异民族居住的广阔区域里，并不能设置中央直属的州县，所以才设置羁縻州，以至于其数量颇为可观。据当时记录，唐朝域内的州大概有 328 或 362 个，而羁縻州的总个数却达到 856。

羁縻州确也是州县，但它不同于过往的册封，即朝廷任命州、县之长，意在凭借官僚制传达中央命令。可是州县里依然存有异民族社会，所以中央任命异民族社会的首领为州县之长，这沿承了中国异民族统治的原则——羁縻的传统。所以，官僚制统治能否贯彻到底，还有所疑问。于是，羁縻州处地会设立“都护府”，驻扎中国政府的官僚和军队，以便进行监视。其中主要的都护府有东突厥的单于都护府、铁勒的安北都护府、西突厥的北庭都护府、管辖西域绿洲国家的安西都护府、起初在朝鲜后移至东北的安东都护府以及地处今越南的安南都护府等。

唐朝征服东突厥之时，北亚诸民族的君主和首领纷纷向唐派遣使者，请求尊唐朝皇帝为“天可汗”。这个称号后来传到西土耳其斯坦的绿洲国家，被其中某个国家改称为“普天下皇帝”，说明他们也希望被统合到中国的“天下的世界”的版图里。为什么会这样呢？当时北方民族和西部诸国都积极接受唐的统治，因为他们希望由唐王朝来保障后继者的册立和统治体制，以此去控制诸民族、诸国家间的纷争以至维护和平。也就是今日所谓的安全保障体制。这也意味着粟特人商业经营的地区内能保持和平、交通顺畅。

隋朝时，突厥启民可汗在隋王朝的保障下统治着诸民族，其中有过各民族间的冲突对立被压制的情况。唐朝时，更广泛的民族间的安全保障也在唐王朝的统治下得以实现。这种状况堪比罗马帝国强权下的“罗马和平”。而通过一个强盛大国的统治来保障一定范围世界的和平与安全，正是世界帝国的重要作用。只是“罗马和平”被非难为“将诸民族之地夷为废墟的和平”，中国却通过羁縻政策在一定程度上承认了诸民族的自立。

唐朝的朝鲜政策和新罗、日本的友好交往——世界帝国的另一种形态

在东边的朝鲜半岛，自前代以来，高句丽、百济、新罗三足鼎立，争夺统一大权。中国隋唐强大国家的到来，使得与其接壤的高句丽感到威胁而不得不采取对立姿态。向隋朝和突厥遣送使者便是其对策之一。此前受到高句丽压迫的百济、新罗则联合隋朝，支持对高句丽发动战争。然而随着新罗日渐强大，百济与新罗反目靠向高句丽。唐代时则又是另一番景象：被孤立的新罗向高句丽和日本求援，但以失败告终，于是又转而求助于唐。

唐最开始对朝鲜半岛的纷争避而远之，但由于无法避免与高句丽的冲突，再考虑一下前面所讲的中华思想和对朝鲜的认识，这种政策并非长久之计。于是唐答应了新罗的请求，由此形成唐—新罗阵营对峙高句丽—百济阵营的局面。高宗治世的660年，唐首先出兵百济，在新罗的协助下将其消灭。紧接着668年，唐—新罗联军消灭了高句丽。

高宗沿承前代以来的异民族统治政策，在百济、高句丽故地设置羁縻州，在平壤设安东都护府，以期统治朝鲜。不想不

久便失败了。唐—新罗共同的敌人一灭亡，新罗迅速占领了百济故地，并支持高句丽的农民起义，建立傀儡政权，开始抵抗唐朝。正当此时，蒙古高原突厥遗民起义，建立了突厥第二汗国（后突厥汗国）。在东边，中国和朝鲜半岛之间的契丹也发起了叛乱。趁此时机，高句丽遗民和靺鞨人建立渤海王国。唐朝再无余力干涉朝鲜政事，实际上意味着它不得不承认新罗在半岛统一上的地位。

尽管新罗实现了半岛的统一和自身的独立，但其仍有必要获得唐朝的保障，而和唐的贸易又很兴盛，且高句丽遗民和新罗人等不断地进入唐土，所以其必须与唐建立密切的关系。当然也是因为唐有许多值得其为了国家建设而学习的地方。于是，新罗王和唐重归和平，接受了乐浪郡王、新罗王的册封以及鸡林州都督的称号。后者虽是羁縻州都督的名号，但朝鲜内部的羁縻州实际上已不复存在，称号完全只是虚名。新罗王受封之后，每年往唐派遣使节，让王子作为皇帝身侧的侍卫，还派送留学僧、留学生。据说其数量居唐朝所有朝贡国之首。

另一方面，日本自 600 年开始派遣隋使，以图恢复 478 年以来的断交。隋文帝对百济和日本等东方诸国完全不感兴趣。隋炀帝即位后，日本派使节小野妹子来隋，持来国书“日出处天子致书日没处天子无恙”，隋炀帝大感不快。使节来隋是 607 年，正是隋朝君臣在突厥营中见到高句丽使者那年。于是隋炀帝改变主意开始往日本派使者，重开国交。日本的国书表示日本想要和中国进行对等国交，可隋使带去的国书中称日本天皇为倭王，将日本视为低一等的国家。但是又没有所谓的倭王册封，也没有缔结君臣关系。隋使是为了试探、了解日本国情，还是为了拉拢日本而态度谦恭，原因不得而知。日本则是一心想学习中国，对派遣留学僧和留学生之事尤为在意。

唐朝建立后，这些留学生回国，赞许并建议学习唐的律法和制度。630 年，日本开始派遣以传入唐朝文化制度成果为目的的遣唐使。从早期交往上说，日本无法避免卷入朝鲜半岛的诸国纷争。特别是古时以来关系紧密的百济灭亡时，日本还曾出兵支援百济遗民，只是 663 年在白村江被唐—新罗联军击败，所以日本对唐—新罗的进攻心怀戒备。而新罗在百济—高句丽灭亡后，与唐对立欲统一半岛，唐为此退守安东都护府，无力向东迈进。

由此日本虽与唐的关系暂时中断，却在此期间获得了整备中央集权式政治体制的机会。701 年完成大宝律令后，日本又决定复派遣唐使。可见国家体制的整备和遣唐使间关系之密切。不过，值得注意的是，此时唐和新罗已经化干戈为玉帛，这为日本抛弃孤立境遇、重开国交提供了良好的机运。或许是因为律令的制成提升了日本统治层的自信，他们认为律令制国家属于小型中国式国家，有必要进一步加强两国关系，更多向唐学习。但是日本与中国之间没有新罗那样的贸易和移民上的密切往来，所以日本终究没有被册封，遣唐使也只是大约20年派遣一次。日本没有被唐册封，而被视作朝贡国，对此日本心中自是了然。遂有人称日本的立场属于“不臣之朝贡国”。

虽然在这点上新罗和日本大为不同，但两国都并非为中国征服，只是出于作为周边国家的需要而努力去维持同中国的关系。我们也应该注意到，中国世界帝国的形成离不开这些周边国家的需要。接受了册封的新罗自不待言，日本这样的不臣之朝贡国也是构成唐朝世界帝国的组成之一。

复兴突厥、回鹘和吐蕃——世界帝国的蜕变

正当唐对新罗的抵抗感到棘手时，蒙古高原曾经的突厥统治氏族阿史那氏乘机而起，复兴了一度灭亡了的突厥帝国(682年)，史称“复兴突厥”或“突厥第二汗国”。唐的羁縻州统治继朝鲜之后，在其发源地突厥也崩溃了。从武则天到唐玄宗时期，“复兴突厥”成了唐的一块心病。突厥可汗希望认唐玄宗为父，并请求唐朝公主下嫁突厥。但唐玄宗仅答应结为父子关系，而拒绝了公主的下嫁。突厥的可汗和隋朝时的启民可汗一样，希望借唐的权威以君临北方诸族，唐也正因此点而犹豫是否要下嫁公主。

突厥于起源地鄂尔浑河流域竖立突厥文字写就的碑文，赞颂复兴突厥鼎盛期的可汗和大臣们的丰功伟绩。唐玄宗也赠予了汉文碑文。以唐和突厥的父子关系为滥觞，之后的五代、宋朝时期，仿照家庭关系确立的国家关系颇是盛行。这也是统御异民族的一种方法。此种关系也可说是构成世界帝国的一环，但和唐朝前期时已大为不同。

复兴突厥衰落后内部出现纷争。于是属于铁勒的回鹘（回纥）部族发生叛乱，取代突厥称霸于蒙古高原（744 年）。时值玄宗末年，不久后安史之乱爆发，唐便以允许掠夺百姓、财产为条件引入回鹘军队，平定叛乱。唐王朝收复了失地，百姓却因此而遭殃。之后，唐向回鹘承诺每年赠送绢绸，且赠公主予可汗为妻也成为惯例。公主下嫁之时还有巨额陪嫁相随。回鹘虽然形式上是唐的臣下，但由于存在这层利益关系，回鹘人经常前往长安要求高额赠品，甚至胡作非为。

汉代以来，将公主或后宫女性送与北方、西方的异民族君主为妻已经成为一种传统性的政策。唐时称之为“和蕃公主”。像对待突厥一样，唐有时并不直接给予最强大的民族，而是赠予奚、契丹以牵制左右为邻的突厥和高句丽；或是赠予吐谷浑来牵制吐蕃。而且作为公主的女性其实并非真的公主，而是皇室远亲的女儿或臣下的女儿等。但对于回鹘，唐朝抬不起头来，只能代代都以真的公主相赠，所以陪嫁数额相当可观。

吐蕃是唐周边国家中与唐产生冲突最为激烈，结果却没屈服于唐的国家。吐蕃的原音或是起自西藏之名。它于唐初建立起青藏高原的第一个国家，与唐联手消灭了吐谷浑，娶得了唐的文成公主。后来，金城公主也下嫁于此。吐蕃自称与唐是舅甥关系，却又拒绝成为唐的臣下。吐蕃时常予唐书信，要求受“敌国之礼”，即以对等国相待。而唐王朝拘泥于华夷之别，对此不予认可，导致两国边境战乱不断。杜甫的《兵车行》就描述了这种状况：“君不见，青海头，古来白骨无人收。新鬼烦冤旧鬼哭，天阴雨湿声啾啾！”

战乱之隙也时有和平。此时便会结成“盟”或“誓”，也就是事实上的对等国间的盟约。安史之乱后，吐蕃占领了甘肃走廊至长安以西一带，由于进逼都城，于是强迫唐朝承诺赠送绢匹的约定。同时，结成建中会盟（783 年）和长庆会盟（821 ~ 822 年）。就在建中会盟结成前夜，唐还念念不忘中华意识，发诏书：“所贡献物，并领讫；今赐外甥少信物，至领取。”吐蕃抗议：“我大蕃与唐舅甥国耳，何得以臣礼见处？”据说其叫唐将“贡献”改为“进”，将“赐”改为“寄”。在当时没有哪个国敢对大唐如此声色俱厉、态度坚决。长庆会盟的内容至今还记录在拉萨的《唐蕃会盟碑》中，里面明确记载了两国的疆域划分，以及相互承认主权的事项。

唐朝后半期，一度强大的回鹘和吐蕃还是先于唐朝灭亡。

因为这些国家内部的部族组织仍很顽强，易生分裂是其弱点。唐灭亡后的北方民族辽、金等则不同，成功建立起中央集权的国家，施压中国以至征服了中国的一部分。

外国商人的贸易活动——从起源到唐代

在此之前，本书主要讲述了涵括在隋唐世界帝国内的诸民族国家的兴亡及其与中国的关系。随着世界帝国的形成，该领域内畅达的交通使周边的诸民族大量流入中国。到达中国的个人有前述遣隋使、遣唐使以及作为随附人员的留学僧、留学生，他们是国家之间进行交涉的中坚力量。另外，唐朝官吏以及军人中也有异民族出身者，尤其是守护边境的异民族佣兵已有相当数量。他们也是大唐对外活动的中坚人物。

除国家层面的中坚力量外，还有不少商人为了与中国及中国边境地区进行贸易而来。他们往来于大唐帝国广阔的疆土上，活跃于中国国内的商业或国际贸易领域，成为此期间的一大特征。当然以往国家之间的交流中也多少有此种贸易的意味。中国的鸿胪寺负责调查诸国使者带来的贡品价格，以决定相应的回礼。回礼在此处叫作“回赐”。这虽然不是经济上的价值交换，但好像也存在一定的比率。

一般而言商业源于赠予和还礼。据社会学者和人类学者讲，这种交换形式存在于美洲印第安人和南太平洋的居民间直到最近。古印度和古罗马、日耳曼社会里可能也有过同样的情况，据说现在的欧洲还存有这些遗风。近年德国史研究者阿部谨也强调，欧洲在进入商业发达前的中世中期时亦有同样的习惯。无须赘言，现在的日本仍然保有这种赠答习惯。如此看来，贡品和回赐的关系显然具有早期商业性质。

除朝贡引起的物资交流外，古代并非没有贸易行为。自汉代以来，中国就准许与周边民族进行边境交易，每隔一段时间在国境处开放市场，称作“关市”“互市”等。但是对此有严格的限制，关市的开放一年只有一次或数次。到了唐代，市场四周被墙壁和濠围上，设有守卫，首先由官役和异民族商定价格，政府购买完必要物资后才允许百姓在官役的现场监督下进行交易。交易中有禁制品，如汉时的兵器、金器、铁器、牝类家畜等；唐代时兵器、各种绢织物、丝棉、绢丝、麻布、珍珠、金银铁、牦牛的尾巴等被禁止卖给外国人。而且，彼此不能越过关市进入对方的领地进行交易。

但是尽管有这样的规定，早已有外国人移居中国境内，其中最早的是南北朝时期的粟特人。为了管理粟特人，北齐、隋时有设置萨甫、萨保，唐朝设置了萨宝的官职且任命粟特人担当。唐朝时期，这个官职被认为是用来取缔琐罗亚斯德教（袄教）及后来的麾尼教的。萨宝原是粟特语的音译，意为商队率领者，所以一般认为受萨宝管理的粟特人大部分是以商人身份来到中国的。

唐初，西域南道东出口的鄯善（隋代的楼兰）、西域北道东出口的伊吾（今哈密）均有粟特人的殖民地。他们从西土耳其斯坦的家乡来到东土耳其斯坦，以此为根据与中国、突厥进行交易。此地在被编入唐土后，想必往来中国的粟特人会变得更多。他们不仅居住在唐朝在东土耳其斯坦所设的州县里，连长安和中国各州县都有粟特人落户。他们可能已被授予中国籍，遂按照本国人对待，被允许在域内交易。基于中国商业的统制，中国域内外是不能自由地互通往来。但实际上粟特人和故乡间一直有着来往。

北方的突厥领地内也有粟特人的殖民地。游牧民渴望得到与其接邻的农业地区的丰富物资，所以鼓励商业、保护商人。玄宗末期掀起叛乱的安禄山的父亲即是粟特人，其与突厥本地的土耳其女性结婚，生下了他。因突厥内乱，一家人避难到了中国北方。安禄山侍奉节度使，最初从事的是与北方民族互市时的牙郎等中介、翻译工作。不久成为武将，被玄宗器重，最终发展到可与权臣争夺势力的地位。同样的，回鹘领地内也有粟特人的殖民地。回鹘从唐获取了大量的绢，正可以满足粟特商人的需求，然后通过他们再流通到西方世界。

唐中期以前，远在故乡的老粟特人被阿拉伯帝国（倭马亚王朝）的势力席卷。随之，中国域内的粟特人活动也变得黯淡起来。相反的是，从南面海上进入中国南方广州、泉州

（福建）、扬州（江苏）等港口的穆斯林商人开始活跃。这些人中应该包括阿拉伯人、伊朗人、土耳其人等。他们在广州等地的开放港口中建造居留地，史称“蕃坊”，也建造清真寺做礼拜，生活上遵守伊斯兰教的律法与习惯。中国政府之所以允许这样的自治，是因为想按照中国对异民族政策的羁縻传统，尽量维持异民族的习俗，遵照异民族的法律来统治。

中国把来航的穆斯林商人的贸易船称为市舶、互市舶等。这些也都承继互市的传统，仍旧在政府的统制下进行交易。市舶入港，立刻缴纳港税。税额依载货量、按照一定的比例来决定。而且，同时还要买下政府规定好的垄断商品。其中就有产自印度、东南亚的香料。香料经由中国又被带到日本，用于佛教寺院，受平安贵族所喜爱。同时也会买下政府、宫廷的必需品，有时市舶还要献纳物品，即某种意义上所谓的贿赂。所有这些都结束后，才允许民间交易。虽说继承了互市的传统，但交易量的大增使政府也鼓励交易。这些事务在唐代都由地方节度使负责，偶尔也会任命市舶使，但直到宋代以后朝廷才常置市舶司。

和穆斯林商人一样定居中国从事商业的还有新罗人。新罗人的商船早在7世纪时期就越过黄海抵达对岸的山东半岛的港口。随之，新罗人在山东、江苏北部一带建起定居点，和蕃坊一样可以自治，都市里也建有“新罗坊”。

蕃坊、新罗坊的“坊”，原用作都市区划的定名。唐朝都城长安里有坊110个左右，均有命名，如西市附近的醴泉坊、布政坊、普宁坊等地有波斯胡寺、胡祆祠（拜火教寺院）等，义宁坊里有大秦寺（属于基督教聂斯脱利派）。布政坊的胡祆祠里还设有萨宝，可想而知这附近聚居着粟特人。新罗坊位于江苏楚州等地，山东的新罗人扩散到农村地区，其管理机关在登州文登县青宁乡。此地是山东新罗人聚集最多的地方。敦煌的从化乡粟特人也很多，吐鲁番则有崇化乡。这些都是以乡作为居住单位。不管是坊还是乡，都是中国的行政区划，居住在此的外国人群体某种程度上可以进行自治。关于蕃坊，容后再述。

唐朝后半期，新罗海盗商人将掠来的新罗贫民卖给中国人为奴渐次增多，成为唐和新罗两国关注的问题。不久，唐节度使治下的张保皋（张宝高）回国，在朝鲜南部的莞岛建立据点，赶走海盗，独占了中国、朝鲜、日本之间的东部海域的贸易。此时期居住在中国的新罗人也在张保皋的统治下开展活动。9世纪中期张保皋被暗杀后，新罗也陷于衰退进入乱世，尽管还有海盗出没海上，但新罗商人的活动逐渐偃旗息鼓，取而代之的是中国商人称霸海上。

中国商人的海外进发

前已述及，原本中国人赴海外经商是被禁止的。9世纪后，中国商船依凭证可以前往海外。而当时进入中国港口的船舶大概也变得需要凭证，所以榎木淳一认为，8世纪后半叶到9世纪期间，唐朝调整了对外方针。

中国商船活跃在东至日本、西达波斯湾的广大海域。据宋代记录，中国商船比穆斯林商人的船更大，且装有指南针，这是罗盘针用于航海的最早记录。唐末以后，前往日本、朝鲜的中国商船多从宁波出发，在日本很多中国商人暂住在大宰府外港的博多。伴随着穆斯林商人的来港和中国商人的海外进发，形成了一个东启日本、西抵非洲东海岸，甚至连接有部分地中海在内的贸易圈。

活跃在东部海域的商人中，有渤海商人。渤海自7世纪末建国以至唐末，朝贡于唐，和新罗、日本一样吸收中国文化，被誉为“海东之盛国”。8世纪起，其派遣使节的频率甚至超过日本。虽然最初的意图主要在于牵制新罗，后来贸易成了主要目的。渤海商船越过日本海去到日本，又活跃在中国近海，可见中国东部的黄海、东海以及日本海也形成了一个贸易圈。

那么，如将各国商人的活动仅看作唐朝世界帝国的一道风景，显然不妥。因为就像中国商人在唐朝后半期开始的海外活动一样，这是改变唐帝国性质的关键点。从唐帝国早先对异民族政策来讲，中国和异民族的关系原则上是册封、羁縻州、朝贡等国与国之间的关系。唐朝后半期这种关系逐渐瓦解，唐帝国灭亡后，国家关系也逐渐变质。其中最显著的特征是开始了商人牵头的民间人士之间的国际交流。唐朝后半期兴盛的通商活动，给下一个时代带来了新的气息。

佛教僧侣的航海

最后稍微介绍一下来唐的佛教僧侣。毋庸多言，跟随朝贡使、遣唐使入唐的留学僧数量众多，除此以外，孤身赴唐的人也不少，如新罗僧人义湘和元晓。7 世纪，他们乘新罗商船登陆山东登州。义湘在在唐新罗人的照料下游学长安，最后自己找寻商船回国。

有一个传说，说义湘所寄居的新罗人家的姑娘善妙倾慕义湘，为了祈祷义湘回国时一帆风顺，投身大海，化身为龙守护船只。日本京都栂尾高山寺明惠上人对义湘、元晓钦佩有加，请人把这个故事写进《华严缘起绘卷》（《华严宗祖师绘传》），留传至今。

朝鲜三国的僧众有唐以前便到过中国，唐建立后如义湘般独自前来的开始增多。日僧圆仁（慈觉大师）日记记载，山东半岛东端的登州赤山村法华院里，有30人左右的新罗僧，他们向在唐新罗人传播佛法。来唐的新罗僧中，还有远涉印度的。唐朝义净的《大唐西域求法高僧传》载有七名新罗僧和一名高句丽僧的传记，其中不少客死印度。盛唐时期，新罗僧慧超跋山涉水去到印度，巡游各地归来，著有游记《慧超往五天竺国传》。此书堪与唐僧玄奘的《大唐西域记》相媲美。

日本遣唐使时代的入唐僧，智通、智达等是7世纪乘新罗国船渡海而来。但其中大部还是随遣唐使一道入唐的。智通等也是奉天皇之命入唐，还算不上是越洋来唐的民间人士。新罗方面，新罗船和新罗人的往来历史已久，而在日本只有被选拔的精英才有这样的机会，如最澄、空海最负盛名。

不过日本在停止派遣遣唐使后，也出现了孤身越洋前往中国的僧侣。最后一批遣唐使回到日本是在839年，很多留学生被留在了唐土。当时搭乘遣唐使船回国的圆仁，中途下船去了赤山法华院。又和当地官府交涉拿到通行凭证，遍访五台山、长安等地寺院，如此大约10年后才最终回国。圆仁的日记《入唐求法巡礼行记》不仅详细记录了佛教团体、寺院、僧侣的状态，还记述了其同旅居唐土的新罗人、中国人以及官府的交往，日本的年度大事以及日常生活等，成为他人书目无法效仿的珍贵记录。

与圆仁同时航海的僧侣中，还有同仁圆载。他因为获得了留学生（僧）的资格，顺利进入了一心向往的目的地——天台山，但他并没有专心于佛教修行。留学生（僧）当中有因文化冲突而被迫回国的，但圆载却被中国文明深深吸引。于是他向朝廷申请延长留学时间，并成功获得许可。直到唐末，考虑到年事已高，唐朝又日薄西山，他才决定回国，不幸遭遇海难命丧东海。虽然圆载之后访唐而来的后辈圆珍（智证大师）在书中说圆载不学佛教、手染黑钱、满是恶评，但圆载颇有文才，广交文友，他在决心回国之际，中国当时铮铮的诗人们都咏诗为其饯行。

圆珍是停派遣唐使后渡唐僧侣中最为著名的人物，他也著有日记，但仅有一部分保存了下来。只是他只顾学习，是否拥有圆仁般的广阔视野，值得怀疑。但他带回来的书籍、文书至今还大量保存在所开设的三井寺里。其中当然经书类较多，也有唐朝时期的通关文牒、身份证明等珍贵资料。最近，在吐鲁番也发现了同类文书，由此可以进行比对。因此，之前三井寺的资料确是稀有难得。

刚刚提过圆载申请延长留学时间，这其实是为了让弟子乘新罗船只回国。遣唐使停派后，新罗船和唐船频繁来往于日中间，所以相当多的僧侣可以利用新罗船来唐。朝廷给圆仁和圆载的留学费用（也可能只是留学费用的一部分）也由这些僧侣带来。大量僧侣之所以能够来唐，除朝廷和藤原氏的赞助外，也有比睿山、高野山等宗教团体在背后支持。平安朝末期、12 世纪初，日本商船变得可以海出外国，这其中也有寺院的推动。

渡唐僧人当然以求道为目的，朝廷和宗教团体通过他们获得中国方面的信息。圆仁的日记或许也反映了他作为一个信息传达者的职能。菅原道真时正式停止了遣唐活动，该决定是根据在唐僧人中瓘提供的信息而作出的（894 年）。

中瓘的书信里似是记有同温州刺史朱褒的来往。中瓘逗留中国期间，可能受到了这名地方官员的保护。身处浙江沿海地区的官员想必是希望和日本进行贸易。唐代后半期的藩镇为了获取财源对商人提供保护。圆珍交往过的仕在博多的中国商人中，有些人就在藩镇担任要职。圆珍通过和这些商人交流，获得了渡唐的种种便利。

到过中国的日本僧人中几乎没有去往印度的。因政变被废黜皇太子位的平城天皇的儿子高丘亲王（释真如）一行是个例外。865 年前后，他们从长安出发到达广州，再从海路向印度进发，后据传于罗越国（大概位于马来半岛南端一带）迁化。这个消息在十几年后由中瓘呈报回日本。

除了上述从新罗、日本来到唐土的僧侣，同时还有向东传道的中国僧人。其中最为家喻户晓的是扬州名僧鉴真。鉴真应日本留学僧邀请决定去日本，可时值盛唐，朝廷并不允许僧人出海；加之海盗猖獗，官府亦对此严加打击。鉴真于是想办法偷渡出国，因此被告发而受审讯。旅途中船遇海难，漂泊到了海南岛，如此种种苦难致其失明。但他仍不放弃，在经历了11年的漫长岁月和五次越洋失败后，终于在754年抵达日本奈良，传授戒律。此番经过记录在基于同行弟子资料编就的《唐大和上东征传》里。鉴真在日本创建唐招提寺一事，更无需附言。

刚才讲到，唐代以后挑起东亚各地交流大梁的是民间商人，与此同时，身为知识分子的僧侣的作用也不可小视。特别是对于日本，日中文化交流和信息传递很长一段时间完全由僧侣承担。到了宋元时期，民间船只的往来变得自由通畅，来往于日中两国间的有名或无名的僧侣更是多到无以计数。于这点而言，仅对遣唐使时期作过高评价是不妥的。

10

唐宋间的变革和宋代社会

唐宋变革

由前可知，从唐朝中期（8 世纪中叶）开始中国社会逐渐发生变化。唐朝灭亡后，经五代过渡到宋朝建立时（960 年前后），发生了决定性的变化。对于这时期的变化，早先有经济史学者加藤繁、政治史学者内藤湖南的研究，后来又有很多学者为研究添砖加瓦。近来，学界普遍将这个变化称为“唐宋变革”，但对于不少问题的意见仍不统一，譬如，此变革期在中国史上的性质和地位该如何确定，是把它看作古代向中世的转型，还是中世向近世的转型，抑或是看作一个将中世或封建社会分成前后两部分的分割点。关于时代划分的问题会在下章讲述，在这里本书想先从变化的具体情况谈起。

虽然下一章将会言及，但这里还是想补充的是，中国社会在经历了从唐到宋过渡期的巨大变化后，又经历了一次从明向清的变化过渡。一般而言，明清更迭之际的变化造就了和近代中国直接相连的旧中国社会。一般所谓的中国“传统社会”也形成于此期间。这点是确凿无误的，只是明清时期的变化是在宋代形成的社会基础上发生的。我们如果展望一下宋代的社会环境，便可一定程度上预测出明代的景况。而且，还有人认为尽管明清过渡阶段经济、社会还在发展，但国家制度上并无甚变化。那么宏观来看，唐宋变革的结果是出现了直连近代的社会，这样的理解我认为是可以的。所以，在下面的叙述中会不时地提及明代，请读者敬请谅解。

发展农业生产力和开展土地经营

首先，唐宋变革的基础之一是农业生产力的发展。古时，中国人的主食是粟（粟之外，还有稗、稷等，稷是否今日所言之高粱尚存争议），后来才有纷纷种植麦特别是小麦的情况出现。唐代，今日华北的主食——面食流行起来。也就是说，人们开始以小麦粉为原料制作现今所说的面、馒头、烧饼等食物。当时人们给面粉类食物命名时，经常使用饼这个字。中文的饼不同于年糕，有蒸的、煮的、烤的和油炸的，形状也多种多样，总之好像是面粉类食物的总称。那时的胡饼，大概类似于现在的烧饼，呈扁平状、圆形，从名称来看可能受到西亚烤饼的影响（日本的煎饼也是胡饼形状，但原料是大米粉）。

小麦和古来就有的粟被轮番种植，后又与能保持土地生产力的豆类组合，于是就出现了两年三毛作。有人说两年三毛作早在汉代和战国等古远时期就出现了，但可以肯定的是到了唐代才普及。唐代前半期的租庸调是在粟、稻丰收后征收的；但唐代后半期启用两税法，变成夏、秋征收两次。夏指农历六月前，刚好是麦子收割季节。这意味着麦子的收成很好。

南方水稻的发展也值得关注。水稻种植在魏晋南北朝时期初见规模，唐代得到较大发展，到宋代已经普及了两季稻和稻麦二毛作。当时耐旱早稻占城（占婆，越南中部曾有过的王国）米的传入和种植也是影响因素之一。唐代中期，江南的米和纺织物等通过大运河运到了北方，北宋以后华北的政治中心开始依存于江南的大量谷物，大运河成为中国经济的大动脉。五代、北宋时连国都都定在运河旁边的开封，于是有了“苏湖熟，天下足”和“上有天堂，下有苏杭”的说法，江南稻作已开始左右天下的景气。

加藤繁之后的研究一般认为，唐代中期均田制开始瓦解，庄园增多。且庄园由佃户耕作，佃户向庄园地主缴纳田租。可是，对于佃户的地位，以宫崎市定为首的研究者认为他们是独立性的，且自由性很高，而以周藤吉之为代表的一派则认为佃户从地主那里不仅借耕地，连房子、耕牛、种子、食料都借，隶属性很强。可能在宋代，两种情况兼有，随着时代的发展变得前者多过后者。至明代，佃户地位有所提高，永久佃耕权和一田两主制（把一份土地分成田面和田底，从两方面都获取收益，分别进行买卖的土地制度）发展起来，佃户的抗租运动也蓬勃发展。正如周藤反复指出的，其萌芽在南宋时已见端倪。

庄园的土地一般为大地主所有，从庄园地主的角度来看，佃户的类型有两种：寄生于田租收入的和关心庄园经营的。关心庄园经营的佃户，住宅周边拥有少量土地，除奴隶和雇人外，还能动员、使役隶属性较强的佃户。由此可见规模较小的中层土地所有者可以使用家族劳动力、奴隶和雇人。这种使用隶属性较强的劳动力的经营方式一直持续到明初。

小农的自立性和民众自卫组织

近年，有学者将宋代以后的中国视为和日本、朝鲜一样的小农社会。这种说法认为地主所具土地上的佃户自立性很强，堪比自耕农，但地主经营已有前述，该学说在这点上还需稍作修正。这种学说还考虑到与现代东亚资本主义化倾向的连续性。在下章本书还会涉及旧中国的佃农和商业、资本主义的关系，不过此处让人不解的是佃农到底能有多少积蓄。想必这个过程定是坎坷不平的。如果说到与现代的关系，则必须思考中国共产党为什么需要实行土地改革。

当然，小农人数众多是中国历代的共通特性。古代的小农生活在村落共同体规制的管理下。起初共同体规制多由豪族控制，北朝、隋唐实施均田制后，始由国家掌管，由此小农受到了国家的保护。基于此，随着唐朝后半期均田制的瓦解，小农脱离了国家的制约，参与商品经济，获得了更高的独立性。但他们的生活并不是很安定。

无须多言，民众是无法孤立地生存下去。于是在唐代中期以后，民众开始自发结成内部团体。例如，对于农业十分重要的水利设施在均田制时代虽由国家维持，随着国家机能的衰退，民众发起自组织进行修缮与维护。这些团体一般称作“社”。社为了团体成员的利益而展开活动，葬礼上的互帮互助就是其中一项重要工作。他们通过在土地神祭祀、寺院活动的时候开办宴会来加强团结。同样的团体在商人之间有“行”，手工业者之间有“作”等。

总之，这种民间自卫、自治团体的形成是中国社会的一个特色。虽说这些团体也有受权势者领导，和政府有关系的，但可以说这也是一定程度上民众自立性的见证。

商业的发展和货币经济

中国自战国时期以来商业发达，汉代的农民被要求用货币（铜钱）缴纳人头税。中央集权的国家体制下，国家财政规模庞大，运营中确实需要货币，但农民能否缴纳货币也是个问题。农民为了获取货币，只能依靠出售农产品或者借钱，所以小农们在地主和商人面前抬不起头，必须借后者之手方能把谷物流转入市场。魏晋南北朝时期自然经济变强，唐代前半期的租庸调在农民家庭自给自足的经济前提下，征收粟、绢、麻。此时期，绢、麻等纺织品发挥了政府筹措物资时的货币功能。

伴随唐代生产力的发展，各地出现了特产。例如，茶叶由商人运到了全国各地，由此在家喝茶的习惯普及开来。茶叶还起到搭建人际关系的重要作用。因此，陆羽在唐代中期写了《茶经》，介绍了茶叶产地、制作工序、冲泡方法、饮法、茶器等知识。

《茶经》里介绍了用作茶碗的唐代陶瓷。陶瓷是中国的重要工艺品。唐代前半期流行华丽的唐三彩，中期后盛行素雅风格的瓷器，但陆羽认为南方越州（浙江）的陶瓷是最上乘的。宋代，北方有定州、邢州、磁州（河北）、汝州（河南）、耀州（陕西），南方有龙泉（浙江）、建瓯（福建）等地制造青瓷、白瓷、天目[①]等，且远输高丽、日本，备受尊重。元、明以后，制作工艺中加入了青花、赤绘等技法，产地几乎都集中在景德镇。明末以后，这些陶瓷被介绍到欧洲，成为今日欧洲

① 天目茶碗，因浙江天目山的寺院常用而得名，是黑色或柿子色的上铁质釉茶碗的统称，呈研钵形。亦可统称茶碗。

陶瓷的母胎。

唐代后半期，朝廷顺应商业的发展，把预估将会带来巨额利益的盐纳为官方的专卖品，以获取更多的货币。对茶叶也课以高税，甚至尝试过把茶叶也作为专卖品。于是，所指定的盐贩和茶贩拥有了强大势力。另一方面，贫民苦于高额盐价，商人即便以低于专卖的价格出售，仍有利润可图，所以私盐买卖盛行。私盐商人对抗官府的取缔，甚至武装自己横行霸道。逃税的黑市茶叶买卖也很流行，据说武装起来的茶叶商人在长江流域的富庶城镇里无法无天。后来给唐朝带来致命打击的黄巢之乱（875～884 年）正是由黑市茶商所发起。

根据民众资产课税的两税法开始于唐朝后半期，它取代基于均田制的定额、均等的租庸调，顺应了均田制瓦解后的阶层分化。但为了获取货币，官方也要求用货币缴纳两税的一部分。唐代，村落附近有开设的小市场，称作“草市”，人们在这里进行农产品的集散和日用品的买卖等，有的村落里还开有酒肆，所以铜钱才会流通。但让农民一概出钱还为时过早，于是两税的货币部分逐渐被生产物所替代。宋代，两税变成了恰似课税生产物的地租。

总之，国都和地方州县官僚机关臃肿，唐代后半期政府还必须供养在边境防卫或镇压叛乱的佣兵。以此为目的的物资筹措也促进了商品经济的更快发展。尽管民间具有商业发展的基础，但也不能否认集权国家的财政政策对其起到过巨大的推动作用。

因此，宋以后的国家被称为“财政国家”不无道理。如前所述，早先的秦汉时期，财政对集权国家的运营意义重大，按照这种说法，唐之前的国家可谓是依靠军事的力量维持下来。宋代以后当然也拥有军事力量，但唐朝前后军事力量的性质并不相同。前代的军事力量依托征兵制，国家建立在征发民众肉体的基础上，而宋以后的军事力量则来自佣兵，并依靠国家的财政运用得以维持。唐以前的国家之所以能够征发民众，如均田制所示，国家不仅干涉民众的生活，而且还确立了保护体制。随着体制的崩溃，民众看起来获得了解放，却又一次遭受经济上的无情打击。所以位于经济社会之上的正是所言的财政国家。

如前面所谓盐的专卖，为政府谋利的是大商人，在大商人间的交易中不仅有用于日用品买卖的铜钱，还会牵涉金银，唐末甚至出现了票据，宋以后开始发行纸币。元朝时强制流通的只有纸币，因为朝廷欲吸收民间的金银用于与西方世界和海外的贸易。不过，如果不是中国内部发达的商品经济，官方也无法做出如此强制性的举措。关于元朝的货币和贸易政策，容别章再述。

都市的变化和发展

商业发展的同时促进了都市的体制变化和发展。中国古代的都市可说是政治中心型的。商业发展后，国家在都市中建立了各种制度。县城以上的都市里设“市”，规定商业经营于此在某一时段内进行。这种形式从春秋一直持续到唐中期。“市”内的商人被授予特殊户籍——市籍，身份非同一般。

人们常常强调唐朝长安的繁荣昌盛，但它其实不同于今日的都市。长安是依照大规模的计划建立的，通往城门的大道宽100～155米，其余道路也有39～68米，面向大道的民居外围建有墙壁，但并不朝着道路方向开门。白天人们出行自由，夜晚则有宵禁限制，只有士兵巡视的街道一片冷清。李白有诗：“长安一片月，万户捣衣声，秋风吹不尽，总是玉关情。何日平胡虏，良人罢远征。”

秋月皎洁，笼罩长安的屋檐。街上人迹全无，只从洗衣声中闻得些许平民生活的气息。多亏了这些庶民家庭出身的士兵守卫边疆，方才保证了长安城的静谧与和平。瑟瑟秋风中，诗人想起了在家苦等夫婿归来的女子。（无论是前章杜甫的诗还是此篇李白的诗，都分别表达了诗人对处于战争和和平年代中国家底层民众的关心与怜悯。）

唐朝时期商业复苏，到了北宋市制完全崩溃。商店遍布城内各个角落，造就了如同今日一般的都市。经营也不再有时间限制，长江和大运河汇合的扬州等地成了唐末中国数一数二的繁华大都市，号称“不夜城”。

虽然古代都市的“市”规约严格，但商店鳞次栉比的杂乱之地也正是民众生息的地方。市制崩溃后的宋代都市，不仅有着往常的政治中心属性，也是商业都市，还是莺歌燕舞的欢乐巷陌。临街而开的酒楼不计其数，尤其还有叫作“瓦子”的娱乐街（据说北宋开封有瓦子八处），那里不仅有酒楼，还有演艺场所，上演各种剧曲、说唱、戏法、马戏等。路边艺人、占卜道士、饮食店等也摆开铺子。

瓦子的演艺发展出了白话文学。元代以后，诞生了《水浒传》《三国演义》《西游记》等著名小说，《西厢记》《琵琶记》等戏曲大作。在此之前的唐代，寺院面向大众说经之时就用平白的话语讲述图绘故事，这种做法显然被游艺人借用。但当时的受众面很有限，直到宋代都市繁荣以后，才得到民众的广泛支持。

宋代都市的繁荣景况从北宋张择端描绘都城开封的《清明上河图》、记录开封景致的《东京梦华录》以及模仿此书记录杭州的各类书籍中可见一斑。《清明上河图》描绘的虽是清明节（农历三月）百姓行乐的景象，其中展现出来的百姓风俗、商业活动，杂沓纷繁的样子让人瞠目。同样题材的画后世人也反复画过，各有不同。明代著名画家仇英的《清明上河图》（日本大仓集古馆藏）表现了明代苏州的繁荣景象。不论如何，这些画都足见都市的繁荣。

都市的商人组建同行组织寻求团结，相当于欧洲的商会，中国一般称为“行”（后来“行”成为个别商店的名称，如“某某洋行”，日本的“银行”等词也有相似遗韵）。同样手工业者中也有称为“作”的组织。明清时代，行开始拥有会馆（或公所），这些都显示了中国社会的特色，多数情况下由同乡人士建设。他们多通过佛教或道教团结一致，有着各种各样的固有的守护神。这一点和欧洲的商会相同。

商业不仅在作为政治中心的都市、在很多小都市里也得到发展。这些小都市在此之前是被称作镇、市等的地方，所谓镇，起源于唐代后半期藩镇军队的驻地。那时开始，商业昌盛，于是藩镇在商业中心地带驻扎军队，向商人课税。市的名称则起于定期集市的举办。

更为小型的交易场所则有前面讲到的“草市”（有些地方也叫市集、虚市、店等）。它定期进行，集散了周边农村的物资。镇和市位于若干草市的中心，可想而知，由此形成了全国范围的市场网络。镇沿承了藩镇时代的制度，宋代时期还负责农村地区的税收，因为它设在农村市场圈的中心。此外，定期集市也会在大都市的寺院或庙前举办。

君主独裁政治的确立

最早释明唐宋变革政治方面的是内藤湖南。内藤认为，唐代以前君主权力受贵族的制约，而唐末、五代时期贵族没落，权力集中于君主，宋代则形成了“君主独裁政治”。内藤否定了唐以前的专制政治，他说宋以后形成了欧洲那样的专制政治，我认为此点值得商榷。

内藤强调，君主权力独裁化的同时，兴起了相对于贵族来说的平民。这是内藤的重要论点。他论道：“大体而言，所谓历史，从某方面来说，就是对下层人民逐渐向上发展的记录。”（见《关于应仁之乱》全集第 9 卷 130 页）他甚至认为 1912 年的辛亥革命废除君主建立共和制后，也是由宋以来的平民肩负起近代中国的重任。实际上，正是由于平民势力的兴起才导致贵族势力凋落，君主权力得以强化。

有关“平民”问题，稍后再谈，现在想从制度方面讲一讲君主权力集中的初始过程。第一阶段，隋进行了改革。汉及魏晋南北朝时期，各官僚机关的长官可自由任命属吏。君主能够直辖的只有正、副长官等寥寥数人，长官和属吏之间遂形成了私人关系网。而且，如果是地方官府，属吏和地方有势者的关系也很密切。因此，所谓秦始皇以来的中央集权政治是打折的，实际上分权的性质仍然很强。隋朝改变了这种特征，中央开始直接任命属吏等下层官僚。

隋还始创了科举考试。在此之前是通过九品官人法来选拔候补官僚。该制度下，地方权势者负责举荐，因参照了父祖辈的官位，实际上是贵族的选举。同时，该选举的施行使地方权势者成为官僚，离开家乡，逐渐寄生到中央官僚体制中。所以隋统一后，君主权的强化措施方得以实行。所以，科举仅是选择官吏的候补者，在官吏的实际任命中，出身较好者仍会占据有利地位。唐代，科举及第者只构成官僚体系的一部分，官僚子孙可以袭承官位，所以这仍是一个保证贵族家庭延续的制度。

唐代官僚体制的顶峰在三省六部。三省指中书省、门下省、尚书省。中书省奉皇帝之命起草诏书，门下省对此进行审议，尚书省执行。所以尚书省下设吏、户、礼、兵、刑、工六部，分担政务。从贵族制的角度看，重要的在于门下省可以审查诏书、提出异议。这意味着前朝以来的贵族能够制约皇帝独裁的贵族政治仍在继续。

宰相作为三省首脑本该执掌国政，但由于唐太宗在武德朝皇太子时期任过尚书省长官尚书令，此职便不再任命他人；中书省长官中书令和门下省长官侍中则相当于正宰相的地位。由于他们身居高位，所以实际上居于下位的人被任命为宰相，称为“同中书门下三品”“同中书门下平章事”，简称为“同平章事”。三品是中书令、侍中的品秩，同中书门下三品和中书令与侍中同级，平章意味着公正明理。

宰相们聚集一处商议国政的地方叫作政事堂。政事堂最先置于门下省，唐朝中期移到中书省。这意味着皇帝处于贵族之上，相当于皇帝秘书的中书省变得重要起来。宋代确立了皇帝独裁后，中书省成为国政的中心机关，同平章事成为宰相的别名。宋代，宰相地位也不断遭受台谏（指御史台官员和谏官）的批判，下面的枢密院、三司及其他机构也分别向皇帝上奏。由此皇帝深谙政情，宰相再难独断。

宋代，与中书省地位相当的还有枢密院，枢密使掌握军权，偶尔也干涉政务。唐代后半期，枢密院中宦官势力增强，虽是设于宫廷内部，但此时中央政府的兵力已由他们掌控。武人政治的五代时期，枢密院曾是最高级别的国务机关，宋代实行文治，枢密院作为军事机关留存下来。唐代军事由宰相之下的兵部执掌，宋代时枢密院同中书省的宰相地位相当，直属于皇帝。

此时直属皇帝的还有三司使。三司统合了盐铁、度支、户部等财政三部。盐铁出自掌管唐代后半期的专卖及运河漕运的盐铁转运使；度支原属于唐代掌管财政的户部，唐代后半期成为分掌盐铁使和财务的独立财政机关。五代时期，和户部相列设立三司以统合财政。宋沿承了这种设置，三司使的地位突显了“财政国家”的特征。

宋代以后，即便是地方也由数位官僚分掌政务，使权限不至于集中在某一人手中，各个机构也直属皇帝。例如，宋代的地方行政中最高行政区划是“路”，在此设置转运使、安抚使、提点刑狱等，分别掌控民政、财政，军政以及司法。同样，宋在路的下级行政区划州中设立通判，使其与知事具有同等地位，以便监视。

士大夫社会的出现

内藤湖南认为君主独裁政治形成的同时，平民势力也在抬头。实际上，将新势力一律称为“平民”并不恰当。相对于以前的贵族，新势力虽说是平民的，但因为老式贵族已然消失，平民中又出现了新的统治阶级。曾经的平民开始分离为新的统治阶级和庶民。

这种新的统治阶级，史学家习惯称为“士大夫”。事实上，士大夫一词古来既有，是庶民的对立语。位于庶民之上而又拥有统治者资格的便是士大夫。汉代，士大夫必须是有儒学教养的知识分子。儒学倡导以德治国。汉代的官僚既是这层意义上的儒者又是政治家。但是魏晋南北朝的乱世时期，人们疏远政治，重视文学和艺术，老庄思想和佛教流行，把身怀多层教养作为理想追求。这样的有教养人士称作“文人”。

但是魏晋南北朝的文人同时也是贵族。毋宁说因出身贵族，所以得以跻身教养人士之列。当时这可能是粗鲁的庶民阶层所不能及的。唐代在任用官吏之际，重视“身、言、书、判”（见第 8 章），可见这是多么贵族式的任用方式。科举考试施行后，贵族势力衰退，但科举也是测试教养的。科举原有各种科目，唐代以后最为盛行的是以吟诗作赋为主的进士科。后世所谓的科举，专指进士科。

宋代，科举万能，非科举及第者不能攀就高位。宋代的科举，除诗赋外，也会涉及儒学知识和议政。所以士大夫必须读书、提高教养、做学问。所以这些文人也被称作“读书人”。他们以这种方式凭借实力步入官场，从而具有与以往贵族不同的独特教养和见识。

据说宋代真正的士大夫出现于四代仁宗时期，取其年号称为“庆历（1041～1048 年）士风”。欧阳修、司马光等便活跃于这个时代，其中最为典型的士大夫范仲淹曾言：“先天下之忧而忧，后天下之乐而乐。”（这是后乐园的词源，如今却意为最先享乐的地方）宋代儒者张横渠（张载）宣称“为万世开太平”。他们认为既然自己是千挑万选出来的代表者，为天下万民治政义不容辞。古来士大夫的理念在此处以纯粹的形式得以体现，宋代的统治阶层被称为士大夫也就不足为怪了。

张横渠和程明道、程伊川都是宋学先驱者。后来南宋出了朱子（朱熹）。他们同时也是宋朝官僚，所提倡的宋学成为国家的教学，甚至在南宋的某一时期还遭到强烈压制。但这件事本身也说明宋学引起士大夫的共鸣而被普及。

庆历时期开始州、县广办学校，为培养科举考生即“官僚预备军”而进行教育。北宋末期学校制度衰微以后，南宋时期私塾书院复兴起来。岳麓书院（湖南）、白鹿洞书院（江西）等是典型，朱子在包括这两所书院在内的众多书院里讲学。与朱子学说相异的陆九渊（陆象山）也被请至白鹿洞书院，在故乡建有象山书院（江西），培养弟子。这些书院排斥为仕而学的功利学问，而聚集了热心探求性理的人。

因此，士大夫虽是国家官僚，但不能简单说是对独裁君主言听计从的臣下。他们拥有不同于宫廷的生活场域。此时期，已开始运用印刷术，人们可以从市场购买书籍。这使得大规模的科举施行成为可能，保证了读书人的生活，但印刷出来的又并非都是考试必需书籍。佛典也被大量印刷，特别是在蜀地刊行了《大藏经》。士大夫中也有憧憬佛教和老庄思想，珍视悠然闲暇生活的人，苏东坡便是代表之一。

书籍印刷需要纸，于是便出现了特产笔墨纸砚的地方。这些所谓的文房四宝也是士大夫生活中的必需品。书法和绘画在宋代尤为发达，连宫廷画院也杰作连连。同时非专业画家的文人画也大为流行。文人画是士大夫闲暇时的产物，在其主观性很强的画风里，表现了远离宫廷的士大夫们的自由精神。只不过不容忽视的是，士大夫能够拥有这样的自由生活乃是源于其特权地位的确立。

作为官僚的士大夫

士大夫无疑是宋代国家的官僚。宋朝兴科举考试，仅从及第者中选拔高级官员；希望通过科举广纳贤才，强化集权和独裁体制。

三代皇帝真宗作有《劝学文》："富家不用买良田，书中自有千钟粟。安居不用架高堂，书中自有黄金屋。取妻莫愁无良媒，书中有女颜如玉。出门莫愁无人随，书中车马多如簇。男儿欲遂平生志，五经勤向窗前读。"

简言之，要勤勉读书，如是则可捧俸禄、住豪宅、乘气派马车、抱得娇妻归，所以要勤读经书。这篇文章虽是一篇以功名为诱饵鼓励学习、司空见惯的文章，但作为皇帝，只需招纳头脑聪明灵活的官僚即可。而且中国古来便有富贵乃个人读书学习的结果的思想。如前所述，在宋代虽也有觉悟性较高的士大夫，但如《劝学文》所示，以荣华富贵为目的的读书应考者也不少。

科举考试的大门向所有人敞开。但是那个时代能读书做学问的人，只能是那些相当于中产阶级以上的人。可以说，士大夫或者说官僚几乎都是地主。而且商业的发达使其中不少人染指商业活动，导致贪腐严重。

当然，科举能否通过终究要看学力。通过科举获得的地位和以前的贵族不同，不能让子孙继承，所以一代而终的可能性也很高。为此士大夫们苦思冥想如何将地位传给下一代。范仲淹在家乡苏州买下大片土地，低价租给别人，用租金救济同族中的贫困者或是资助科举考生。人们将这片土地誉为范氏义庄。朱子提倡的家礼总结了士大夫为团结宗族所作努力的精华，鼓励建立用于祭祀祖先的祠堂、祭田、墓田。

宋代的乡村社会，官僚身份的士大夫居于最高层，志于科举考试的读书人居于中层，他们区别于士大夫一般被称为的士人，地位在庶民之上。他们中虽也有为乡里社会福利贡献力量者，但也有不少胡作非为扰乱乡里秩序的人。此时的乡里社会已大不同于前代乡老统治时期。朱子等的社仓（济贫用的谷物储藏库）和乡约（道德实践的乡人组织）便是为了恢复乡村秩序而设。

随着官僚地位的延续，士大夫的财产逐渐增多。北宋继续施行录用士大夫的政策，大地主、大商人也在增加，中产以下民众的贫困问题日渐突显。又因北宋同辽、西夏不和，经常争战，招募的佣兵体弱无能，军事费用却不断见长，国库开始告急。于是北宋中期，王安石取得神宗的信任，拟施行新法。王安石的改革是在大地主、大商人和高利贷的剥削榨取中保护中佃农和商人，让拥有特权被免除徭役的官吏拿出助役钱，通过民间力量来养兵养马。改革还涉及官制，如废三司、重振三省六部等。

大地主、大商人当然反对。反对新法的旧法党中，韩琦、司马光、欧阳修、苏轼（苏东坡）苏辙兄弟、程颐（程伊川）等大名鼎鼎的士大夫也榜上有名。他们大概认为新法抑制了士大夫的私利，同时也有将士大夫这一颇具独立性的群体逼入绝路的危险。另外，宋朝起自五代时期的北方政权，建朝以来的士大夫也多出身北方，而主张新法的多是来自南方的新兴官僚。故而新法遭到反对和南北对立也不无关系。

宋神宗死后，旧法党的司马光升为宰相，废止了新法的很多项目，不过后来新法党又复活了。只是宋徽宗别说改革，甚至对宰相、宦官们的苛政恶行也置之不理，只求风流快活。宋徽宗擅长绘画，喜欢江南的奇花异石，强制要求民众运搬"花石纲"的故事也非常有名。从这种生活状态也可看到堕落的士大夫生活带来的影响。所以民众起义多发，其中也包括后来成为小说《水浒传》题材的梁山泊宋江等人的起义。加之北方女真族金人入侵，宋徽宗、宋钦宗被俘虏，北宋灭亡。

《水浒传》取材于前面所说的民众起义。有人说，经过南宋至元末的乱世，方才迎来今日的明朝。如今在日本《三国演义》备受欢迎，三国的英雄们是官僚、豪族或知识分子。《水浒传》塑造的是反抗这种官僚世界的民众，他们的形象丰富且饱满。这些人自由豁达的豪情义举让读者或观戏者获有一种释放压抑情绪的快感，博得喝彩。其中"替天行道"的口号正是对统治者等同于天的思想的抗议，即宣言自己一方代表的才是正义。这种口号也被后世起义或秘密结社所继承。

只是，小说后半部分讲的是头领宋江投降，接着讨伐方腊之乱，进攻大辽国。宋江投降是事实，讨伐方腊时也确有宋江将军的参与，但宫崎市定认为此两位宋江并不是同一人。只是一般人将这二人混为一谈，作者也就顺从民意了。进攻大辽国的部分是虚构的，因为宋江死后仍有人据于梁山泊抵抗金的入侵。对于相信天和其代理人天子的民众来说，宋江事于宋朝也不足为奇，以民族抵抗对抗时而入侵的金军被认为是对宋朝效忠也是情势所致。可宋江最终还是被宋朝杀害了。民众的代表终究不为官方所容，惨遭背叛，从这点上来说，《水浒传》归根到底讲述的还是民众的故事。

南宋北部被金占领，与金时战时和，与兴起的蒙古也陷于战争。因此，朝廷持续被秦桧、韩侂胄、贾似道专政独裁。这期间，江南官僚所持有的大规模土地进一步扩大，宋便对拥有免役特权的面积进行了限制，回购部分以充当军粮。此举当然招致反对。后来蒙古入侵，征服了宋，宋朝灭亡。

朱子学的评价

韩侂胄在与金作战中败北，罢免了朱子、弹压朱子学。朱子在野，梳理总结了士大夫的思想体系，制定了行为规范（礼）。如前所述，他又于各地书院讲学，培养门生，广传所学。

朱子的老师程伊川（程颐）言："学以至圣人之道也。"宣言所有人都可以通过积累学业获得至高的人格。也就是说，所有人都被赋予平等的机会，天理内在于各人的心中，通过探求天理，便能成圣。这种思想充分体现了这个时代士大夫们的心气、意向，朱子周围就聚集了为此而学的人。守本顺一郎将这看作"个体主体性的确立"，认为它是类似于托马斯·阿奎纳（Thomas Aquinas）的封建思想。而美国人类学者狄百瑞（Wm. Theodore de Bary）却认为，这里产生了中国的"自由"传统。托马斯的思想确是封建社会的思想，但这里也萌发了近代理性的萌芽，所以说两种观点并不矛盾。

另一方面，朱子学将君臣、父子、兄弟等人伦视作天理的基础，丸山真男认为它是朱子学的"自然法"（这也可以说是托马斯式的）。一般认为，这种思想符合宋朝的君主独裁体制，所以才会被王权强化后的朝鲜李朝、日本德川幕府所学所用。由此看来，虽然朱子学一贯被认为是拥护体制的学问，可重视个人修养的学问和体制在利害关系上并不一定一致。事实上，朱子学在宋代并没有被国家公认，甚至蒙受了大规模压制。这类似于士大夫与国家若即若离的关系。朱子学所强调的君臣关系，借用岛田虔次的说法，并不如日本一样被置于绝对的地位，而是成立于道义的基础上，因此并不存在无道义的君臣关系。

所以，此时期君臣关系的强化与士大夫的生活态度息息相关。南宋于13世纪后半叶被蒙古（元）消灭，此时广州南方的小岛崖山作过垂死抵抗，宰相陆秀夫背负八岁的皇帝投海自戮，跟随着或战死或投海的皇族、臣下足有十余万。另一位宰相张世杰试图复宋，却遭遇暴风溺水而死。转战于域内的文天祥被元军俘虏，拒绝事元，落狱后作《正气歌》留于后世，最终被处死。贵族政治的时代，贵族无论王朝如何更迭都能超然，但在宋明时期却不乏这样的忠臣、遗臣。因为士大夫的信条和人生观显然不同于贵族式官僚。

11

中国史上的“征服王朝”

关于“征服王朝”一词

唐宋之间的巨大变动不仅仅限于中国内部。正是因为唐作为世界帝国，其统治势力波及周边，所以变动也影响了邻近的东亚各国。其中之一便是位于中国北方的亚洲内陆地区诸民族社会的变化，这当然影响到中国，以至出现辽、金、元、清，所谓“征服王朝”。

美国东洋学者奥古斯特·魏特夫（Karl August Wittfogel）首次使用征服王朝（Dynasties of Conquest）一词。他把中国历代王朝分为汉族出身的王朝、辽等北方民族出身的王朝，并将后者称为征服王朝。除此之外，还有五胡十六国、北朝等北方民族出身的王朝，但魏特夫不把他们列为征服王朝，而称其为

Infiltration Dynasties，译为潜入王朝、渗透王朝等。因为五胡诸族的王朝不同于辽等，他们离开了北方游牧地区，进入中国域内，为中国文化同化。

说到同化，北魏孝文帝的汉化政策一直以来就被认作典型。第 7 章曾强调过，必须重视实行汉化政策的胡族方面的主体性，因为他们想要进入汉人地区施政统治，可供其选择的范围极其有限。也即为了强化中国一贯的皇帝权力，只能积极地采用中国的制度与文化。当然，北魏时期在军制方面还保留着胡族固有的特征，而到了西魏，却形变为混有汉人农民兵士的府兵制度。

对此魏特夫论述，辽以后的“征服王朝”里汉民族和北方民族的文化合为一体，也即产生了文化人类学所说的“文化变容”现象。他认为这不同于上述胡族的同化现象。但是日本的中国史研究者更关注的是北朝的胡族国家和辽以后的北族国家之间的形态差异。毋宁说，日本是从这点上吸收了“征服国家”的概念。

中国的历史学家几乎不使用这个词。最近台湾出了一本书，叫《征服王朝论文集》。书中收录了翻译后的魏特夫以及日本历史学家的文章。编译者在序言中指出了中国学者不认同该定义的理由，一是华夷思想的同化论、汉化论根深蒂固，二是魏特夫是马克思主义的背叛者，难以被大陆学者接纳。而且在中国所说的中国史，是以当今中国的国家领土为范围。该范围内的民族，无论古今抑或民族同否，都是构成中国的要件，其历史自然也是中国史的一部分。所以其编译者有言，在中国无论哪个民族当家，中国研究者会认为不过就是麻将桌换了个庄家而已。

如何看待民族史

今日之中国疆域，形成于17世纪以后的清朝。此前的疆域有所不同，更重要的是民族的种类和分布情况也不同于今日。例如，渤海国位于今日中国的东北地区，在中国理所当然地将其纳入中国史，而朝鲜、韩国则认为渤海国属于高句丽族，应该纳入他们的历史。对于渤海的建国者，日本和朝鲜、韩国倾向于高句丽人，但史料方面尚有暧昧之处，中国的史学家则认为其是靺鞨人所建。即渤海便是高句丽人所建，它所统治的大多数民众也是中国东北地区古来便有的靺鞨人。这是无可争议的事实，所以说用现在的国界线来定论属于哪国历史毫无意义。

日本的史学家可以不为这种问题而苦恼，因为日本四面环海，领土范围一清二楚。然而仔细想来，古代的大和王朝和虾夷相对立，其领土尚未到达东北地区①的北部。而且整个中

① 日本的东北地区指青森县、岩手县、宫城县、秋田县、山形县、福岛县所在地区。——译者注

世，其在北海道一直与阿依努对立，甚至兵戈相见。日本形成今日领土的时日其实不长，即便把上述范围纳入日本史来叙述(这和中国的历史观相同)，也得承认以前的阿依努国家的独立性。同时，即便把冲绳人作为日本民族的一部分，也不能否认中世时期琉球王国有过独立的历史。

关于中国历史，一般而言，日本的史学家承认亚洲大陆诸民族历史的独立性，考察这些民族之间的对立与交往。白鸟库吉说东洋史是南北民族抗争的历史。他并不是仅从这点来理解东洋史，而是要表明汉民族建立的国家和北方民族关系的重要性。但这种观点仍不同于把关系史作为中国史内部问题的中国史学家的看法。

实际上，日本史学家的这种观点，也有值得反思的地方。中国数度遭受外族的侵略、征服，这本是研究领域的问题，近现代日本在侵略中国的过程中，却在该问题上把日本作为这些外族的后裔，使其侵略正当化。事实上，日中战争时期，国策研究所编辑了一本《异民族的支那统治概说》(书中的个别研究内容仍有参考价值，如探明了历史学上的某些客观事实。只是，历史学家必须考虑该研究会被如何看待，又会被怎样利用)。

在处理民族史的时候，还需注意另一个问题。以前在研究民族问题的时候，对于近代以前的历史，也总是投以近代国民国家、民族国家的观念，不仅是日本，欧美的史学家、著述者也是如此。前述中早已提过这个问题，国民国家形成于近代，不能将其与近代以前的“民族”相混淆。例如，对于匈奴是土耳其族还是蒙古族有过争议，若从现在的土耳其和蒙古民族的语言、风俗来判断，究竟会产生多少意义？但是受近代的民族主义洗礼过的历史学家想必有研究这类问题的欲望。

白鸟研究的是亚洲大陆的诸民族，他和自己所尊重的历史学家利奥波德·冯·兰克（Leopold von Ranke）一样，把民族作为主体来思考历史学。这种问题意识由近代的民族主义催生而来，同时还需注意的是民族并非孤立地存在，而是存在于一个内含这些民族的世界里。兰克肯定了欧洲作为罗马帝国的后裔统一了世界，也肯定了同样继承了罗马帝国遗产的阿拉伯人的世界。只是尚不知道白鸟是如何认知包括亚洲诸民族在内的世界的。

我们不能武断地认为含有南北诸民族的世界就是中国，但可以认为存在一个以中国为中心、受其影响的世界，即包括中国、朝鲜、日本、蒙古等地的东亚世界。但同时，北方诸民族又属于不同于中国的“亚洲内陆世界”（近年也有学者称之为“中央亚欧”）。亚洲内陆世界是一个包括东起中国北方兴安岭以东，西达俄罗斯、伊朗的以草原地区为中心的游牧民活动的世界。这一草原地区东、西、南三面邻接肥沃的农业区域，游牧民在其中经常进行商业往来及由侵略引起的或和平或武力形式的交涉。而中国不仅对游牧区和农耕区，对夹在两者中间的半狩猎（半游牧）半农耕的民族也产生了影响。可以说，中国史上的“征服王朝”就发生在这样的形势之下。

辽（契丹族王朝）建国的意义

唐帝国消亡的同时，北亚（即亚洲内陆世界的东部）诞生了由契丹族建立的辽国（916 年）。那么在讲述辽国是中国历史上的征服王朝之前，必须要叙述一下其在北亚地区的历史上也是一个具有划时代意义的国家。

为什么呢？在此之前，从匈奴到回鹘，都是部族联合式的国家，君主权力并没有绝对至上。例如，突厥虽然统一了从兴安岭到伊朗边境的大片区域，但统合国家全体的大汗之下还有东可汗和西可汗，其下又有各小可汗割据一方，经常为争夺大汗地位而发生冲突。所以隋一介入，国家就轻易分裂，大汗的家世也被更替了。与此相比，契丹族虽也始于部族联合，但逐渐强化了君主权，建立起中国式的年号，创造独有的文字，甚至取了中国式的国号“辽”。这大概意味着他们已有自觉，即其君主权已可与中央集权制的中国皇帝的权力相提并论。

契丹还有一点与之前的异民族国家不同。以前的国家都位于蒙古高原的中部，而契丹族在更向东的草原地区的东端，他们自身虽是游牧民，但与农耕区毗邻相接。辽之后的金也起于东北亚，至于势力中枢迁到东方的原因，在于9世纪中期，回鹘国家解体后，蒙古高原上没有了强大势力。

在此之前，北亚诸民族一直被蒙古高原的势力压制。提到东北亚，前面讲过高句丽因向突厥派遣使者，引发了与隋的战争。契丹族当时也从属于突厥，被突厥派过来的吐屯所监视。进入唐代，渤海趁契丹族反叛之机，建立国家。这样说来，渤海在建国之初和契丹一样也从属于突厥，受突厥吐屯监视，并要纳贡。契丹、渤海和唐建立友好关系后，与突厥断交，之后渤海和回鹘建立通商关系，契丹则开始向回鹘纳贡。

随着回鹘国家和唐帝国的相继灭亡，契丹族的国家获得了独立的机会。此时耶律阿保机确立了超越原来部族联合体的君主权。耶律阿保机以后的契丹国家虽在政治中枢也存有部族制度，因为这种制度表现为与游牧生活密切相连的社会组织，无法废止。但契丹国家的部族制并非原来的联合体，它重组了之前的部族，而且新添了周边的奚族、女真族等。

况且，契丹国家的组织构成不仅有以游牧为主的部族。如前所述，契丹族所在地和农业地区毗邻相接，这里很早以前就有汉人居住，汉代还设置了辽东郡。阿保机建国时也在“汉城”借助了汉人的力量。所以契丹国家的君主权是以该地区为据点，同汉人一起击败诸部族的。在此之前，农耕区北部兴起过渤海国。阿保机消灭渤海国后建立东丹国，任命王子为国王。阿保机（太祖）之后的辽太宗将其合并。由此，契丹开始从游牧国家转为征服国家。

辽、金国家的二重体系

如此这般，契丹国很早便开始将农耕区纳入统治范围，不仅利用汉人、渤海人，还越过长城从当时的五代王朝的领土内掠来大量人口。也有汉人躲避战乱移居到契丹国领土内。契丹国家不能用部族制度来统治这些人，所以效仿汉地，开始设置州、县。

所以在契丹国的领土范围内，并存着统治游牧民的部族制和统治农业民的州县制两种制度。官方的称呼，管理游牧民部族的是北面官，管理农业民州县的是南面官。契丹国的最高统治机关是枢密院，它也被分为北枢密院和南枢密院。尽管这种二重体系在契丹国最为显著，可多少也属于征服王朝所不得不采取的措施。

契丹国的辽王朝衰落后，女真族的金兴起了。女真族是位于契丹族东北方的狩猎民族。中国的东北地区在以前被分成三部：契丹国家兴起的西部草原、很早便有汉人居住的南部平原以及女真兴起的东部森林。东部的林区还连接着西伯利亚和朝鲜北部。外山军治认为这些地区分别也是将亚洲大陆一分为三的湿润的农业带、狩猎民所生活的森林带以及游牧民所生活的草原沙漠带。而田村实造则认为，征服王朝的诸制度和特征并非确立在征服、统治中国的基础上，他们在发源地时即已形成原型。他所认为的这种生态各异、诸民族共存的地域产生了征服王朝的原型，倒也是个有趣的事实。

那么，女真族中隶属于辽的是熟女真，在辽疆域外的是生女真。女真族的构成部族比契丹族还多，生女真的完颜部氏族出了完颜阿骨打，建立金国（1115 年）。据《金史》记载，在阿骨打几代以前，完颜部就统一了女真族。阿骨打继而蚕食辽国，将领土扩展到辽东的农业地区，开始统治汉人、渤海、奚、契丹、熟女真等诸民族。

女真国的部落制度被称作猛安谋克。这并非女真固有部族制度的本来面目，而是在君主权的控制下得到了重组。谋克部由三百户组成，十谋克部成一猛安部。一谋克部出百名士兵编成一谋克军，十谋克军编成一猛安军。谋克部、猛安部的首领同时也是谋克军、猛安军的首领，首领称为谋克、猛克。也就是说，它和辽的部族制度同样，是一种既可应对平时又可应付战时的制度。据说猛安是与“千”同义的 ming-kan 的音译，而谋克是族长 muke 的音译。

金起初把汉人、渤海人等农业人口编入猛安谋克，后来逐渐变换成州县制。这种做法最初主要是为了确保兵源，后来开始依靠他们的农业生产力，并学习他们收纳租税的方法等。这一点也和辽国的二重体系雷同。

辽、西夏、金和宋的关系

契丹国首位君主辽太祖（耶律阿保机）占领了东北的农业地区，之后的太宗对长城以南的中国也虎视眈眈。恰巧五代后唐王朝出现内乱，有个叫石敬瑭的人向太宗称臣认父，请求援助。太宗便出兵攻陷洛阳（后唐都城），立石敬瑭为皇帝，辅佐建立后晋王朝。石敬瑭为了回报契丹，把中国北部的“燕云十六州”（燕州即今北京，云州即山西北部的大同）割让给契丹，约定每年贡奉一定的金、帛（绢）作为岁币（938年）。自古以来，一直都是周边的诸民族向中国王朝朝贡，像这样中国王朝与异民族的君臣关系发生逆转，中国王朝反而又是献领土又是赠礼物等，史无前例。所以说，征服王朝在这个时候迈出了第一步。

而实际上，契丹从此时开始制定中国式的官制，而后又趁与后晋继承者不和一举将其消灭，占领了华北一带，从而仿照中国王朝建国号“辽”。然而，汉人反抗异民族统治，又复辟了汉人王朝后汉。辽虽然退兵至北方，但燕云十六州仍然留在其统治之下。

同时，宋几乎统一了中国，试图收回北方的领土，然而宋、辽出于情势考虑，缔结了澶渊之盟（1004年）。内容为：①国境照旧；②两国以兄弟之礼相交，宋为兄，辽为弟；③宋每年给辽银十万两、绢二十万匹作为岁币；④在两国国境开放贸易市场；等等。

除辽以外，此时期让北宋头疼的还有其西面（甘肃、宁夏一带）的西夏。西夏是藏系党项族国家，唐末黄巢之乱时援唐有功获赐李姓，其子孙李继迁被辽封为夏王。后来一度归顺于宋，李元昊时已称帝独立，定国号为夏（1038 年，“西夏”则是宋对其的称呼）。后来西夏侵略到宋朝边境一带，辽也不落其后进行骚扰，宋无奈只能议和，作为岁币：①给西夏银五万两、绢十三万匹、茶三万斤；②另给辽增加银十万两、绢十万匹（1044 年）。所以宋只对西夏维持了表面上的君主地位，现实中要每年给其送礼。

金兴起后，宋甚觉万幸，提议与金联盟，夹击辽国。只是宋军软弱不敌，还是没能把燕京（今北京）夺回。倒是金军攻陷了燕京，又俘虏了一路逃跑的辽帝，灭了辽国。金将燕京等六州还予宋后，而宋却违背当初赠予金钱和贵重物品的约定。于是金包围了宋都开封，强加了苛刻的讲和条件。宋不但不履行约定，还怂恿契丹族谋反。于是金再度进攻开封，俘虏了宋徽宗和宋钦宗，带到了北方金国的大本营。

金灭掉北宋之后，起初尽量避免直接统治华北，于是立山东地方官刘予为齐国皇帝，把都城从山东迁到开封，为他建起傀儡国家。另一方面，宋徽宗之子高宗于河南即位，复兴了宋室。可又被金军逼退至长江以南，定杭州（临安）为行在，即所谓南宋。(行在指皇帝行幸之时的暂时居所，这个称呼一直用于南宋，在元代也使用。马可·波罗称杭州为“Kinsai”，描写了它的繁荣昌盛，而Kinsai是行在的方言读音。)

宋相继败给辽、西夏、金，被赶到南方。南宋初期，民族意识高涨，主张抗金的呼声很高。特别是武人在辗转各地时势力也得到增强，于他们看来，在士大夫、文人主导的宋朝政局中，战争的继续无疑是让世人意识自身存在感的良好机会。可武人虽然奋力抵抗了南下的金军，但多少也有保存私兵而故意拖延战局的嫌疑。

金从连同皇帝一并被虏获至北方的士大夫中，选出秦桧让其回国劝降。秦桧蛊惑高宗，把武将们召回杭州，任命中央武官，成功地篡夺了兵权。还关押誓死抗金的岳飞，将其陷害致死。于是，宋金两国之间缔结了讲和条约：①以东西淮水一大散关一线作为两国边界；②宋对金称臣，宋君主接受金的册封；③金的皇帝的生日和新年第一天，宋必须派使节前往道贺；④宋赠银二十五万两、绢二十五万匹作为岁贡；⑤金把宋徽宗的灵柩及其生母韦太后送还；等等。

以淮河为分界，大概因为淮河是金宋势力的均衡之处。金国兵力较少，没有余力将兵站设于长江，而对宋来说若长江不保，则南方也岌岌可危。而且淮河以北是种植麦、粟等的旱地，以南则是种植水稻的水田。中国南北之分，淮河是最自然不过的界线。

讲和条约签订20余年后，金国海陵王独裁确立的同时，也起了吞并南宋的野心。可是这反而引起国内的不和，派往长江的兵士被宋的水军击破，海陵王自身也被部将杀害。继位的世宗与宋讲和，订立如下约定：①君臣关系改为叔侄关系；②岁贡改为岁币，银二十五万两、绢二十五万匹减为银二十万两、绢二十万匹（1165年）。

通观上述五代、宋朝时期中国与辽、西夏、金等异民族的讲和条件，双方关系经历了君臣（父子）、兄弟、臣君、侄叔的变迁。自古以来，东亚各国以上下身份来确立国际关系。汉代以来的册封是以中国皇帝为君，以周边国家君主为臣的关系。将此君臣关系转为父子等家庭关系是从唐与突厥、回鹘等的关系开始。这虽然是仿制血缘关系来强化联系，但家人间除亲缘关系外，也不免有上下关系，所以它倒也不能算作君臣等身份等级的例外。

国际关系中的身份秩序正是诸国内部间的身份秩序的反映。近代以前的国家，通过建立君臣、父子、良民和贱民（或奴隶、农奴）等各种身份关系以图维持社会秩序。近代以后，以日本为例，自四民平等的关系确立后，便诞生了诸国对等的国际法。

唐代以前的国际身份关系中，一直是中国皇帝居于各国君主之上。虽也有过五代时后唐的明宗和契丹之间的兄弟关系，但孰上孰下实很难说。后来的后晋高祖（石敬瑭）尊契丹太宗为君父。宋在澶渊之盟中，勉强维持己为兄、辽为弟的地位，对西夏则维持了形式上的君主地位，但对金却屈为臣，后来甚至甘为侄。

不管宋和各国地位关系如何，宋对各国都是处于赠礼的一方。这里体现了宋的弱势地位。赠礼的名目依关系而有岁币、岁赐、岁贡等各种说法，而实际上都是贡品。

因此，有人把宋的这种国际立场形容为“同等者中的中国”（一个美国人著作的名字），以此说明了自唐以前以中国为中心的世界发生的变化。然而，毋宁说只不过是中华和夷狄对换了位置，东亚世界依然没有从中华思想的咒缚中解放出来。早在汉代，公羊学就预见夷狄会转为中华。有这样的转换，不是因为民族的不同，而是因为重视德礼的有无。对于统治多民族的皇帝而言，强调民族的不同并非良策，德和礼才是重点。所以中华君主一旦失德，便会从夷狄中产生新的君主。

金的统治

金占领中国北部后，强制汉人按照北方民族的风俗穿左前边较短的衣服，命令他们削发，这和后来清朝的辫发令如出一辙。只是由于海陵王时代推进了中国化政策，在黄河以南衣装自由。反而是女真人中出现了模仿汉族风格的情况。

金最初设置刘予齐国，作为对宋的缓冲地带。八年后废弃齐国，与宋签订以淮水为界的讲和约定，紧接着便把用猛安谋克制组织起来的女真人移居到金直辖的汉人居住地，以牵制汉人。这也和清朝让八旗进驻的做法相同。金给移居的女真人分配土地，平时让他们从事农耕，交替守卫边境、国都和州县。可女真人逐渐模仿汉人上流的风俗，把农耕委托给汉人的佃农，过起了奢靡浪荡的生活。

金朝国都原本位于东北内陆的上京会宁府，此地是金国发祥之地，也是完颜氏一族、重臣等的根本所在。海陵王杀重臣夺王位，迁都燕京，欲确立起中国式的独裁君主制，同时改革官制，推进汉化政策。然而，与南宋的战争失败后，各地叛乱不断，海陵王如前述被部将暗杀。

曾经的北魏也解散过部族制、推进汉化政策，成为征服王朝的金却不能瓦解作为统治民族的女真人社会。海陵王之后的世宗把与宋的君臣关系改为叔侄关系，减岁币，与宋和睦。然后，保护女真人的生活，尊重女真旧俗，鼓励学习女真文化。尽管如此，已经不可能把埋没在华北汉人社会里的女真人重新拉回到原来的女真生活了。

宋朝方面，韩侂胄成为宰相后，为了收回失地与金再度开战。可金方处于优势，宋屈从于金的要求，不仅增加岁币至银三十万两、绢三十万匹，还送上韩侂胄的首级，与金和解（1208 年）。

宋金和议达成之时北方蒙古高原成吉思汗也刚即位。不久，在金发源地所在的东北地区，契丹人倒戈迎来了蒙古军队。金为了避免与蒙古正面冲突，迁都至开封，可等待它的最终还是灭亡的命运。

蒙古帝国的形成

蒙古民族和蒙古高原之名源于高原东北部的蒙古小部落集群。部内有个氏族出了一个叫铁木真的人，统一了高原上的诸民族，在 1206 年被推举为领袖，称成吉思汗，建立大蒙古国，从此蒙古一名开始代指全体部落。

蒙古国家也重组了部族制。成吉思汗把游牧民编入 95 个千户群，其下又设百户、十户，分别任命官长进行管理。又把这些官长子弟召集身边，组建了近卫军团。然后把数个千户分给儿子或弟弟们，把儿子置于西边的阿尔泰山地域，将弟弟们置于东边的兴安岭地区。从而既能维持部族组织，又巩固了可汗的力量。

成吉思汗的国家继辽、金之后于东北亚兴起，与辽、金不同的是它不与农耕区域接壤。所以大蒙古国最初只是作为纯粹的游牧国家在发展。成吉思汗一代从蒙古高原出发，远征连接西方的中亚、伊朗一带。因为草原会一直延伸到西方，远征一是为了获取那里的游牧地区；二是因为伊朗系、土耳其系商人早已出入成吉思汗的统治区，远征可以确保这条商业通道的安全。前章已说过游牧民保护商人、重视通商是为了获得农耕区的物资。

成吉思汗把获得的土地看作家族财产（这点上，政治领土和家产的区别尚不明晰），分予四个儿子。长子术赤分得最远的地区，那里还没有被完全征服，下一代窝阔台可汗（可汗位于诸汗之上，窝阔台时期开始采用）时期，术赤的儿子拔都西征，以至蒙古人进军欧洲。二儿子察合台、三儿子窝阔台、四儿子拖雷分别被封予中亚地区、阿尔泰地区和蒙古本土。这些地区成了日后钦察汗国、察合台汗国、窝阔台汗国的基础。

成吉思汗对农业地区似乎毫无兴趣，西征归来后灭掉西夏便去世了。窝阔台可汗灭金，并按照蒙古人的习惯将金的领地及华北地区封给了王公贵族或有功之臣。统治中也开始使用汉人官僚，还收取租税，使占领中的中原地区有利于可汗集中权力。

可汗权力进一步强大起来是在蒙哥时期。可汗的大本营本应是蒙古高原，窝阔台可汗在这里建设了都城哈剌和林。然而蒙古高原的大部分已经被封为拖雷家的财产，所以导致君主权和家产之间，换言之，窝阔台家和拖雷家之间出现矛盾。这种矛盾随着拖雷家蒙哥的即位而得以消除。蒙哥可汗积极地向外扩张，想要征服农业地区，他派遣弟弟旭烈兀西征伊朗，派遣忽必烈去征服南宋。蒙哥自己也加入征战南宋的队伍，不幸途中逝世。

此时在哈剌和林还有一个弟弟叫阿里不哥，忽必烈先发制人，在靠近燕京的内蒙古即位（1260 年），改年号为中国式的"中统"。阿里不哥也在哈剌和林即位，两人为争夺王位争战了四年，最终忽必烈取胜，改燕京为中都，并迁都。又在中都郊外建设新都城，命名大都。这就是现在的北京。忽必烈还创建了国号大元（1271 年）。这当然是仿照了中国王朝的命名，不过以前的中国王朝一般是以出身地命名，而大元之名则取自《易经》的"大哉乾元"（乾元即天道）。后来，明、清在定国号时效仿了这种做法。

大元不久后便消灭南宋统一中国，君临天下。与此同时，皇帝获得可汗一族及蒙古贵族的多数支持，成为大汗，取得了统治整个蒙古帝国的权限。在伊朗扎根的旭烈兀的伊儿汗国、拔都后裔的钦察汗国都予以支持，但蒙古本土至中亚一带仍然纷争不断，最终窝阔台家的海都起兵向元朝宣战，纷乱一直持续到忽必烈以后的时期。元朝可汗仿照中国皇帝建立统治机构，控制中国经济，集权力于一身。相反，对蒙古草原的统治则不是那么顺利。

元朝的统治

元朝为了统治全国，仿效宋朝让中书省执掌民政。但与宋不同的是，除内地的河北、山东、山西以外，还设置了10个左右的行中书省，简称行省。行省发源于蒙古人在征服各地时派遣重臣授予军事、行政等广泛权限的做法，所以将它认作只是中书省的派出机关并不正确。元朝统治确立后，行省的长官依旧持有与中央宰相匹敌的大权。前田直典认为它继承了游牧民封建的分权的特征，但实际上各行省的长官直属于大汗（皇帝），为其尽忠。另外，元朝在各官僚机构都安置了蒙古人的官长或监察官员以牵制汉人官僚，总体上维持住了集权制。

如同唐朝的三省和宋元时期的中书省，“省”原是中央机构的名称，现在日本中央政府机关的名字也源于此；而在中国，如河北省、山东省、江苏省一样，地方行政区划被称为省。以上都是元朝所设行省的遗留。

元朝的统治最为显著的特征是将民众分为蒙古人（国族）、色目人、汉人、南人四种，其间设置等级。所谓divide and rule（分而治之），即采用分割统治的原理。色目人以下按被蒙古国家征服的先后顺序排列。按照身份差别来统治在近代以前俯拾皆是，然而元朝的这种身份制极其突出地体现了元朝作为征服王朝的特征。

色目人，顾名思义是指很多种类的人。其中包括旧西夏人，钦察等的各种土耳其人、穆斯林等。据说蒙古人因早有接触西方文明，所以并未被中国文明所震惊。此外，因为蒙古人的数量较少，所以在统治全国时重用色目人。

汉人指契丹人、女真人、汉人等旧金朝治下的人，南人是南宋时统治的人。也即，汉人被进一步分开统治了。蒙古人把金朝也称为契丹，所以汉人或汉人的土地属于契丹，与此相对，南人或南人的土地被称作蛮子。汉人与南人之别，即契丹与蛮子之别。蛮子是野蛮人的意思，由此可见南宋时统治的人尤其受到歧视。华夷思想在此处的用法被逆转了。

自这一时期的蒙古人称华北为契丹以来，该称呼一直远传到欧亚大陆内地的民族中。这也是为什么至今俄语还称中国为Kytai（原指契丹）。同时，这一称呼还被马可·波罗传到西欧，英语中的Cathay（华夏）就是从契丹两字的发音讹化而来。

此前，中国王朝的户籍只设定良民、贱民之别以及主户（本来的居住者）、客户（来自他乡的移居者）之别，而元朝的户籍不仅设置上述四种身份，还在民户、军户、匠户的基础上进一步将民众细分为站户、急递铺户、打捕户、鹰房户、乐人户、医户、儒户、僧道户等，依此登记。可以说这与印度固定职业让后代承袭的世袭阶制相近，而从国家角度来看，这也是为了便于征发徭役。

关于军人，唐代是国民皆兵，宋代是佣兵，而元代则是指定军户来供给军人，并强制世袭。匠户是手工业者，游牧民自北魏以来便授予他们特殊身份，任其世袭，以确保手工业的发展。另外，蒙古国家为了能在广阔的疆域内保持联络，设置了站赤（驿站），在站赤工作的是站户。急递铺户负责输送文书，打捕户和鹰房户是狩猎人家，这一设置充分体现了蒙古国家的特色。

尤其值得关注的是儒户，它揭示元朝是如何对待知识分子的。登记在儒户的人可以免除徭役，但有担任下层官僚的义务。隋唐以来，科举起用的上层官僚“官”和下层官僚“吏”之间差别较大，元虽废止了科举（辽、金还有施行），却为下层官僚晋升开辟了通道，努力消除知识分子的不满。可是，元朝时期蒙古人和色目人占据上层官僚地位，汉人和南人没有出人头地的机会。元中期的1314年以后，科举得以恢复。但汉人和南人的任官率远不如蒙古人和色目人，且多数是地方官，晋升速度较慢。

以前大蒙古国设置了针对蒙古人的千户制和针对汉人的行尚书省并行的二重体系。元朝建立后，沿袭宋的官僚制，在中央设中书省、枢密院、御史台，宰相主要由蒙古人充任，若无蒙古人则任命色目人担任。地方有行中书省，执掌大权，对征服王朝维持地方秩序起到作用。之下与宋一样设路、府、州、县，长官多由汉人或南人担任，其上再设达鲁花赤（掌印者）

以作监视。

元朝的经济政策中最为显著的特征是重视商业。首先规定纸币作为流通货币，强制要求民间把金、银上交朝廷，以此来交换纸币。小生意中用铜钱以辅助纸币的特征得以保留。这种政策能够施行当然得益于宋代以来货币经济的发展。蒙古贵族在色目人的援助下，将入手的金、银投入贸易，但多大程度上促进了全国的经济发展尚不得而知。不管怎样，明代银的流通范围之所以能扩大到农村，其原因之一就是元代纸币的广泛流通。

如前所述，游牧民和商业关系紧密，不过这是内陆的队商贸易。此时期，队商贸易的组织一般被叫作斡脱，这是被提供资金的商人们为了确保利益而建立的共同运营的内部组织。由于元朝重用色目人，所以容易学到其组织构成。于是，元朝国家采用这种组织，让忽必烈一族及蒙古贵族出资以进军海外贸易。而在筹集资金上，所强制施行的金、银上交，流通纸币的政策发挥了作用。中国东边和南边的海上贸易始于唐末开始的穆斯林来航，中国商人也开始出洋经商。由此形成了地中海经印度洋至南海的海洋贸易圈。蒙古人征服了亚洲内陆地区，拥有广袤领土，又参与穆斯林商人的贸易圈，于是有了和欧洲人接触的机会。所以有着威尼斯商人一族之称的马可·波罗来到元朝治下的中国也绝非偶然。

元朝还远征日本和爪哇，但以失败告终，其本意仍是为了推动朝贡、发展贸易。虽然日本的北条氏拒绝了朝贡，但民间贸易船只非常频繁地向元远航。爪哇的麻喏巴歇王朝在击退元军后也向元朝贡。

> 蒙古和欧洲的接触始于拔都远征，这使欧洲人陷入恐慌。另一方面，当时派遣了十字军的教皇厅和法王路易等希望与穆斯林背后的蒙古建立同盟，寻求传道的可能性。于是柏朗嘉宾和路卜洛克等修道士被派去会见大汗，带回大汗的回信，写成较为详细的报告。马可·波罗之后，约翰·孟德·科维诺（John Corvino）被任命为大都的大主教。因此，可以认为这种蒙古时代的欧洲与东亚的接触铸就了近世欧洲主导的世界史前史。只是，这是以欧洲为中心的视点。因为穆斯林早前就开辟了通往东亚的航路，近世的葡萄牙人绕过好望角后几乎重蹈了穆斯林的贸易路线和方法。所以，若是思考世界史的前史，有必要一口气追溯穆斯林的海外进发。

元末的叛乱和民族问题

元朝对反体制的活动极为警戒，禁止宗教性的秘密结社。但元末还是发生了白莲教内乱，将相信弥勒佛会下凡拯救众生的很多民众卷了进来，最终成功推翻了元朝。他们头戴标志性的红色头巾，所以被叫作“红巾贼”。建立明朝的朱元璋即出自红巾军。

朱元璋的军队以“驱逐鞑虏，恢复中华”为口号。原来人们将口号理解为针对异民族统治的民族主义主张。近年来，学界认为朱元璋在驱逐掉蒙古人后，有建设包括夷狄在内的大中华帝国的思想，所以不能将该口号扩大理解为一般的民族主义。

诚然，中国统治阶层传统的中华思想通常是诸如朱元璋这样的。不过，著有《大学衍义补》的丘濬曾言：“自古帝王，皆以能致外夷以为盛德，殊不知德在华夏文明之地，而与彼之荒落不毛之区无与焉。”他道出了中华思想中存在差别的民族意识一面，所以在统治阶层中应该存有相同理解的民族主义。

另一方面，民众与中华思想毫无关系。祈愿弥勒救济的信仰源自悲惨的现实生活，因为这种生活出现在异民族的统治下，所以他们产生了反异民族的民族情感也不足为怪。民众起初的反抗起义缘于地主的压迫，地主军转劣为优后，“驱逐鞑虏”的口号被诉于民族情感，从而得到了部分民众的支持。

由此，驱逐了蒙古人的明王朝重新建立了汉人政权，明衰落后，女真人（满洲人）建立清朝。关于清朝，将在下章述明以后再讲。

12

明清间的社会发展和新儒教

明朝的建立和独裁政治

重新恢复汉人统治的明王朝由贫民出身的朱元璋（洪武帝）所建（1368 年）。中国史上由贫民建立的王朝有汉、后梁（五代最初的王朝）和明，三个都来自农民起义。朱元璋参加了元末的红巾军起义后，收编了地主的武装势力作为己用。这股势力渐渐地变质成与地主并肩而立的集团，而这种变质是各时代众多起义势力发展的共同趋势，因为可以进一步接近权力的攫取。但是朱元璋手握重权后杀死了很多官僚、地主，因为他疑心重，为了保住皇位便杀掉竞争者。这样的猜疑心也可见于汉高祖刘邦所代表的很多王朝的建立者。

朱元璋和刘邦一样，希望亲族能守住王朝，给同一家族人封侯封爵分领土。这反而成为致命点，朱元璋死后，外加内部为争夺皇位乱成一团，结果北京的燕王（永乐帝）夺取帝位。明朝起于经济发达的江南地区，把都城定在南京。燕王（永乐帝）篡位后，又把都城迁回北京。北京不仅是永乐帝的根基，对压制元亡后的蒙古族也有重要的战略意义。

朱元璋通过捏造宰相胡惟庸谋反等一系列莫须有的事件，接二连三地肃清了周围的人。他为了进一步推进宋朝以来的独裁制，甚至废止了中书省及宰相，由皇帝直接统辖六部。军事方面也不设置专管军事的机关，而设五军都督府，直属皇帝。这是名副其实的皇帝独裁制，只是皇帝若非能人又怎能运作呢？于是不久便在侧旁设殿阁大学士（内阁大学士），作为参谋。刚开始大学士的官位并不高，不久便开始兼职高官，实权与宰相相当。

然而，明朝出现了比与宰相相当的大学士更具权势的人——皇帝近侧的宦官。中国史上宦官当权的朝代有后汉、唐代和明代。后汉和唐代的宦官有的甚至能决策皇帝的废立。但一般而言宦官的权力决定于皇帝个人，皇帝交更，宦官也就失势。尽管唐代的宦官与宰相联手，但这也只是个人的关系，是一莲托生的命运，容不得某一方失势。于是有了把民间权势者收为养子的办法，但成为养子的民间人士只是依附在宦官权势上，并不能帮其保存势力。

在后汉和唐代，宦官开始得势一般在王朝晚期权威失衡的时候。而在明代，宦官从建朝初期开始便在国家体制中占据重要地位。朱元璋设“秘密警察”锦衣卫，永乐帝设东厂，任命宦官执掌，让其指挥近卫监视他人活动。皇帝独裁通过这样的间谍政治得到保障。除此之外，还有宦官管理礼仪的机构——司礼监，明朝中期其甚至开始处理内阁呈给皇帝的文书。处理时，宦官被允许自行添加意见。如此一来，宦官逐渐开始掌握政治实权。这就是君主独裁政治的后果。

明在地方行政上沿用宋的做法，让布政使、都指挥使、按察使分别负责民政、军事和司法。中晚期，为了镇压地方动乱，又设都督和巡抚。这种做法被清朝沿袭，清末在列强侵略下日薄西山后，地方上涌现强大的势力，成为后来军阀的基础。

对皇帝独裁和宦官干政的抵抗

面对这样的皇帝独裁和宦官干政以及与此相连的官僚腐败，一些官吏作出了坚决抵抗。明代中晚期的海瑞便是其中之一。海瑞为官清廉、为人刚正诚实，为拨乱反正清除腐败而鞠躬尽瘁。在户部为官时，批评嘉靖帝醉心道教、不理朝政，而被罢官入狱。皇帝死后被释放，做了江南的地方官，后又限制宰相、高官持有的土地面积，收回多余，因此令权势者咬牙切齿，被迫辞官后蛰居家乡。

现代中国历史学家吴晗写就历史剧《海瑞罢官》，歌颂了他的政绩和人品。毛泽东却认为称颂这样的统治阶层的人物是弱化阶级斗争希望旧制度存续的修正主义思想，也是在批判毛泽东、替倒台的彭德怀申冤，于是“龙颜大怒”，对此进行了严厉批评，由此揭开了“文化大革命”的序幕。

16世纪末期万历帝即位，其在位初期的“宰相”张居正是明代数一数二的政治家。他平定与四方异民族的纷争，提高大运河的运输能力，精简官僚机构，消除浪费。尤其值得称道的功绩是，他在全国实行土地丈量（检地），把握准确的土地面积，普及了即要讲述的新税制一条鞭法。新税制的施行解消了财政赤字的问题，让国库转亏为盈。只是他能如此大刀阔斧改革，是因为他和万历帝、宦官关系紧密，掌握了绝对的独裁权力。晚年，他服丧期间拒绝辞官，于是利益受到损害的官僚以及对违反礼仪和独裁制保持警惕的人对他进行了猛烈抨击，其中便有东林党人。

东林党是反对明末独裁政治和宦官专权的士大夫、读书人，他们尽管遭到弹压，但也偶尔能夺得政权。东林党核心人物顾宪成在无锡（江苏）建立东林书院，通过讲学宣传思想，加强了志同道合者的团结。东林一名即源于此。东林党在被打压消亡后，江苏又出现了应社、复社等结社，巩固了士大夫团体。这些结社扎根当地，不仅包括朝廷中的士大夫，还包含许多尚未参加科举的“官僚预备军”和中小地主等各类人士，其影响范围很大。明朝灭亡后，结社还出现了一些抵抗满族（清朝）入侵的人士。

明朝末年，宫廷铺张奢靡、丰臣秀吉入侵、国内叛乱四起，以致财政不支。于是朝廷为了开发矿山而增加商税（所谓矿税之祸），把宦官直接派往全国各地。宦官在各地作威作福横暴至极，民怨升天。随着经济发展得到壮大的民间势力和上述的东林党对此进行了强烈抵抗。关于这点，稍后再述。

城居地主制和乡绅的出现

明王朝为了强化皇帝独裁，杀害了许多碍事的官僚和地主，又为了复兴元末荒废的农村，开垦荒地，努力创设自耕农。农民受里甲制（轮番管理里的制度，即十户为一甲，十甲为一里，还设里长户十户）管理，承担租税和各种徭役，据说里甲制的农民多为自耕农。不过，虽说元末动乱很激烈，但并没有瓦解宋代以来的大土地所有，其无疑一直延续到明。里长户的特别设置就是地主制延续的很好证明。

这种观点成立的基础在于明代中期里甲制瓦解，大土地所有得到发展，而先前的里甲制下又没有贫富差距。可是，明代中期发展起来的大土地所有并不同于宋以来的大土地所有。宋时其所有者住在农村，其中产生的士大夫不仅是朝廷官吏，还是乡村的首脑。明代中期出现的大土地所有者多从农村移居都市，成为城居地主，而明初以来居于乡村的地主则叫乡居地主。换言之，乡居地主开始向城居地主转型。

随着城居地主的产生，乡村里剩下的是地主的土地和佃户。但地主会派家奴去管理，再者城居地主一般不是官僚就是有官僚资格的人抑或是退任官僚，他可以命令地方官员去管理。甚至出现了专门收取田租和借款的专职人员。学界将这种地主兼官僚或准官僚的人称为“乡绅”（乡绅一词古来便有，明朝中期以后使用尤为频繁），认为乡绅社会的出现具有划时代意义。

城居地主是寄生型地主，他们对宋代至明初地主所关心的经营毫无兴趣。佃户由此摆脱了地主的直接欺压得以自立，渐次有了自己微薄的财产，于是可以越过地主进行联合。明末以后佃户的抗租运动（不纳田租的运动）此起彼伏，也是缘于上述背景。

城居地主的出现，也即地主移居都市的情况是商业都市发展的产物。城居地主虽是地主，但也从事商业并放高利贷，最主要的生意是把田租收来的米作为商品放到市场上去销售。后文将要提到的地方小市场，其控制者就是他们或是这一类的人。他们和官僚勾连，融通各处，利于买卖。官吏、地主、商人（同时也放高利贷）的三位一体是中国统治层的特色，乡绅的出现让这一特色更为明确。

银的流通和税制改革

城居地主的出现致使明初以来的里甲制瓦解，由此通过里甲制征收上交国家的税、役也变得困难起来，于是税制改革成为当务之急。里甲制以物品经济为基础，而新税制顺应商品经济的发展，要求上缴货币。前面讲过，元代的纸币流通是强制性的，明代无力继续维持，便用传统流通货币铜钱取代利于商业交易的银。银最初从日本等地输入。16 世纪后半叶正当中国经济发展之时，从马尼拉流入了大量的墨西哥银（西班牙银圆），使银得到更广泛的利用。于是，要求用银缴纳的税制得以实现。

新的税制称为一条鞭法，于明代中期的 1560 年代开始实施。原来的税制由两部分构成：以各家土地等资产为对象的物税，以及征发人的徭役。新税把从土地换算过来的地银和从劳动力换算过来的丁银合一，故称一条鞭（编）法。清朝雍正帝时期，即 18 世纪前半叶的地丁银制度继承了这种税制。地丁银的名称沿袭了以前的地银、丁银之名，容易让人误解。地丁银也称地丁并征，实际上是将以前的丁银部分并入地银，只对土地课税。地丁银的意义在于顺应了地主制的发展，只有土地所有者需负担租税。第10章已讲过，唐代后半期两税法的施行改变了古代以来的人头课税和徭役征发体制，持续到明代中期的两税法还保留了役，但民众征发的制度最终在明清期间瓦解。

只有在农民中也流通起银子，纳银的税制才能实行。此时期，民众的商品生产使农村内部也几乎有银子流通，只是在边境地区还存有部分自然经济，这种税制起到强制促进银流通的作用。

农民和商业关系日益加深，农村地区也广开市场，小商业都市发达。唐宋时期在某些农村地区虽也有过草市，但此时期称作镇、市、集等小商业的都市遍地开花，形成了包括邻近的农村在内的市场圈。同时，小都市之间构成市场网，与全国性的商人市场相联结。此时期建有全国性市场的大商人以新安（徽州的旧名，位于今安徽省）和山西最为有名。他们主要从事盐的买卖和金融业，也在江南农村手工业地区收购绢织物和棉织物等出售到全国各地。

商品生产、手工业和农民阶层的解体

如上所述，自明中期的16世纪开始，在江南的农村地区，原来作为农家副业的手工纺织发达起来，绢丝、绢织物，棉丝、棉织物等商品在全国销售。

绢织物一直是中国服装的原料，在自然经济时代，制于男耕女织的农民家庭。北朝、隋唐时期，作为庸、调需缴纳给中央政府。唐朝都市里还有过装备500台纺织机的作坊，主要给宫廷或富贵人家制作。顺便一提，虽然不知道工种，但据马可·波罗记录，元代杭州有过10～40人织工规模的作坊。据说这种作坊接受来自各都市的订单，至于有没有面向市场制作则不得而知。

《织工对》记录了明初杭州城外的一家纺织作坊。据此可知，四五台纺织机上有10余名雇工工作，这大概也是马可·波罗所记作坊之一。虽然不知道产品的销售方法和渠道，但可知已有面向雇工的自由劳动市场；明代期间，这种都市作坊产品的生产已是为了满足市场的需求。

棉花、棉布原产于印度，中亚地区早有引入，中国普及棉花种植是从元代开始。明代江南农村的棉工业作为新兴产业而兴起。日本后来种植的南京木棉便是此类。

农民的商品生产是欧洲资本主义发展的开端。农民手里的积蓄转化为资本，随而出现工场制手工业（manufacturing）。于是新中国成立后的中国学界有过一场明清时代的手工业是否“中国资本主义萌芽问题”的论争。例如，前面《织工对》中的内容是否可称得上萌芽也是讨论问题之一。这场论争尽管因“文化大革命”而中断，但观察当今的中国也就能理解这是重要课题的原因了。

日本的研究大家西岛定生考察了明代松江府（今上海市）一带的农村地区从农家副业兴起的棉织工业，得出结论：尽管江南的生产力显著提高，但剩余部分全被专制国家的苛捐杂税掠走，佃户被束缚在土地上的地主—佃户关系仍旧未变，只有零碎闲钱的农民面对垄断市场的商人的强大力量，只能低价卖出产品以获得货币，并如此往复。

田中正俊对此认为，生产力的发展把农民从自然经济中解放出来，让他们脱离手工业开始生产商品，并使其与商品经济挂钩，所以国家才得以用货币收敛民间财富。他还指出，这不是单纯的再生产，经过18世纪短期内的预付生产后，发展成19世纪的包买制预付生产。而且其地主—佃户关系也因抗租运动而几欲断绝。佃户抗租并不是迫于饥饿，而是遭受商品市场的打击，小农地位受到威胁。

但是田中也认为这最终还是不能证明出现了资本主义。如果真是这样，将要解体的小农该何去何从？一条路是成为长工或短工，另一条路是被都市的商店、作坊或农村的地主雇佣。只是资本主义生产方式尚不发达，劳动市场不免狭窄，劳动力过剩，有的人只能沦为奴婢。

都市产业种类繁多，江南尤以纺织业繁荣。特别是苏州又与周边农村地区的纺织业相连，成为制作完工和高级品制造的中心，自然也吸收了很多雇佣劳动力。纺织业被从皇宫派来的诛求矿、税的宦官介入，导致纺织作坊和批发商连连破产。

1601 年，“织佣之变”爆发，即遭遇失业危机的纺织工起义，他们得到一部分读书人的支持。

前已讲过，此前的读书人组建东林党，反对宦官恶政。1626 年东林党人周顺昌在苏州被抓，苏州民众立即一发而起，史称“开读之变”。因为官兵在把被告送到北京当众宣读圣旨时，引发异议，以致暴动。类似的民众起义在明末各地都有发生，总称“民变”。原来自给自足社会中相对孤立的民众，因商品经济而联合起来。由此可见，起义针对的是商品经济激化导致的社会矛盾。

明初，农村里乡居地主较多，一般使用家人或奴隶来从事农业生产。中期开始，移居到都市的城居地主增多，留在农村的乡居地主也还存在，并自营土地。他们把超规的直营地转给佃户耕作，在直营地上比起奴隶，更多地使用长工（长期雇工）和短工（季节性劳动力）以进行商业模式的农业经营。有学者认为这种经营在商业资本的压力之下趋向没落，而足立启二认为它有发展成富农经营的可能。或许他还认为其有发展成资本主义的可能性。

在这种情况下，无法否认的是，都市和农村中依旧满是穷困百姓和无业游民。这已成了非常时期滋生叛乱的温床。明末，江南各地民变、奴变（奴婢为主的暴动）等暴动多发，明朝也在全国性的农民叛乱中灭亡。明清时期，福建、广东一带很多华侨出海到东南亚一带，致使海盗猖獗，个中缘由农村崩溃的状况恐难辞其咎。

此时期开始，民众的秘密结社增多也可说是农民穷困导致的结果。秘密结社时常带有反社会、反体制的性质。清末孙文的革命运动也有受过结社的援助，国民党同此结社也有关联。

无业游民和下层农民一起参与了中国共产党早期的农民运动。国共分裂后，共产党从都市退到农村，比起都市劳动者，其更为注重组织集中农民的力量。红军便是由此而生，成了革命的核心军事力量。虽然民族资本主义的力量尚较弱小，但农民反体制的能量却是巨大无比的。这便是与资本主义道路相比，引导中国近代走农民革命色彩更浓的社会主义的原因，也是革命成功后毛泽东的特异政策出台的背景。

士大夫的思想和行动——阳明学的发展

自元朝以来朱子学成为科举取士的基准后，也成了国家的御用学问。朱子的学问体系本来就很致密，旁人难比其肩，被科举采用后，虽有大众追随，却失去了学问发展的空间。加之明代科举采用的是按部就班的八股文形式，应考者只求谙熟八股文，却丧失了进行独创性思考的能力。

打破这种停滞不前状态的是明代中期，15、16 世纪之交的王阳明。朱子所说的“理”（天理）普遍存在于个人内在以及世间万物。朱子重视释明所有事物的道理，不断扩充知识，而王阳明怀疑能否达至真理。某天他恍然大悟，开始主张真理本就存在于内心。相对于朱子的“性即理”，王阳明主张“心即理”；朱子主张人的心中有性和情，情即“人去欲则归本来之性”，也即天理，王阳明对心之情——人欲又是如何主张的呢？

此后的阳明学派中，有些人主张心本无善无恶，肯定人欲是自然之情。这不但否定了朱子学，连儒家本来的教义也否定了。他们被称作阳明学左派或王学左派。王阳明的高徒王心斋，原本从事盐业劳动，其弟子中也不乏农民、陶工、樵夫等，也就是说原本士大夫学习的儒学也开始向士大夫以外的民众开放了。

把阳明学左派发展到巅峰的是明末的李卓吾（本名李贽）。对于李卓吾之前的阳明学发展，第二次世界大战后不久，岛田虔次所著《中国近代思维的挫折》一书中有详细阐述。李卓吾重视“童心”，拒绝外部的既有道德对无邪内心的强制性影响，肯定人心欲望的“私”，道破“穿衣吃饭即是人伦物理”。岛田认为这是一种突破传统的思想自立，是对自我尊严的一种捍卫，标志着近代精神的诞生。不过李卓吾后以名教破坏者、危险思想携带者的罪名入狱，于狱中自杀。李卓吾本就厌恶党派之争，自杀表明了他的孤立无援。如果他持有近代精神，那这种孤立说明他出生得太过早了。岛田也指出这是因为支撑李卓吾个人精神的新兴阶级尚未成熟。

岛田的文章想证明中国也出现了欧洲式的近代，论点成熟，写于第二次世界大战后日本及亚洲、非洲的近代化运动蓬勃发展之时。重阅此书，让人感怀不已。不过，也有人批判岛田所说的肯定人欲的思想到底能否称得上“近代”，又能否说是“挫折”。

经世致用之学的定位

上述两种批判中的前者可归结于如何看待与朱子学合理主义发展的关系。关于此时期的儒学发展，一般认为阳明学走到了左派的终端，明末转型为经世致用之学的新学风。这种学风主要由东林党的读书人兴起。如前所述，东林党及其后学批判当时的为政者，但同时他们自己也偶尔为政以期重整王朝政治，所以与李卓吾等的礼教破坏水火不容。而且注重内心省察的阳明学一般被认为对实际的政治毫无作用。他们批判阳明学为空谈，而提倡多读经书和史书，做实际有用的学问。所以被称为经世致用之学。

从这样的经世致用之学中走出了黄宗羲、顾炎武、王夫之（王船山）等明末清初的大学者。他们不但抵抗满洲，在清朝建立后也不屈节、不为官，专心为学。经世致用之学的实践部分，由于异民族王朝的压制，仅在礼教的形式方面被后学继承。稳健诵读古典的学风被清朝的考据学沿承，经学自然在文字学、音韵学、文献学、历史学、地理学、天文学等领域留下了丰硕的成果。清末民初的罗振玉、王国维等在这些成就的基础上又增添甲骨、金文等新资料，探明了中国的古代史像，开拓了通往近代史学的大道。

不同于这种一般说法，沟口雄三认为始于李卓吾肯定人欲的思想经黄宗羲、考据学的颜元后被戴震发扬光大，并强调了中国思想史的连续性。他又认为人欲（私）被天理（公）所囊括所调和，中国近代革命才呈现如此样貌，所以并没有岛田所说的“挫折”，也不能在中国近代中寻求岛田所说的自我独立。

黄宗羲被誉为“中国卢梭”，其《明夷待访录》成为民权运动的启蒙性著作，极大地鼓舞了近代中国人。然而沟口认为黄宗羲的思想并没有否认君主专制制度，不能将其与近代的民权共和思想相提并论；他同时认为不能在中国寻求欧洲式的近代形态，中国的近代必须在中国历史中寻求。字面上看来，沟口的观点言之在理，但他太过于将中国和欧洲对立起来。欧洲和中国出现相似的现象本不奇怪。欧洲的民权思想也并非从一开始就采取共和主义的形式，而是在保留君主制中被提出被认可的。

沟口思想史的出发点也许是现在的社会主义中国；同样发展至社会主义中国的脉络也构成了他的思想史。历史学是人们用现在的观点去认知历史。关键是这种现在的观点是怎样的，从中又可引导出怎样的把握历史的方法。在过去的历史中寻找现在中国的特征正是沟口所提倡的史学方法。但同样作为历史研究者，我认为这岂不是把现在的状况已视作固定不变？而追溯过去的做法岂不是不能描绘包括过去时代所发生的各种事象在内的历史图景？当然，上述方法可以让人看到过去的一个横截面，而横截面又是至关重要的。

士人的学问、艺术和商人的关系

沟口有个重要发现：就连东林党人也认可肯定人欲的观点。其背景是明末经济社会的发展，特别是商品经济的隆昌给士大夫们提供了增加财富的机会。与此相关，在美中国人（不知道是不是美籍华裔）余英时（美籍——编者注）指出，明清间的士人和商人已经没有界限。古代商人处于士农工商的底层，如今转型为兼职商人、商人的士大夫逐渐增多，说明商人的地位提高了。

只是对于这种现象，余英时强调宋学以来的儒学倡导“世俗禁欲”，这符合商人的精神。他还指出明清商人诵读儒家经典并学以致用。虽不清楚世俗内禁欲的思想和沟口所说的肯定人欲的思想该如何整合，但可以肯定的是余英时的《中国近世宗教伦理和商人精神》借鉴了马克斯·韦伯的《新教伦理与资本主义精神》。虽然对韦伯认为的亚洲存有这种伦理持否定态度，但余英时借鉴其方法论，指出中国存在该种伦理。余英时也否认明清期间有资本主义萌芽，但认为这种伦理对同时代的商人产生过作用。

前已讲过明代大商人从事盐业，清代时盐业的基地也一直在扬州，新安（徽州）商人住在此地以盐商身份活动，由此扬州变得繁荣起来。清代扬州的盐商和佛罗伦萨的美第奇家族一样，赞助学者和艺术家，吸引了全国各地的学者聚集于此。因此认为清代考据学的主要代表几乎都在扬州也不为过。前面提到的戴震出生于安徽，获得同乡盐商和学者的资助后也留在了扬州。与戴震齐名的学者阎若璩的先祖本在山西经商，移居到扬州地区成了盐商，后世子弟多有中举。像这样的盐商家庭官僚、学者辈出，有力地证明了余英时的观点。

关于艺术，宋代以来文人画起源于士大夫的生活，元末四大家（黄公望、吴镇、倪瓒、王蒙）确立了文人画的南画（南宗画）风格。此时正值异民族王朝末年的混乱时期，所以不同于前代文人画只是士大夫的业余爱好，他们全身心地投入绘画中。后世清初的画家也是如此。

换言之，南画流行于明代的另一面即形式的确立，是明朝皇室出身的石涛和八大山人等规避亡国后恐遭打压的学问和文学，而寄郁积之情于画中，创造出超越潮流的个性化画风。雍正、乾隆年间（18 世纪）出现了郑板桥等被誉为扬州八怪的画家，他们把个性画发挥得淋漓尽致。他们也都是从别处迁往扬州，在自由洒脱的氛围中画出了杰作。

士大夫、士人和民众道德

中国统治阶层的核心教养是儒学。儒学是统治国家的学问，所以古来学习者仅限于士大夫、士人。然而进入明代，民众力量变强，民众意识也得到增强。如前所述民众有时对抗地主、士大夫，有时又与他们联合。于是明代士大夫为了教化民众，编集劝善书（善书），鼓励乡村内的民众学习。

民众教化的推进和善书的刊行始于宋代。宋代，作为政治家的士大夫源出乡村，又作为乡村权势者始与民众接近。北宋的吕大钧创制、朱子补订的《吕氏乡约》便是用来组织乡人学习道德的。明太祖亲自下达“孝顺父母”“尊敬长上”“和睦乡里”等“六谕”，国家也积极推动民众学习道德。

劝善书或言善书，其先驱有南宋时代的《太上感应篇》。该书主张人的行为直接招致祸福、左右寿命长短，具有浓烈的道教色彩。明代中期以后，士大夫、乡绅察觉乡村崩溃危机临近，刊行了很多善书。这些书不仅劝告民众实践儒学教义，也混杂着一些佛教的因果报应观念和道教的祸福、长生等观念，可见士大夫在鼓动民众时，也摄取了一些民间的道德与信仰。

善书中最有名的是“功过格”。该书将人的所思所为分成善（功）与恶（过），确定每项分数，每日、月末、年末统计分数以反省修身。奥崎裕司认为尽管该簿以最终的凶吉祸福为目的，但也告诉民众命运不在神灵手上，个人可以通过努力来自己掌控。

清朝的征服和政治

明代，返回北方的蒙古人势力仍然强大，明王朝因畏惧而称其为“北虏”。但取代明朝再次征服中国的是曾经建立金朝的东北女真族。他们在明代被称为女直，分建州女直、海西女直和野人（东海）女直。建州女直属于明朝设置的建州卫，实行自治，但其氏族制度已崩溃，出现了贫富差距，从狩猎生活变成农耕生活，以汉人、朝鲜人为奴婢。明末，女直中的努尔哈赤统一了诸族，将其编成八旗。八旗既是军事性的又是社会性的组织。努尔哈赤就汗位，国号后金（1616 年）。

努尔哈赤在明军的葡萄牙炮火轰击中负伤而死，继位的太宗（皇太极）征服蒙古，起用投降的汉人，建立中国式的行政机关，并在满洲八旗军事力量的基础上编成蒙古八旗和汉人八旗。由此，皇太极把满洲人的国家变成满、蒙、汉一体的多民族国家，国号改后金为清。

太宗死后，摄政王多尔衮掌握实权的同时，李自成也率领农民占领北京推翻了明朝的统治。清军在把守山海关的明将吴三桂的配合下，越过长城将李自成逐出北京，轻而易举地夺得了天下（1644 年）。太宗幼子顺治帝在北京即位，威加海内。顺治帝和多尔衮对外强调并非清夺走了明的天下，而是平定乱贼为明报仇。这是清作为异民族统治中国时的大义名分。

明末战乱动摇了王朝的统治体制，可随着清朝异民族统治的建立，奄奄一息的统治体制得以苟延残喘，这也实在滑稽。清朝继承了明代的独裁机构内阁和殿阁大学士（内阁大学士），在其上又设议政王大臣。议政王大臣由皇族和高官就任，与皇帝共议国是。雍正年间，新设军机处，任命军机大臣，成为最高级的国政机关。这些大臣都由皇族或相关高官担任，实行征服国家的统治。满洲人初期较朴素，禁止宦官参与国政，康熙帝时期宫廷费用缩减至原来的十分之一。

清朝制度中较独特的是密建皇储制度。中国人的家族制度是财产均分，儿子们平等继承，但继承皇位的只有一人，所以必须确定继位者。只是从家族制度来讲，不能像日本那样一概由长子继承，所以谁来继位事关重大。历朝历代中，为争夺皇太子之位引发了各种问题。一度立下的皇太子如行为不端或太过无能，便会产生废立问题。最麻烦的是围绕皇太子之位，大臣形成派阀你争我夺，从而引发宫廷内乱。

康熙帝执政期间，也为同样的问题而苦恼，临终之际指定后来的雍正帝为继位人。于是雍正帝不立皇太子，将选定的继位者名字放入箱中，放在宫殿“正大光明”匾额后，待皇帝崩后再开箱示众。据内藤湖南研究，多亏了这个制度，有意继承皇位的皇子们更加专心读书，为成为能者而努力。总之，清朝时期围绕继位者的争夺确实几乎没有发生。可以说这也有力地强化了皇帝独裁制。

只是，不管君主独裁制度如何完善，君主本人若昏庸无能，反而会在集权于一身的皇帝周围出现臣下专权或发生暗斗，难免滋生腐败。康熙帝时期平定了三藩之乱和台湾郑氏，统一中国。康熙帝和继位的雍正帝都才德兼备，奠定了清朝的统治基础。

吴三桂、尚可喜、耿继茂三位在清朝建国时立下功绩。清朝便分别授予三位汉人将军云南、福建、广东的领土，许其自治。康熙帝即位后，吴三桂和尚、耿之子掀起叛乱，即三藩之乱。康熙帝经长达九年的苦战终于平定，并且降服了与其联手的台湾郑氏，名副其实地统一了中国。此外，康熙、乾隆年间，朝廷讨伐了西蒙古兴起的准噶尔部，将西藏、新疆也纳入了版图。这些地区此前未必就在中国王朝的统治之下，清朝进行了领土重构，形成了几乎等同今日的疆域。这些领土中，除中国本土和满洲以外的蒙古、西藏和新疆等地都被称为藩部，属特别地区，由政府设置的理藩院管理。

康熙帝兴趣广泛，于中国文化方面也有很深的造诣，他动员汉人知识分子发起了大规模的文化事业，从而诞生了著名的

《康熙字典》等各类辞典。巨著《古今图书集成》将古今书籍中记载的事项进行分类，是一种百科全书样的类书，它由康熙帝发令开始编撰，完成于雍正帝初期。康熙帝还对西洋文化感兴趣，让耶稣会传教士制造大炮、制作历法，还命其执掌天文。受此影响，出现了一些学习西洋音乐、西洋绘画的人。康熙帝还命令传教士测量全国，制成举世瞩目的地图《皇舆全览图》。

清朝因财政安定，以康熙五十年（1711 年）的壮年男子数为基准，其后增加的人口称为“盛世滋生人丁”，对他们不征收人口税（丁银）。为此中国人口急速增多。在此措施下，之后的雍正时代制定地丁银制度，仅仅留下地银，废掉了丁银。

雍正帝为了遏制官僚的腐败风气，着眼于地方官在税收上弄虚作假中饱私囊的作风，令其将多收部分上缴国库。转而除俸禄外，由中央支给他们“养廉银”（只是不久弄虚作假中饱私囊的现象复现了）。

清朝虽然清理了宦官的弊害，但雍正帝从八旗军队中选拔出青年以侦探臣子们的行动，重兴密探政治。大概作为专制君主，不掌握天下的所有情况怕是难以放心。于是雍正帝又在地方上任命总督、巡抚等，要求在派往地方时一定由皇帝亲自面会。总督、巡抚在地方任职后，必须提交书面报告书、意见。皇帝亲自朱批送返，让他们诵读后再回收。这些报告长年积累，最后出版成《雍正朱批谕旨》，从中可看出雍正帝精励恪勤的态度和当时的政治景况。

雍正之后的乾隆年间，中国疆域达到空前辽阔。康熙帝的文化事业也被继承，这期间出现了收集影印中国古今书籍的《四库全书》。康熙帝在位 61 年，乾隆帝执政 60 年便退位，为的是不超过康熙帝的执政年数。两人都创造了中国史上最长的在位记录。此时期虽被称作康乾盛世（康熙帝长寿，雍正帝执政时期短且寿命也较短），但乾隆帝时期清朝已经现出没落的端倪。尤其是借着皇帝权威而狐假虎威的权臣专横跋扈、腐败不堪，加之偶有发生少数民族叛乱，乾隆帝退位之时便爆发了白莲教之乱。该叛乱是鸦片战争之前最大的起义。鸦片战争之后发生了太平天国。

乾隆帝让位是在 18 世纪末，进入 19 世纪后英国要求开港，人们开始议论鸦片的毒害，最终由于在 1840 年的鸦片战争中败北，清朝衰败，中国开始沦为半殖民地。

清朝的异民族统治和民族问题

清朝统治之际，在北京以及长城沿线、大运河沿线、长江沿线、华南海岸沿线等重要地区配置了权力根基的八旗，给予旗地让其安居乐业以维持治安，史称驻防八旗。不久旗人接触汉人风俗，生活费用膨胀，甚至有人把旗地当掉或变卖。到清末，驻防八旗的作用已经丧失殆尽。

疆域中，满洲（今东北）是清朝兴起之地，移居至此的汉人增多，满洲人（旗人）的生活开始受到压迫。中期开始，清王朝实施封禁政策，禁止汉人移民，以保护王朝发源地。然而到了清末，为了防范从北方西伯利亚南下的俄国势力，无奈只得开发边境，便又开始鼓励汉人移民，遂有了今日汉人人口远超满人的情况。

清建立时，明朝遗臣在南方很不安分，不服满人统治。于是为了抑制汉人的民族抵抗情绪，清强行要求他们着满人服饰，梳满人发辫。满式发辫留下头发的中间，剃光周边，把剩下的头发扎成辫子垂在后面。汉人以此为辱，屡次发起暴动抗议，但面对清王朝的强硬态度最终还是被迫顺服。后来太平天国时，参加者都留长发作为反清标志，因此被称作长发贼。而满人服饰依然作为中国服的标志流传至今。

明末以来，汉人读书人的政治运动颇为频繁，清朝为了戒备，对在运动中发挥核心作用的书院、结社以及通过出版来宣传政治思想的书店予以禁止或统制，竭力使这些机构朝向支持清朝统治的方向发展。如此一来，读书人逐渐被怀柔，开始专注于思想性不足的考据学。康熙帝启动的文化事业也有争取汉人读书人支持的目的。另一方面，读书人的言行依旧受到严密监视，尤其是雍正年间，笔祸事件接二连三，史称“文字狱”。乾隆帝在制作《四库全书》的同时，也检阅内容制成禁书目录。

清朝最为戒备的是“华夷”有别观念。康熙帝及之前的清朝皇帝鼓励满洲人和汉人的通婚，采取向传统同化的方针。雍正帝以后，包括诸民族在内的中华帝国开始主张清朝的正统性，就像汉族以外的民族执政也别无二致的元朝一样，并用礼教将满、蒙、汉等一体化，将不习礼教的西洋人、穆斯林及准噶尔和缅甸人等视为外夷。雍正帝自著《大义觉迷录》强调君臣大义超越华夷之别，以维护满洲王朝的权威。

尽管如此，清末的起义军和会党（秘密结社）仍标榜民族主义反抗满洲王朝。孙文的三民主义中的民族主义，起初是以颠覆满洲王朝为目的的“驱除鞑虏，恢复中华”，很多参加革命运动的读书人对此深为共鸣。该民族主义在辛亥革命推翻清王朝后，演变成五族共和论（主要五族汉、满、蒙、回、藏协同运作的共和制）。在金压迫的宋代以后，汉人的民族主义经久不衰，其中不乏五族共和论、传统的中华思想以及华夷思想的不悦之气。

然而在孙文领导的革命实践中，这种陈腐的民族主义被改造成反帝国主义的近代民族主义。五族共和论原也是主张华夷和睦的大中华主义，但其也逐渐向承认少数民族自治、自决的方向演变。于是孙文突破旧观念、树立新思想、实行新行动。近代性的东西和新事物虽是从外面（如西洋）学来，但如果只是嫁接在旧社会的树干上，旧事物依然会留存。可以说，中国是从根本上通过对旧社会的变革以寻求新生。

13

东亚的“大航海时代”

——庶民的交易活动和国家的干涉

“大航海时代”和新的国际关系

唐朝中期开始，穆斯林商人已经航行至中国南方的开放港口，进行商业贸易；住在中国的新罗人和本地商人也有出洋。这样的情况持续到宋代且更为活跃。为此，形成了东到日本，西至印度、非洲的广阔贸易圈，与地中海可能也有贸易往来。

穆斯林商人海上交通的意义，前已讲过，它标志着“大航海时代”的开始。“大航海时代”一般指16世纪时期开始的欧洲人的海外发展。但这是欧洲中心的视点，实际上穆斯林商人是更早的大航海时代的先驱。

穆斯林商人开拓的航路也将中国人卷进，使中国和印度、东南亚之间的贸易关系变得紧密起来。在此之前，由于中国的中心在北方，除越南以外的东南亚地区对东亚来说是属于印度文化圈的另一番天地。此后，东亚和东南亚逐渐开始了贸易往来。

此时期之后的东亚历史还发生了一个更大的变化。之前活跃在该海域的是东西洋商人，唐以前的国际关系主要是像日本遣唐使这样的国与国的关系，而此时期建立起了以庶民为主角的新型国际关系。佛教僧侣通过商人开辟的航路来往于日本、朝鲜和中国，在这条航路上甚至可以看到亡命的中国王朝遗民。伊斯兰教从海陆两条途径逐渐扩大了在中国的影响范围。由此可知，此时期庶民之间的交流必须受到足够重视。

商人的交易受到国家的干涉和统制，同时国家行为的背后也常常伴随商人的活动。国家如果压制民间商业，民众则变作海盗进行抵抗。商人之间的国际交易不同于国家关系，它经常会建立起跨越国家范畴的民间纽带。正如后文将要讲的，海盗很多时候也有多国党徒混杂。

宋元时期的南海贸易及管理——市舶制度

来到中国的穆斯林商人，从阿拉伯、伊朗各港口出发，经印度及东南亚各地，把其中的贵重货物带到中国。他们所带来的香料、象牙和玳瑁等又被中国商人输入日本。这些货物之贵重早引起中国及日本统治阶层的重视，在唐代已经设有管理贸易的市舶使，中央派遣而来的宦官、割据地方的节度使都企图从中捞取好处。

唐代的市舶使于714年（开元二年）在广州设置，但它并没有定制化，很多时候由节度使和宦官管理贸易。宋初设立市舶司，其长官在初期由州官或上一级路的转运使（负责财务）兼任。北宋末期，据说设有专员——提举市舶（市舶使）。

宋代设置市舶司的有广州（广东）、泉州（福建）、杭州（浙江）、明州（浙江宁波）、密州（山东）等。广州、泉州、杭州和明州是商人的进港登陆地，也是中国商人出航的港口；密州由于在唐代是新罗人的殖民地，所以在宋代成为联系高丽的交通要地。杭州和明州的市舶司在某一时期后被废止，杭州、明州、温州（浙江）、秀州华亭县（江苏松江）[①]、江阴军（江苏嘉兴）等地有行政机构市舶务，由各地的地方官来管理市舶业务。

市舶司的职责是征收船舶入港之际的“抽解”税。“抽解”按照船载货物价格的一定比例征收，约为十分之一，有时也会因货物种类不同。另有“榷买（博买）”，即政府购买专卖品的行为。专卖品中包含有犀角、象牙、玳瑁、珍珠、珊瑚、玛瑙以及各种香料等，还有非洲、印度、东南亚产的珍贵

① 松江县于1958年11月划归上海市；1998年2月经国务院批准撤县设区。

物资。政府还能购买特需物品。有时，船主也会主动捐献一些物品给政府作为“进贡（进奉）”。这些结束后，官方才允许海外商人和民间商人进行交易。

南宋时期，以上贸易品的直接课税和专卖所得利益甚至一度占到年收入的五分之一。所以政府大力鼓励外国商人来通商和中国商人出海经商。前面讲过，来到中国的穆斯林在开港都市建立集中居住区“蕃坊”，蕃坊也受市舶司管理。不过蕃坊内的日常生活和仪式活动则由居留民自治，市舶司通过蕃长与他们接触。市舶司的负责人有时与舶来的船主、蕃坊的权势者开宴共饮，以促进贸易的繁荣。中国商人出海经商需要的证明凭证也由市舶司发行。

如前所述，中国船只装有“指南针（罗盘针）”，那时人们已经懂得利用季风了。罗盘针由中国人发明，而关于季风的知识据说是由公元1世纪的埃及人普及开来，将这个知识带到中国的大概也是穆斯林吧。广州有个叫怀圣寺的清真寺，每逢五六月份吹西南风的时候，蕃坊的穆斯林就会攀登此塔，遥望船的到来，祈祷一帆风顺。泉州的市舶司长官和地方官还会举行“祈风典礼”，每年四月，十月或十一月在泉州西北郊的九日山寺庙中举行。九日山中的石头上仍然留有相关刻录。四月祈求顺风西南风，祈愿船舶入港，十月或十一月祈求东北风，希望船舶出海平安。

元代，南海贸易依旧繁荣，也继续沿用市舶司管理贸易的制度。只是元朝的皇族和贵族们纷纷出资企图独霸贸易，甚至禁止一般商人经营海外贸易。这种政策倾向可以说是明代官方贸易和海禁政策的前兆，但不同于明代的是，元代海外贸易的基础是民间商贸船只的往来。

元代有个叫蒲寿庚的名人，是泉州的提举市舶。他原本是蕃坊的居留民，因而有人怀疑他是伊朗人，后来出人头地成为中国官吏。他之所以能长保职位，是因为和元朝势力联盟，掌管海外贸易。他们监督前来通商的穆斯林商人和从泉州出发去海外的中国商人，从中攫取利益。

前章说过，元出征日本和爪哇相继失败，而出征的目的是为了建立国交、扩大贸易。日本北条氏虽然拒绝了国交，但后来去元代中国的日本商人和僧侣（尤其是禅僧）很多，元也都接纳了他们。足利尊氏也为了筹集建造天龙寺的费用，于元末派遣了著名的天龙寺船。实际行船通商的则是博多商人，幕府负责护航。此时期，西日本至朝鲜沿海一带日本海盗（倭寇）猖獗，甚至波及中国沿海。

贸易古船的发现

1974 年，泉州港湾地区发现了一艘推测是南宋末年的古船。残留下来的部分长 24 米有余，宽 9 米多，船舱之间用墙板隔开，外板上重叠堆有两三张板子。所载货物中最多的是香木和胡椒，其次是陶瓷器和铜钱。香料产自印度、东南亚以输入中国，陶瓷器等物是中国输出国外的，它们都集于一处，可见香料是转经中国输出别处的。那么该船可能是日本驶往朝鲜的船。船只现已被复原，陈列在泉州海外交通史博物馆。后泉州又在 1982 年发现了南宋时期的古船。

1980 年在浙江南部的温州至连通外海的河川畔，出土了南宋时期的古船。所载货物多是铜钱和铜镜，有人认为这也是运往日本的。然而，中国的陶瓷器和铜钱不仅仅在日本，在东南亚、非洲等地也有大量发现。中国的铜钱和日本一样，在各地被用于商品买卖。在中国，相对发达的货币经济可谓促进了周边地区的货币流通和商业发展。

1976 年，在韩国西海岸的新安海域捞上一艘沉船。根据船中的木简可知属于 14 世纪初年的元代，从宁波（明州）出发航往日本，装载着送给博多和京都东福寺的物品。日本当时进行贸易的主要目的是筹集营造寺院的费用，所以也有人认为这是一艘日本国船，但从船的结构来看可判断是中国的。所载货物中有很多陶瓷器和铜钱，陶瓷中尤以深受日本重视的龙泉窑青瓷为多，所以有人判断货物从临近龙泉县（浙江南部）的温州装船，在宁波小歇后开往日本。估计从温州装船的货物在宁波有过售卖。船中还载有三个高丽青瓷，所以也有可能是经由高丽然后前往日本。

宋元时期，日本的中国贸易在宁波进行。日本的大宰府里也住着宁波商人，宁波建筑物的墙壁上至今还记载着南宋时期的日本商人给故乡寺院捐赠修缮费的故事。新安船方面，在韩国远海发现了从宁波开往日本的船只。新安船有可能在高丽停留了，但即便没有，也能充分说明当时日本、中国之间的航线十分靠北。

遣唐使船起初穿过朝鲜半岛的海面，取道路途较短的黄海，前往山东半岛。日本和新罗的关系恶化后，开始走东海中部航线，很多船都遭遇海难。据说欧洲古代和中世初期的船只也是沿海岸线航行的。《唐大和上东征传》记载 748 年鉴真漂流到海南岛时，居住在该岛东部的某大首领（土著豪族）每年掠夺“波斯船”，将船员变为奴隶居住在村庄里。此处所记波斯船可认为是穆斯林商船。好像还有其他成为海盗的豪族。来中国的穆斯林商船或许是穿过靠近陆地的浅海，航行在海南岛附近。因此，我认为宋元时期日中间的航路也多偏北，接近朝鲜半岛。

宋元时期的日中交流与遣唐使时期相比较为消沉，但实情如上所述，大量的陶瓷器、铜钱、香料、药材输往日本，僧侣往来也很频繁。入宋僧奝然向北宋宫廷详细介绍了日本的情况，带回了承继印度马图拉样式的国宝释迦像（嵯峨野清凉寺藏）等物。成寻以高龄渡宋，著有《参天台五台山记》。因为镰仓幕府保护禅宗，荣西、道元等禅僧纷纷留学，中国禅僧也相继来日。镰仓的建长寺、圆觉寺都是这些宋禅僧开创的。

明代的朝贡贸易和海禁政策

明朝一成立，朱元璋（洪武帝）立刻派遣使节出访各国推动朝贡。其目的是把以蒙古人为中心的世界重组为以中国皇帝为中心的世界，改变华夷关系，以期恢复中华帝国秩序。几乎同一时期，明朝开始实施禁止中国沿海地区百姓出海的海禁政策。海禁政策最初是为了禁止百姓和在沿岸地区横行霸道的元朝残余势力、倭寇相勾结。同时与前朝以来的通商政策的变动也有关联，如果一旦恢复了与外国的自由通商，那么好不容易建立起来的朝贡体制或许会土崩瓦解。于是明将海禁政策和朝贡体制捆绑起来，只允许进行朝贡附带的通商活动。

明王朝除最为信赖的朝鲜（李朝）和琉球之外，给其他各国一定数量的勘合符，命令朝贡船只携带。明核对朝贡船的符文后才授予贸易许可，而且对贡期和船数都有事先规定。朝贡使和随船的商人们在宁波、泉州、广州三地市舶司接受检查后，上京进献贡品，再待朝廷购买完毕，才被允许普通交易。

明廷虽也会回赐（回礼），但这本身也含有交易的意味，而且还有官府购买，所以可认为几乎等同于国营贸易。

尽管如此，不可否认的是和中国商人积极向海外发展的前代相比，这种做法是被动、消极的。仅在永乐帝时期，郑和率领船队远征，多达七次。郑和船队经东南亚、印度、阿拉伯，最远抵达非洲东海岸。这种海上活动对中国而言可谓空前绝后，其目的是为了推动各国朝贡，依旧沿袭了建朝初年以来的朝贡体制和国营贸易相结合的方针。

向明朝贡的国家，当然是为了获得贸易利益。以日本为例，足利义满听取了一位博多商人的劝告，向明派遣使节，从明朝皇帝那里获得“日本国王源道义”之位（古代以来的说法则是册封）。此后，足利将军还以源某之名纳贡，但派遣遣明船的实权落入细川氏和大内氏手中，而细川氏和大内氏又分别以堺商人和博多商人为后盾。初期，细川氏和大内氏共同负责船只航运，不久后二者开始竞争。1523年，两方在宁波发生争执，结果发展成一起杀伤明官员事件。之后，在受到严格限制的情况下，大内氏坚持了一段时期的派遣，但随着大内氏的没落，遣明船被废止了。

顺道一谈，在日本写国书、担当正使和副使的是当时有学识的僧侣。天龙寺僧人策彦受大内氏派遣入明，留下了一本非常详细的《策彦入明记》。

各国的入港地都有规定，宁波是日本的入港地。琉球的入港地最初是泉州，后来改为福州，福州设有市舶司。广州是暹罗等南海诸国的入港地。

琉球在明初分裂为山北、山南、中山三国，分别向明纳贡，15 世纪由中山王统一。中山王很快受明册封，获得了明提供的船舶、人才，从事中国贸易，因此对明的朝贡次数也远远多于其他各国。明自从实施海禁政策以来，变得无法随心所欲地获得南海各国的物产，而琉球居于连接东南亚和中国的有利位置，因中转贸易而得以繁荣。

明末，民间商人的贸易得到认可，朝贡贸易衰落，不过琉球的贸易属于国营贸易，所以朝贡也一直持续到了明末。只是中国商人开始直接和东南亚通商后，琉球中转贸易的利益有所减少。正当此时，日本萨摩军入侵琉球，要求琉球臣服日本，而同时却又承认琉球对中国的臣服。所以琉球的朝贡一直持续到了清朝。幕府公认了这点，并且在日本锁国后，通过琉球轻松获得了中国商品。所以说，日本和中国的交易并非只有长崎的贸易。

私人贸易和“倭寇”

明朝的贸易统制和海禁政策可以说是宋元以来国家干预贸易的极端体现。但是，国家的干预正是建立在民间贸易活动的基础上，无视明朝民间贸易的单方面统制中隐藏着巨大的矛盾。这个政策剥夺了一直以来从事海外贸易的中国沿海（特别是浙江、福建、广东等）百姓的生计。所以出海进行秘密贸易、放弃国内生活移居海外（特别是东南亚）的人逐渐增多。

对此，明朝只是动员军队进行严格管制，秘密贸易从事者也武装对抗，甚至有些人时而进行双赢的和平贸易，时而摇身一变成为海盗进行掠夺。这种海盗沿袭元代以来的叫法，被称作倭寇，但实际上日本人只占少数，多数是沿海的中国人。所以为了区分，将元末明初的称为前期倭寇，明代中期以后的则为后期倭寇。

移居海外的中国人违反了海禁，所以不能再回国，他们被称为华侨。华侨从中国人海外贸易繁荣的宋代开始增多，明代以后增势尤为显著。他们中以福建人和广东人居多，一般按出身地形成组织而互相援助。他们凭借中国商业的先进经验，在东南亚一带甚至掌握了所在地的经济实权。

后期倭寇最为猖獗时是16世纪的明嘉靖年间（1522～1566年）。此时期，特别有名的倭寇根据地是浙江海上的双屿岛和福建南部漳州的港城月港。嘉靖初期，倭寇头目联合葡萄牙人在双屿进行秘密贸易，从此以后双屿成为倭寇据点。葡萄牙人不久之前到过东亚，希望与中国通商，不但遭拒而且在广东遭遇炮击，因此才开始同中国人秘密通商。中国人又邀上日本人，双屿遂成为诸人种进行跨境交易的中心。

针对这种情况，中国政府派朱纨去清扫倭寇。朱纨击破有超过两根船桅、可以进行远洋航行的大船，袭击了双屿岛，摧毁了倭寇的根据地（1548 年）。朱纨明白倭寇背后有乡绅支持，但他没有作任何妥协。双屿被摧毁后，浙江、福建沿岸的乡绅和与此有关的官僚们，开展活动排挤朱纨。朱纨受到弹劾，最终被剥夺官职，自杀而亡。

葡萄牙人后来取得在广州、澳门贸易的许可，1553 年前后开始在澳门安定下来，也获得了明朝地方官的许可。最初，他们通过上缴贡金获取租地权，19 世纪又借着鸦片战争以后的风潮，对澳门实行殖民统治，直到最近（1999 年）才返还中国。

倭寇头目中最为出名的是王直。王直是安徽人，这点确凿不假。也有传言说他经营盐业时破产了，从小就是个任侠、无赖等等。徽州是明代首屈一指出大商人的地方，很多人从事盐业买卖。王直是其中的失败者，所以转身成了海盗。或许是出身的缘故，他有一定的教养和资金，擅长调停海盗间的矛盾，又好救济穷苦人而深得人心。

起初，王直来到双屿，加入海盗集团，后来去了日本把博多海商也带进双屿贸易。由于这层关系，双屿被摧毁后，他把根据地迁到日本的五岛，自己在平户建起寓所，如今当地仍保留遗址。如此这般，他联合日本、中国的海盗经常骚扰浙江海岸；后来还和平户领主松浦氏和浙江沿海的乡绅、官僚联手。

无论是日本领主，还是浙江的乡绅们都企图通过投资倭寇获取海外贸易的利益。然而，王直和这些乡绅、官僚的交流成了他没落的原因。负责对付倭寇的明代官吏胡宗宪，命部下前往日本直接和王直接触，谎称只要回国便准许贸易。王直信以为真，回国后即被处死（1559 年）。

王直死后，其部下势力逐渐衰落。但倭寇在福建、广东等南方海域重整旗鼓，把漳州作为中心。宋、元及明朝初年，泉州尚还是该地区的通商口岸，明中期开始琉球的朝贡贸易移到福州，漳州则成为秘密贸易的中心。倭寇中有相当多的漳州人，浙江方面的倭寇衰落以后，他们开始活跃起来。

在漳州，1561、1564 年，发生了所谓月港二十四将的叛乱。对于 24 人的性格，学界众说纷纭，但他们合集资金、制造大船、出入海上与倭寇船只和葡萄牙船只进行贸易的事情确定无疑。担心倭寇猖獗的官吏强化了武力镇压，于是 24 人揭竿而起，参加者众是因为人们的生活与贸易紧密相连。归根结底，用剥夺百姓生活的方式来维持治安本身就很不合理。叛乱虽被镇压下去，但 1567 年，持续多年的海禁终于解除，沿海居民的海外出航变成合法行为。这对明政府来说，多少有点亡羊补牢的感觉。

在允许私人商船出洋的漳州，船舶出入之际，必须缴纳水饷和陆饷等税，这些税根据船的大小和货物重量而定。另外，此时期开始，远航到菲律宾马尼拉的所谓吕宋贸易船开始增多，对于它们则有特别税种征收。

当时属于西班牙殖民地的菲律宾，引进了在美洲新大陆开采的大量的银。出洋到马尼拉的中国商贸船把这些银带回中国大陆。同时期，葡萄牙人输往日本的银，再从澳门转到中国大陆。如前所述，正是这些银催生了中国一条鞭法以至地丁银的银税制。

郑成功一族的抵抗

17 世纪初，继葡萄牙和西班牙之后，荷兰人也来到了东亚。他们以印度尼西亚的雅加达为据点，在中国海盗的引导下占领了台湾南部。明虽然准许一般商人出洋，但仍然禁止出航日本。所以早前和日本有交易的中国人，依旧从事秘密贸易和海盗事业。

这样的中国人海盗中，有个福建出身的郑芝龙。他年轻时候便来到平户，娶日本女性为妻，生有一个儿子。这就是后来的郑成功。郑芝龙在日本和雅加达之间的海域横行霸道，袭击了福建沿岸几次后，不久便被招安，反而协助明廷讨伐海盗。由此海盗被一扫殆尽，他成功取得了东海的制海权。

明清更迭后，郑芝龙向清投降。这固然是为了维护既得权益，可郑成功不从，夺走父亲的制海权，坚持抗清。他占领泉州和漳州之间的厦门，以此为根本，与日本、台湾、吕宋和东南亚各地进行交易，博取巨额利益。清见郑成功的势力和沿海地带的人相通，便发布“迁界令”，强行将沿海居民移居到30里外的内陆，在沿海地带制造了无人区。

因此粮草被断和缺少人员的郑成功，遂将视线投往对岸的台湾，驱逐掉荷兰人后把根据地迁移至此。他死后，长子郑经统治台湾，伺机以待准备反攻大陆。三藩之乱时，他联合三藩势力占领了福建沿岸。只是三藩之乱平定后，其又被逐回台湾，不久便去世了。虽有幼儿续后，只是郑氏大势已去、无力回天，1683年投降清朝。由此，倭寇以来的中国沿海民众的自由活动落下帷幕。

前一章曾讲到明代遗民抗击清军，其中有逃亡至日本者。最广为人知的是朱舜水，他加入郑成功部队后，毅然决然去了日本，被水户藩重用，影响了水户学。僧隐元也是亡命者之一，他仿照故乡福州的黄檗山万福寺，在宇治创建了一座同名寺院。该寺院至今仍保存着中国禅寺的建筑样式和佛教仪礼。

清朝的贸易政策和欧洲人的到来

清朝平定台湾后，废止了迁界令，准许沿海百姓与外国通商，也允许他们出洋，在广州、厦门、宁波、镇江设置“海关”，使之成为继市舶司之后的征税机关。不过，清有指定洋行即特许商人，使其为出洋商人作保，让其负责出洋手续及缴纳税赋等事。洋行商人自己也投资海外贸易，所以在通商港口持有特权的大商人势力越发强大起来。

除此之外，清也沿承了明的朝贡贸易。所以福州依旧是琉球的入港地，广州仍然是东南亚诸国的入港地。也就是说，清代时，朝贡贸易和民间的互市贸易同时存在。不过虽说是朝贡贸易，东南亚地区很多时被商人贸易所利用。

如前所述，明末以葡萄牙人为首的欧洲人出现在中国沿海，他们绕过好望角，越过印度洋，驱逐开穆斯林船队，沿着穆斯林曾经开辟的航路，最终抵达东亚。葡萄牙和西班牙在进行贸易的同时，也伴随着耶稣会传教士的传教。继圣方济各·沙勿略在日本传教后，中国迎来了利玛窦。

基督教在中国的传教和佛教一样，面临着如何处理与中国传统思想和仪礼的关系问题。耶稣会向传统妥协，由此得以接近宫廷，较之传教，他们更多在传播欧洲学术，在地图学、炮火术、天文学等领域作出了巨大贡献。可对于传教，步耶稣会后尘的其他会派反对向传统妥协，引起了天主教会内部的典礼问题论争，教皇支持后者，耶稣会败北。传教问题在中国宫廷内部也频频被非议，基督教徒遭受压迫，致使传教效果欠佳。

贸易方面，中国政府对欧洲人也持有戒心。清代，继荷兰人之后，来华的基督徒络绎不绝，清朝遂于 1757 年将通商港口限定在广州一个口岸。而且将和广州外国人交涉的权利委托给被称作十三洋行或公行的少数特权商人。宋元以后，虽然中国的民间商人非常活跃，但作为中华世界的统治者，国家仍旧没有改变将一切活动置于自己统制下的态度。民间商人中又诞生了特权商人，他们与政府相通，所以在清朝出现了这样的体制。

起初，荷兰和英国的贸易在本质上和东亚世界自古以来的商业交易并没有什么不同。而且，荷兰和英国都授予东印度公司垄断亚洲的贸易，这和清朝的统制有异曲同工之处。只是，这阶段中国仍然对传统文化充满自信，对欧洲的物资没有需求。而欧洲在 17、18 世纪对中国尤感兴趣（此时欧洲人的中国趣味被称为 chinoiserie），陶瓷器等也进入欧洲。特别是由于对茶的需求异常大，东印度公司开始大量引入中国茶，而作为代价必须支付白银。为了消除贸易差额，东印度公司着眼印度产的鸦片，借助从事私人贸易的商人之手将其卖进中国，向中国注入鸦片的毒害。于是清朝官僚们开始讨论禁止鸦片的引入问题。

正是这个时期，英国产业革命进行得风生水起，对广大的中国市场虎视眈眈，却被清朝拒绝了进行自由贸易的要求。另一方面，英国撤销了东印度公司的贸易垄断权，产业资本家们的意向开始直接反映政府的亚洲政策。其结果是，英国以中国烧毁鸦片为口实，于 1840 年发动鸦片战争。众所周知，这场战争成为中华帝国走向解体的导火线。

中国近现代史的历程

鸦片战争后，中国被迫开放广州、厦门、上海等五个通商口岸，割让了香港；在关税上失去自主权，承认领事裁判权，允许在通商口岸建立不受主权干涉的租界。以上即是不平等条约。紧接着，英法两国通过发动第二次鸦片战争，强逼清政府增加通商港口，允许外国舰船在长江航行，允许基督教传教，并进一步扩大了香港的割让范围。1894、1895 年的日清战争（中日甲午战争）后，日本取得辽东半岛和台湾等地，获得了在清国经营制造业的权利。列国以此为契机，19 世纪末开始争先恐后地瓜分中国领土以作租借地，并掠夺矿山开采权、铁道铺设权等，为外国企业的进入铺平道路。当时的中国状况被称为半殖民地。

然而另一方面，中国内部发生了太平天国、义和团等反清排外运动。继主张学习外国的洋务运动后，对传统体制的改革、革命运动前赴后继。康有为的变法虽以失败告终，但孙文等人的革命在乡绅和军队中引起共鸣，终于在 1911 年掀起辛亥革命，推翻了清朝，结束了超过两千年的封建王朝统治。

辛亥革命后中华民国成立，但中国社会的旧体质（半封建社会）仍然未变。不过随着第一次世界大战的爆发，中国反帝国主义的民族主义运动高涨，在俄国革命的影响下，诞生了中国共产党。又以“文学革命”为中心，兴起了革新本国文化的新文化运动。

中国以对文化的根本性革新开始的社会改革中有值得日本人深入思考的地方。当然相比于日本，中国自古以来一直都由知识分子执掌权力，用儒教维持体制，所以相对来说迅速意识到文化变革的必要性比较容易。毛泽东的“文化大革命”虽说属于权力之争，但其中也伴随着为夺取权力而有必要从文化方面改善体质的意识。

言归正传。以反帝国主义为首，各种运动和争论蓬勃高涨时，孙文领导的国民党吸纳共产国际的建议与共产党合作，从广州出发开始北伐。孙文在北伐前去世，国民党新领导人蒋介石在北伐途中与共产党决裂，1928 年进入北京统一了中国。而此时正值“世界大恐慌”（1929 年）的前夜。在前些年便开始面临经济危机的日本出兵山东阻挡北伐，又炸死了东北（满洲）统治者张作霖。之后，由于日本占领了东北，势力范围延伸至华北，国民政府内与共产党战斗，外受日本侵略的威胁。

1936 年西安事件爆发，蒋介石被张学良等指挥的前线部队抓获，被迫停止了内战，再度进行国共合作，表示愿意接受全民抗日。翌年，日中战争开始，不久这场战争便被卷入日、德、意的法西斯阵营和英、法、美、苏等对阵的第二次世界大战。随着世界大战的终结，中国迎来了胜利，国共内战后国民党迁到台湾，共产党和毛泽东在1949年宣布成立中华人民共和国。

中华人民共和国建立后，数度进行了政策路线变更，这其中也有权力斗争的原因。特别是“文化大革命”引起巨大的混乱，降低了生产力。毛泽东去世后，邓小平主导了改革开放政策，向社会主义体制导入了市场经济原理和经济自由化政策。改革开放政策无疑极大地增强了中国经济实力，但同时也留下了地域间和个人间的贫富差距，特权滥用，贪污腐败及如何听取人民意见等问题。其中最大的问题是经济政策和政治权力之间的矛盾，政治改革虽然也已提上议程，但因与社会主义体制的关联，实行起来举步维艰。

大陆与台湾之间也遗存问题。众所周知，中华人民共和国坚持一个中国的原则，但海峡两岸的人民存在很大差异也是事实。尽管台湾的投资加强了二者的经济联系，但社会结构和生活状态毕竟不同。而且，由于台湾位于美国地域防卫战略的前线，尽管中国政府一再强调这是内政问题，其实存有转化为国际问题的隐患。这对东亚和平来说是个巨大的威胁。

本书虽主要叙述前近代中国的历史，但丝毫不涉及近代，似乎结构有所失衡。所以在最后附载了近代史概观，也言及现当代问题。此前的论述较多地分析了孙文和毛泽东等人的运动特质，在最后一章，我打算论述整个亚洲的现当代问题。

14

如何看中国史发展的大势

——时代划分问题和现在的视点

停滞性社会论的问题

本书最后，再回顾一下中国历史。秦始皇统一中国后，诞生了以皇帝为顶点的中央集权式的行政组织且一直持续到20世纪初的辛亥革命。对于这种体制，欧洲人称为专制主义，认为权力集中于皇帝，仅皇帝一人自由，庶民则像奴隶一样毫无权利。而且他们发现这样的社会以几无变化的状态持续下来，认为这是包括中国在内的东洋社会的特征，称其为停滞性社会。

这种停滞性社会论曾一度被日本的知识分子所接受。然而不仅如此，停滞性社会论为明治以后“先进”的日本侵略“落后、停滞不前”的亚洲各国、扮演指导者角色提供了绝好的理由。

第二次世界大战时，人们停止了使用停滞性社会的表述，但专制国家论的拥护者依旧甚多。本书第 3 章提到的仁井田陞虽是其中之一，但在战后不久我曾听过他一场“东洋社会伦理的特征”（后来以同名书出版）的讲演，甚为感动。讲演介绍了旧时代中国人的道德意识中无可救药的部分，内容和仁井田所持有的必须一扫残留在战败前日本里的“封建遗制”的强烈使命感相重合。不久中华人民共和国成立，仁井田对中国人民各方面的革新抱有非常高的期待。所以说，仁井田虽然也把中国旧社会整体的停滞性问题化，但又以热烈的革命论作后盾。于此点和以前的论者不同，也不同于今日单纯把国家形态当作问题的专制国家论。

鲁迅把中国分为“想做奴隶而不得的时代”和“暂时做稳了奴隶的时代”，认为其循环就是“先儒”的“一治一乱”（岩波书店《鲁迅选集》第五卷《坟》第 185 页）。这种循环论虽也是否定历史发展的停滞论的一种，但鲁迅的意图在于从对这种历史的绝望中来努力推动历史前进。他强调，无论他如何对人绝望，却不能从外部去发现让人前进的道路，而必须由人自己去开辟道路。

可是，觉得旧中国停滞不前的人们在受到近代欧美列强的冲击后，倾向于认为可以通过引入欧美的文化、技术、制度来实现中国的近代化。不可否认，中国的知识分子从欧洲学到了很多东西；所以亦不可否认，现在中国导入的市场经济和“中国现代化”（中文是近代化）的关系也多少可证实这点。必须注意的是，这种情形是建立在地方小都市和农村里的民众希望提高生活水平、获取利益的基础上的。这或许是一种传统性的、历史性的存在。如果讨论中国革命和近代化，就必须思考其原动力在何方，必须从中国自身的历史中寻找答案。

中国史的时代划分论争

欧洲人的停滞性社会论诞生于欧洲对亚洲、中南美洲、非洲等地区殖民地化的时代，并存在于对亚洲的蔑视观中，而实际上其并没有对亚洲历史进行深刻切实的观察。同意这种论调的日本人大都不是历史学家。历史是人们拼命生活、创造各个时代所留下的足迹。如果看看这些足迹，再想想人们为生活所作出的努力，便断不会简单地言说什么停滞。

停滞的反向是发展。表示历史发展大势的典型是时代划分。各地区的历史发展各不相同，自然也各有独特的时代划分，但时代划分的另一个特征是根据时代划分方法来确定各地区历史在世界史中的位置（此情况下需从各地区的特殊发展中寻出普遍性的要素）。古代、中世、近世（或近代）这样的三段式划分便是例子。马克思主义中的奴隶制社会、封建社会、资本主义社会、社会主义社会等也同样如此。

发展不可等同进步。黑格尔和马克思承认有阻碍进步的消极因素，运用既否定又肯定可跃入下一阶段的辩证法，尝试去掌握历史的变化规律。但是他们认为历史是从低级阶段向高级阶段发展，历史进程中有将来想要到达的目标。这个目标被标榜为他们的理想，并借此来给历史进程赋予意义。针对此点的历史主义思潮认为，历史是无限变化的，各个时代有其固有的内容及意义。借用兰克的话，则是“各时代皆与神相通”。他们主张，虽然不十分清楚变化的终点，但我们是在向未来进发；正因为如此，所以应该树立理想，为实现理想而行动，把自己置身于历史，参与对未来的创造，以此作为个人对待历史的人生观。

那么，该如何划分中国历史呢？春秋战国时期出现巨大的变化和发展，构建了中国社会的骨架，这是毫无异议的。问题是秦始皇之后，回顾这段历史我们会发现汉末与魏晋之间、唐末与五代及宋初之间、明末清初之间，都有变化的波浪。只是如果考虑停滞论，则必须追寻各个政治体制之间有过怎样的变化。带着这一问题再次总结后，日本和中国的很多历史学家几乎达成一致，即唐宋之间有过相当大的变化。不过对于该如何评价，意见尚不统一。

对于这点，有人认为是中世向近世的过渡，有人说是古代向中世的过渡。关于这个后面会详述。中国学者对于西周到汉末魏晋之间的哪一时期才是封建社会的开端，意见并不一致(请参照堀敏一《中国近年的时代划分论争》)，但在唐宋之间是封建社会前后二分的时期上则达成一致。欧美学者中，有些人称魏晋南北朝、隋唐为 Early Medieval（早期中世或前期中世)。可能他们认为宋以后才是后期中世，也有人称其为 Late Imperial China（后期帝政中国)。

内藤湖南的宋以后近世论

内藤湖南主张唐宋之间是中世向近世的过渡。其在 1914 年的《支那论》开篇写道：有人说所谓近世在欧洲是文艺复兴以来民众势力的壮大，经济和社会组织发生变化的时期，以同样思维来思考日本史的话，可说是武家勃兴、平民势力随之增强的时代，也即近世始于足利末期或更早的镰仓时代。

内藤湖南关于日本的这种观点，应是产生于他与京都大学的同僚原胜郎和内田银藏等的交友中。原胜郎从镰仓时代看出了宗教改革，从江户时代初期寻出了文艺复兴。内田的《日本近世史》一边认可把镰仓时代或明治维新作为近世开端的理由，一边又采用足利末期是过渡期、江户时代初期是近世之始的说法，认为此时期和文艺复兴时期非常相似。这可能是今日把江户时代作为近世开端的滥觞。内藤后来在“关于应仁之乱”（1921年）的演讲中讲到历史是下层人民不断向上发展的记录，从这个意义上来说，应仁之乱是最下层的人破坏古来的旧秩序、创造了直通现在新时代通道的、具有划时代意义的大事件。这和原胜郎的论述相似，也等同于刚刚有关“足利末期”的叙述。另外，新思潮被统一、被整理正是内田所认为的近世。

内藤认为也可采用同样的方法来对中国史进行时代划分。迄至唐代，贵族制约着君主权力，唐中期开始则和日本一样武人勃兴，贵族则逐渐没落。这样一来，宋代以后君主集权力于一身，实现了独裁政治。其臣僚即使再卑微低贱，也可通过考试或功劳被任用，因为官位不能世袭，所以其地位实际上和贫民并无二致。宋以后的君主独裁政治是中国“近世”的独特之处，随之出现的贵族没落、平民崛起的趋势也和西方、日本的潮流一致。

内藤既是历史学家也是政治家。《支那论》写于辛亥革命后，论述革命后的中国是将继续帝政还是变为共和制。当时的日本担心中国帝政的瓦解会影响到日本的天皇制，而内藤总结宋以后的历史发展大势，认为中国成为共和制是必然。因为在君主独裁政治以至弊害的另一面，底层的人民力量也在不断壮大，结果必然如此。从论断中可见内藤在“关于应仁之乱”的讲演中体现出来的民主性历史观。

但是，内藤所谓的平民和人民，若是在唐及以前作为贵族的对立面来说毫无问题，只是宋以后这些平民和人民也被分裂进统治阶层和被统治阶层。新晋为统治阶层的人们被称为士大夫、读书人等，在他们具有成为官吏的资格或者致仕后，抑或属于官吏家族等的情况下，不管其在不在官位上，这个身份都不会改变。我们不能将他们与一般的庶民、贫民混为一谈。

内藤在《支那论》以及10年后的《新支那论》中写道，地方乡村的自治团体维持了历代的治安，这似乎表示他很期待辛亥革命后的中国趋向安定。不过这些是被宋以后的士大夫阶层所统治的乡里的末端组织。内藤后来把"近世"改为"近代"，颂扬士大夫阶层形成的"近代支那的文化生活"，甚至暗示这是世界民族生活的未来。所以内藤认为宋以后的近世与现在的时代直接相连，可以说这一点体现了把宋以后作为世界史上的近世（近代）的时代划分意义。

内藤史学的古代、中世论

如上所述，内藤是在辛亥革命时期预测了革命以后的社会后而提倡近世论的。通过将标志近世的独裁君主制和平民的崛起与此前的贵族政治进行对比，近世论被描绘出来。只是对于贵族政治之前的历史该如何划分，内藤并没有言及。

内藤解决这个遗留课题是在约10年后。关于此点的总结性记述可见于1921年后他在京都大学时的授课讲义“支那上古史”的绪言部分。在这里，他说“东洋史是支那文化发展的历史”，可以按照中国文化影响周边的浪潮，和因周边野蛮种族的崛起而影响中国的浪潮结果来进行时代划分。从中可以看出，他将东亚作为文化上一体的中华世界。这不同于近世论中重视中国社会内部发展的观点，而将重点转移到中华世界内部的中国和异民族的关系上。他从这个观点出发，将后汉中期以前作为上古，经过过渡，五胡十六国至唐中期为中世，唐末五代时为第二个过渡期，宋元为近世前期，明清为近世后期。简言之，划分标准完全不同于以前的近世论。

为什么会这样呢？通览此时期内藤的文章会发现，他认为中国文化在其他民族之间延伸的同时，其势力和文化中心也在移动，最初是江南民族，五胡十六国时期北方民族势力开始兴起，最后由元、清统一了整个中国。据内藤所言，日本也居于中国文化圈内，所以也有成为其文化中心势力的资格。这是因为内藤在辛亥革命时所期待的中国安定越发难以实现，反而是期待日本对中国进行改革的心情日渐强烈。前面提到的《新支那论》中，内藤在题为“东洋文化中心的移动”的文章中明确陈述了这点。不过，内藤对中国文化的倾慕之情在这种局势下变得愈发强烈。他疾呼，割离政治和文化，中国在文化上成为世界的模范吧！

像内藤这样的倾慕中国、为了中国和日本的未来而以生命相托的人数不胜数。还有参加或协助孙文等的革命运动的人。然而，眼看着辛亥革命后的中国被列强不断剥夺主权，也难怪他们产生让日本做点什么来挽救中国的念头。这种思想潮流叫作“亚洲主义”。但是，后来很多人协助日本对中国的经济和军事侵略，亚洲主义的理想遭到背叛。幸运的是，内藤没有目睹这场悲剧。

内藤的时代划分至今仍有不少后继者。但这些后继者并不是像内藤样的政治家，而是专攻学术的学者。宫崎市定把后汉末期以前划作古代，正如第 3 章中所讲，认为其相当于都市国家时期，而把魏晋南北朝、隋唐作为中世。他说，村落在自然经济中得到发展，犹如农奴般的劳动者——部曲耕作的庄园也发展起来。对于宋以后的近世，他则强调东西两洋的文艺复兴比较、大土地所有的资本主义式的经营等。这种观点与内藤的上古、中世论不同，而是重视近世论中所反映的与世界史的关系。

此处，我也表明一下自己的看法，如在第 3 章所讲，我基本赞成都市国家论的提法。不过宫崎的论说是国家和都市的形态论。关于都市国家由怎样的市民、庶民构成，其性质如何，我想从近年的出土文献中已经找到了明确的答案。他所指的村落发展这点很重要，村落构成贵族势力基础的同时，也具有导致分权的性质。所以魏晋南北朝和隋唐国家并没有把村落纳入统治机构，以确保皇帝政治的续存。另外部曲身份出现的前提是出现了不同于奴婢（奴隶）的或农奴的劳动力。隋唐国家为了能直接管理他们，赋予他们与奴婢相当的贱民身份，将其放入身份是良民的主人户籍里。所以部曲不能像农奴一样建立独立的个人家庭。关于宋以后，后面再讲。

把唐宋作为古代、中世分界点的论说

第二次世界大战结束后不久的 1948 年，前田直典提出了新的时代划分方法。他认为唐之前的大土地所有中的奴隶是直接的生产者，遂把唐以前作为古代、把宋以后作为中世。前田主要是为了证明唐以前的奴隶制，后来仁井田陞赞成这种划分，从法制史学者的立场把焦点集中在宋以后的大土地所有者和生产者之间的法关系上（大土地所有者中诞生了内藤所提出的新官僚、士大夫、读书人）。

我在第 8 章中曾讲过，汉至魏晋南北朝的大土地经营中，地主在直营地中使用奴隶，直营地周围则有租给佃户的农田。所以我以为不能像前田那样单纯地认为奴隶制是主流，尤其是魏晋乱世时期，自耕农没落而寻求地主保护的人很多。只是对于此种情况，西晋和东晋制定了给客制（限客制）以限制佃户的数量。到了北魏则施行均田制，采取保护、培养自耕农的政策，并且取得了一定的成果。

唐中期均田制瓦解后，国家撤除了对自耕农的规制，提高了自耕农的自立性，但同时也加快了自耕农的分解，促进了新的大土地所有的发展。自耕农、大土地所有的地主以及佃户都是普通老百姓，但一旦确立地主—佃户关系，便有了宋代观念中所说的“主仆之分”。如果两者之间发生杀伤事件，宋代法律对地主和佃户的刑罚是不一样的。这就是仁井田所强调的地方。只是，他称其为中国的农奴制，而佃户也还属于普通老百姓，不同于中世欧洲农奴的固定身份。

于是内藤的后继者宫崎市定主张地主和佃户之间是自由的契约关系。确实，两者关系的确立并非强制性的，而是通过契约，但此契约既非近世也非近代样的，中国早在汉代便已使用契约文书。宋代以后的地主和佃户签署的契约写的都是佃户必须何时缴纳佃租，明显是单方面的条款。地主一方不受任何制约，可以自由苛待佃户、解除契约或是收回土地。所以该种契约的当事者并非对等关系，宋代律法对两者进行差别对待也是理所当然。

前田富有启发性地指出，明末即16世纪时期农村工业包办制的出现、一条鞭法的施行（纳银税制）等是进入近世的标志。仁井田则认为明清律法，尤其是清代中不再有主仆之分，从地主—佃户关系的历史来看，如果把10世纪唐末宋初看作是第一个转型期，那么17世纪前后则是第二个转型期。实际上，明清时期永久佃户权的确立、以此为前提的一田两主制（一块田地分为田面和田底，其所有者各不相同，分别进行买卖或收益的制度）的普及、抗租运动（反对征收高额佃租的运动）等都反映了佃户地位的提高，消除了地主和佃户之间的主仆之分。

然而，一田两主制虽然展现了佃户地位的提高，但一块田地两人以上所有的情形难以说是近代的所有制。一般认为，近代式的所有制特征是在一件事物上行使唯一绝对的所有权。自然，前田所说的近世和近代不同。前田明确表示鸦片战争以前是近世，那么他显然认为鸦片战争以后是近代了。这种以鸦片战争为划分点的想法和现在的中国学者相同。

无论是宫崎的论说还是前田、仁井田的论述，都以地主的大土地所有作为关键问题。与此相对，中国史研究会认为农民的“小经营生产方式”才是基本。该研究会各位成员的主张并非十分明晰，他们大概是认为小经营生产方式应该处于国家的土地所有之下，前期（唐以前）是国家的奴隶制，后期（宋以后）是国家的农奴制。此处，他们考虑在农民的小经营之上还有皇帝集权力于一身的专制国家体制。

确实，中国历史上小经营的农民很重要，在重视这点上我也态度坚定，只是该如何给贵族、士大夫和大土地所有者定位呢？我认为这些人才是位于农民之上的社会统治阶层，国家是这些统治阶层的统治机关。这些统治阶层和被统治阶层演绎出来的正是鲜活的中国历史。

对近世和近代的看法
——作为时代划分论的背景

我们在看历史的时候，是从我们所生活的当下看历史。这种对历史的看法最为充分地表现在时代划分的方式上。内藤和前田、仁井田的时代划分方法不同是因为两者生活的时代、各自与时代的契合方式不一样。渡边信一郎指出，内藤的时代划分是辛亥革命时期的产物，而前田、仁井田的是第二次世界大战刚结束时期的产物。前章也简单地分析过内藤对辛亥革命所持的态度，以及该态度与其时代划分的关系。

前田、仁井田的时代划分观点诞生于第二次世界大战结束后不久，该时期正是近代化成为日本当务之急的时期。军国主义的日本惨遭失败之痛后认识到自己落后的一面，开始高呼近代化和民主化。此时，亚洲、非洲各国也获得独立开始国家建设，中国取得革命成功，成立了中华人民共和国。此种形势使人们开始坚信变革的普遍性，使马克思主义历史观流行起来，也影响了前田等把唐宋变革理解成奴隶制向农奴制发展的这种时代划分观点。内藤的后继者中，也出现了从社会经济史的观点来进一步证实该时代划分合理性的倾向。

关于内藤和前田等时代划分的不同，还有一个重要点。这一点当然也和各自所在时代有所关联，他们的不同源于其对近世、近代思考的不同。欧洲文艺复兴时期出现了将历史分为Ancient、Mediaeval、Modern 三个时期的三区分法。与此不同，中国则有将古代史分为上世（上古）、中世、近世的三区分法。于是内藤时代的日本学者便把 Modern Ages 翻译成近世。

内田银藏的《日本近世史》遵循了这种做法，他将日本的文艺复兴时期设定为安土桃山至江户初期。无论是内藤的宋以后近世论还是后继者的宫崎市定，都将宋代比作文艺复兴时期。把日本江户时代称作近世的惯例便在此时期确立下来。而且内田把江户时代作为封建制的确立期，由此诞生了近世封建社会这么一个不同于欧洲的日本特有的概念。

然而在欧洲，文艺复兴时期的三区分法成立之后，出现了真正的 Modern Ages 产生于市民革命和产业革命的观点。一般认为文艺复兴到市民革命期间几乎是绝对主义时代，此时期封建时代以来的贵族尚且拥有势力，国王拥有绝对权力，进行独裁政治。而只有打破这种制度后，才出现民主的权力。于是，日本将绝对主义时代称为近世，将市民革命以后的时代称为近代，以示区别。同样的区分在日本史领域中也被应用，明治维新以后是近代，这之前的江户时代是近世的认识逐渐成为共识。

内藤的时代划分是原、内田所在时代的产物。该时期的近世便是近代，指代 Modern Ages。所以内藤后来将近世改称为近代的做法也就不足为奇了。不过，后世人虽然继承了内藤的时代划分，也一般将近世之后称为最近世或近代。

前田等的时代划分自然区分了中世、近世和近代。只是他们以鸦片战争作为近代开端的观点并不是因为中国实现了近代化。自不待言，内藤和前田等的时代划分都考虑了具有普遍性意义的世界史。由于近代以前世界还没有成为一体，各地区的时代划分在年代上各异。但是在近代，世界已经成为一体，由此某种程度上共通的年代基准变得必要起来。

那么，世界是如何成为一体的呢？产业革命的成果和产业资本的需求导致必须寻求新的工业商品市场（在英国主要是棉织物），于是欧洲列强开始向全世界扩张。此举揭开了亚洲、非洲等很多地区成为列强的殖民地、半殖民地、从属国的序幕。如果要在中国找到这个时点，则是 1840 年的鸦片战争。其后不久，列强势力也开始侵犯日本，引起了日本幕末的动乱，最终促使完成了 1868 年的明治维新。

从此中国走上了半殖民地的道路，日本则走上了独立、富国强兵的道路，我们往往被这种表面上的差异所蒙蔽，但不能忘记这在世界史上是相关联的事件。既是关联事件，那么也必须注意两者中的共同点。在中国，鸦片战争后爆发太平天国，出现了摸索富国强兵、近代化的思潮和运动。中国对西方的研究开始于鸦片战争以前，毋宁说要早于日本。正是因为有了中国人的长期努力，才有了现在的中国。另一方面，日本在初期也有过半殖民地的状态，近代化不能马上成功的道理在第二次世界大战的战败中得到了验证。所以说，鸦片战争开始的近代和明治维新开始的近代采用的是相同的时代划分方法。

重视内在发展和新近世论

在关于近代的观点中还有值得注意的地方，即近代和中世的关系。不管是把文艺复兴还是把市民改革作为近代开端，他们都在强调近代和中世的不同。人们通常把中世称为黑暗时代，而强调近代划时代性的崭新一面。但后来，有人开始主张去中世寻找近代的源头。而其源头是 12 世纪文艺复兴的观点在很久以前即已出现。

亚洲也同样如此。既然近代化已被问题化，那么指明此前的陈旧自是至情至理。可是像今日这样，人们如果要关注亚洲各国的发展，就必会注意到各国的特征，去哪里找寻内在原动力也就成了问题。所以，出现从亚洲的过往历史和传统文化中寻求答案的动向也不奇怪。

下一个问题是：这种动向于此处给我们要讲的时代划分论带来怎样的影响呢？首先，出现了重视以近代以前的亚洲近世作为 Early Modern 的倾向。当然，这种倾向来自从亚洲历史寻找近代萌芽的影响。岸本美绪主张，由于 16 世纪时期开始的商品经济的发展等，打破旧时代秩序建立新国家的态势在亚洲各地同时发生了。这种态势同样也可见于欧洲的绝对主义时代。

另一方面，以滨下武志为代表的学者指出，旧时代以来的朝贡贸易体系在不断变化的同时，因被重新纳入近代列强对亚洲的侵略过程而被承继。我本人对这个时代是个门外汉，不敢妄加评论，但鸦片战争后产业资本的影响并没有很快展现其实早已被人指出。问题是以前的亚洲贸易圈会持续到何时，它和今日的亚洲各地区的连带问题是否还有关联？以前的亚洲贸易圈在中华大国主义的控制下，所以各国的近代化必须同时面临如何突破来自中华秩序和列强的阻挠、获得自立的问题。这或许便是为何必须暂时切断亚洲贸易圈，进行重新构建的原因。

近世开始于16世纪前后，在中国则始于明清时期。以中国为中心，包括东亚、东南亚在内的朝贡体系的建立也在同时。不过也有人想把这种意义的近世上溯至宋代。这样的话，内藤史学的时代划分恐会以一种新姿态复苏，只是其意义和内容将会作另一种诠释。

现代亚洲的历史诸问题

近年出现的一些观点太过于强调和传统的关系，甚至认为欧洲已然不是基准。他们主张既然鸦片战争是殖民地化的开端，自然不能成为近代的标志。至于鸦片战争后的时代能否用这种观点来看，读者可以结合前面的叙述来思考。正是因为重视内在发展，此时期作为中国革命的前提，学习西欧文化的风潮、反对侵略和封建王朝统治的运动的意义才尤为重要。

当然，这种动向首先始于西欧势力的对外扩张。在这种情势下，亚洲地区“近世”时期的内在发展是如何被继承、亚洲方面又是如何对应等正是岸本、滨下提出的疑问。我们不能跳过这些问题而直接开始讨论亚洲各国的近代化。将来的某一天，或许我们能够谈论近代化后的亚洲各地区通过主体性联系所建构的世界史，而并非所谓以西欧的对外扩张为契机的世界史，但现在还为时尚早。

我想这种观点的产生是受到近年东亚、东南亚各国发展的刺激。中国自不必说，对于韩国、台湾和香港地区以及新加坡所谓的“四小龙”，在关注这些地区的产业发展（尤其是工业）的学者中，有些人仿佛套用马克斯·韦伯的《新教伦理与资本主义精神》的方法，试图从儒教伦理寻找推动其发展的内在精神。这些地区除韩国以外，都是汉族主导，韩国也是受儒教影响的国家。儒教自第一次世界大战结束后的五四运动以来，一直被作为中国旧体制的支柱而遭到猛烈批判；近年的“文化大革命”也批判了孔子和儒教。后者是中国共产党内部的权力之争，固然不会放过儒教，但其本身有能够被政治所利用的内容也是事实。所以，对儒教的重新评价会是一个涉及众多领域的大问题。

实际上，在对迄今为止的亚洲各地区的发展进行如此高的评价中，也有不少值得商榷的问题。第二次世界大战后，亚洲、非洲地区的政权多被称作“开发独裁”。因为正是在独裁政权或官僚的指导之下，这些地区的经济得到了急速发展。这其中伴随着对民众的榨取以及对外国资本的依赖，国民经济只能畸形成长。当这样的成长达到极限，便是近年亚洲经济萧条的到来之时。所以，经济发展中会时常出现类似印度尼西亚这样的政治变动。除中国台湾地区、韩国外，民主化或“政治改革”将成为众多国家的下一个课题。不论如何，亚洲仍然还有很多陈旧的地方。因此，在这个阶段对儒教伦理评头论足还为时过早。

与刚才的欧洲不足以成为模范的观点相联，有必要介绍一下最近关于欧洲近代的一个学说。也即欧洲的近代化发展是建立在持有殖民地并对其进行榨取的基础上，信奉这种观点的人非常多。该观点表明了一定的真理，不能全盘否定，所以亚非各民族遭受了巨大的痛苦。

尽管如此，很多问题仍然需要我们以现在的欧洲作为参考来寻求解决方案。要理解这些问题，我们就必须理解欧洲的内在发展。近代欧洲开始进行殖民扩张也是其内在发展的结果（其内在发展的方式存在问题，此处不作深究）。在欧洲诞生的资本主义、市场经济和科学技术等，今日在亚洲各国人民的能动性努力下生根发芽，当前热议的民主主义、人权思想也是发源于欧洲。这些思想要在亚洲扎根，必须顺应该地区的具体情况，作一些调整。但我们应该谨记，普遍性的人权具有普遍性，其本身就有意义。

近代还诞生了从国民国家和与该国家对等关系中建立起来的国际关系。它与以中国为中心的华夷关系中展现的亚洲各国间的旧国际关系相对立。如前所述，中国周边各国在对抗列强时的独立必会伴随中华秩序的解体。另一方面，又出现了以发达国家为中心的脱近代、超近代的思想。此处暂且不论思想方面的问题，近代所产生的国民国家的绝对性也值得质疑。具体表现为，在欧洲结成欧盟，正在进行一次超越国民国家的实验。这或许应该成为我们思考亚洲未来的一个参考。

现在东亚存在的唯一一个国际组织是东南亚国家联盟(ASEAN)。除此之外亚太经合组织（APEC）也时常召开会议。当然这些与曾经的中华帝国以及日本的大东亚共荣圈毫无关系，但对于这些组织，由于亚洲内部大小国的不均衡以及与美国的复杂关系等，存在多种看法。这表示在亚洲很难产生一个像欧盟或伊斯兰地区那样的联盟。即使如此，该问题还是与包括日本在内的东亚地区的和平大有关系。

要说日本和中国的关系，两国之间有自古以来总体上偏于友好的关系，也有近代日本侵略导致的恶劣关系，不管如何这种无法割离的长期关联一直在持续。今后两国关系如何发展，则在于我们如何去看待两国的关系史。若要回顾历史展望日本未来，尤其是若要考虑如何发展日本经济以及与世界和平的关系，则与以中国为首的亚洲各国、各地区建立起友好关系和连带性组织是非常重要的。我想亲爱的读者们对这点必也心领神会。

参考文献

（至一九九年年末）

1

夏鼐《中国文明的起源》（北京：文物出版社，一九八五）

张光直著、量博満訳『考古学よりみた中国古代』（雄山閣出版社、一九八〇）

林巳奈夫『中国文明の誕生』（吉川弘文館、一九九五）

徐　朝龍『长江文明の発見』（角川书店、一九九八）

岡村秀典「農耕社会と文明の形成」（『岩波講座世界歴史』〈新版〉3、一九九八）

展覧会目録『三星堆』（朝日新聞社・テレビ朝日、一九九八）

小沢正人・谷豊信・西江清高著『中国の考古学』(同成社、一九九九)

中国社会科学院考古研究所編、中村慎一等訳『中国考古学の新発見』(雄山閣出版、一九九〇)

岡彦一編訳『中国古代遺跡が語る　稲作の起源』(八坂書房、一九九七)

五井直弘『中国古代の城—中国に古代城址を訪ねて』(研文出版、一九八三)

杉本憲司『中国古代を掘る　城郭都市の発展』(中公新書、一九八六)

貝塚茂樹編『古代殷帝国』(みすず書房、一九五八)

北京大学历史系考古教研室商周组编《商周考古》(北京：文物出版社，一九七九)

安金槐主编《中国考古》(上海古籍出版社，一九九二)

文物出版社编《新中国考古五十年》(北京：文物出版社，一九九九)

2

堀　敏一『中国と古代東アジア世界』(岩波書店、一九九三) 一、二、三章

小倉芳彦「裔夷の俘」、「華夷思想の形成」（小倉『中国古代政治思想研究』青木書店、一九七〇）

日原利国『春秋公羊伝の研究』（創文社、一九七六）六章

伊藤道治『古代殷王朝のなぞ』（角川書店、一九六七）

松丸道雄『殷周国家の構造』（『岩波講座世界歴史』〈旧版〉4、一九七〇）

増淵龍夫『左伝の世界』（筑摩書房版『世界の歴史』3、一九六〇）

石母田正「天皇と「諸蕃」」（石母田『日本古代国家論』第一部、一九七三、『石母田正著作集』第四巻、岩波書店）

酒寄雅志「華夷思想の諸相」（『アジアのなかの日本史』Ⅴ、東京大学出版会、一九九三）

H. ユール著、H. コルディエ補、東亜史研究会訳編『東西交渉史　支那及び支那への道』（帝国書院、一九九四、鈴木俊訳編、原書房、一九七五）

于省吾《释中国》（载中华书局编辑部编《中华学术论文集》，北京：中华书局，一九八一）

顾颉刚、王树民《“夏”和“中国”——祖国古代的称号》（《中国历史地理论丛》一，一九八一）

中国社科院民族研究所等主办、袁少芬等主编《汉民族

研究》(南宁：广西人民出版社，一九八九)

费孝通等《中华民族多元一体格局》(北京：中央民族大学出版社，一九八九)

徐旭生《中国古史的传说时代》(初版一九四三年，增订本一九六一年；北京：文物出版社，一九八五)

3

西嶋定生『中国古代の社会と経済』(東京大学出版会、一九八一)

白川　静『中国の古代文学』一 (中央公論社、一九七六、中公文庫、一九八八)

仁井田陞『東洋とは何か』(東京大学出版会、一九六八)

吉本道雅「春秋載書考」(『東洋史研究』四三—四、一九八五)

栗原朋信「「封爵之誓」についての小研究」(栗原『秦漢史の研究』吉川弘文館、一九六〇)

貝塚茂樹『中国古代都市における民会の制度』(『貝塚茂樹著作集』第二巻、中央公論社、一九七七)

同　　　『中国の古代国家』(『貝塚茂樹著作集』第一巻、一九七六)

宮崎市定『中国古代史論』（平凡社選書、一九八八、『宮崎市定全集』第二四巻、岩波書店）

侯外庐《中国古代社会史论》（初版，上海新知书店，一九四七；修订版，北京：人民出版社，一九五五）

五井直弘「豪族社会の発展」（筑摩書房版『世界の歴史』3、一九六〇）

増淵龍夫「中国古代国家の構造」（『古代史講座』4、学生社、一九六二）

堀　敏一「中国古代の里」、「中国古代の「市」」（堀『中国古代の家と集落』汲古書院、一九九六）

同　　　「漢代の七科謫身份とその起源—商人身份その他」（堀『中国古代の身份制—良と賤』汲古書院、一九八七）

同　　　「古代中国の家父長制」（比較家族史学会監修『家と家父長制』早稲田大学出版部、一九九二、堀『中国古代史の視点』汲古書院、一九九四）

守屋美都雄『中国古代の家族と国家』（東洋史研究会、一九六八）

滋賀秀三『中国家族法の原理』（創文社、一九六七）

日知《从〈春秋〉“称人”之例再论亚洲古代民主政治》（《历史研究》一九八一年第三期）

日知主编《古代城邦史研究》（北京：人民出版社，一九八九）

赵锡元《中国奴隶社会史述要》（长春：吉林文史出版社，一九八六）

4

大庭　脩『木簡』（学生社、一九七九）

同　　　『木簡学入門』（講談社学術文庫、一九八四）

平勢隆郎『春秋晋国侯馬盟書字體通覧』（東京大学東洋文化研究所文献センター、一九八八）

増淵龍夫「漢代における民間秩序の構造と任侠的習俗」「戦国官僚制の一性格」（増淵『中国古代の社会と国家』弘文堂、一九六〇、増補版、岩波書店、一九九六）

大庭　脩「雲夢出土竹書秦律の概観」（大庭『秦漢法制史の研究』創文社、一九八二）

堀　敏一「中国の律令制と農民支配」（堀『律令制と東アジア世界』汲古書院、一九九四）

同　　　「中国古代の家と近隣、家と集落」（前掲『中国古代史の視点』）

同　　　「雲夢秦簡にみえる奴隷身份」（前掲『中国古代の身份制』）

冨谷　至『古代中国の刑罰』（中公新書、一九九五）

冨谷　至『秦漢刑罰制度の研究』(同朋舎、一九九八)

滋賀秀三「中国上代の刑罰についての一考察」(『石井良助先生還暦記念法制史論集』創文社、一九七六)

渡辺信一郎「古代中国における小農民経営の形成」(渡辺『中国古代社会論』青木書店、一九八六)

李　学勤「江陵張家山二四七号漢律竹簡について」(大庭脩編『漢簡研究の現状と展望』関西大学出版部、一九九三)

池田雄一等『江陵張家山漢簡「奏讞書」—中国古代の裁判記録—』(中央大学東洋史学研究室内中国の歴史と地理研究会、一九九六)

小嶋茂稔「読江陵張家山出土「奏讞書」箚記」(『アジア・アフリカ歴史社会研究』二、一九九七)

紙屋正和「尹湾漢墓簡牘と上計・考課制度」(『福岡大学人文論叢』二九—二、一九九七)

西川利文「漢代における郡県の構造について」(仏教大学『文学部論集』八一、一九九七)

西川素治『漢代の遺言状—江蘇儀徴胥浦一〇一号前漢墓出土「先令券書」について—』(栗原益男先生古稀記念論集『中国古代の法と社会』汲古書院、一九八八)

籾山　明『漢帝国と辺境社会』(中公新書、一九九九)

大庭　脩「居延出土の詔書冊」「居延出土の詔書断簡」、

「居延新出「候粟君所責寇恩事」冊書」(前掲『秦漢法制史の研究』)

5

西嶋定生『秦漢帝国』(『中国の歴史』2、講談社、一九七四、講談社学術文庫、一九九七)

守屋美都雄「父老」(前掲『中国古代の家族と国家』)

金谷　治『秦漢思想史研究』(日本学術振興会、一九六〇、平楽寺書店、一九八一)

同　　　『淮南子の思想』(講談社学術文庫、一九九二)

浅野裕一『黄老道の成立と展開』(創文社、一九九二)

福井重雅「儒教成立史上の二三の問題」、「董仲舒の対策の基礎的研究」(『史学雑誌』七六—一、一九六七、一〇六—二、一九九七)

同　　　『漢代官吏登用制度の研究』(創文社、一九八八)

重澤俊郎『周漢思想研究』(弘文堂書房、一九四三)

日原利国『漢代思想の研究』(研文出版、一九八六)

板野長八『儒教成立史の研究』(岩波書店、一九九五)

渡辺義浩『後漢国家の支配と儒教』(雄山閣出版、

一九九五)

東　晋次『後漢時代の政治と社会』(名古屋大学出版会、一九九五)

多田狷介『漢魏晋史の研究』(汲古書院、一九九九)

重近啓樹「秦漢帝国と豪族」(『岩波講座世界歴史』〈新〉5、一九九八、重近『秦漢税役体系の研究』汲古書院、一九九九)

大淵忍爾「中国における民族的宗教の成立」(大淵『初期の道教』創文社、一九九一)

6

堀　敏一『中国と古代東アジア世界』(前掲)三、四章

栗原朋信「漢帝国と周辺諸民族」(『岩波講座世界歴史』〈旧〉4、一九七〇、栗原『上代日本対外関係の研究』吉川弘文館、一九七八)

同　　　「漢帝国と印章―「漢委奴国王」印に関する私印説への反省―」(『古代史講座』4、学生社、一九六二、前掲『秦漢史の研究』第三版、吉川弘文館、一九六九)

西嶋定生「東アジア世界と冊封体制」(西嶋『中国古代国家と東アジア世界』東京大学出版会、一九八三)

沢田　勲『匈奴』(東方書店、一九九六)

桑原隲蔵「張騫の遠征」ほか(桑原『東西交通史論叢』弘文堂書房、一九三三、『桑原隲蔵全集』第三巻、岩波書店)

護　雅夫『李陵』(中央公論社、一九七四)

佐藤武敏『司馬遷の研究』(汲古書院、一九九七)

川勝義雄『中国人の歴史意識』(平凡社選書、一九八六、増補版、平凡社ライブラリー、一九九三)

伊瀬仙太郎『西域経営史の研究』(日本学術振興会、一九五五、のち『中国西域経営史研究』と改題、巌南堂、一九六八)

崔明德《汉唐和亲史稿》(青岛海洋大学出版社，一九九二)

张寿林《王昭君故事演变之点点滴滴》(载周绍良、白化文编《敦煌变文论文录》下，上海古籍出版社，一九八二)

7

堀　敏一『中国と古代東アジア世界』(前掲)五、六、七章

同　　　『東アジアのなかの古代日本』(研文出版、一九九八)一、二、三章

岡崎文夫『魏晋南北朝通史』(弘文堂書房、一九三二)

桑原隲蔵「歴史上より観たる南北支那」(桑原『東洋文明史論叢』弘文堂書房、一九三四、『全集』第二巻)

田村実造『中国史上の民族移動期』(創文社、一九八五)

谷川道雄『隋唐帝国形成史論』(筑摩書房、一九七一、増補版、一九九八)

塚本善隆「北魏太武帝の廃仏毀釈」(塚本『支那仏教史研究・北魏篇』弘文堂、一九四二、『塚本善隆著作集』第二巻、大東出版社、一九七四)

川本芳昭「北朝国家論」(『岩波講座世界歴史』〈新〉9、一九九九)

中村圭爾「南朝国家論」(前掲書)

大庭　脩『親魏倭王』(学生社、一九七一)

西嶋定生『邪馬台国と倭国』(吉川弘文館、一九九四)

坂元義種『倭の五王』(教育社、一九八一)

同　　　『古代東アジアの日本と朝鮮』(吉川弘文館、一九七八)

武田幸男「平西将軍・倭隋の解釈」(『朝鮮学報』七、一九七五)

王仲荦《魏晋南北朝史》上下（上海人民出版社，一九七九）

唐长孺《魏晋南北朝史论丛》正续（北京：三联书店，一九五五，一九五九）

唐长孺《魏晋南北朝史论拾遗》（北京：中华书局，一九八三）

陈寅恪《隋唐制度渊源略论稿》（重庆一九四四年初版；北京：三联书店，一九五四）

8

内藤湖南『支那上古史』『支那中古の文化』『支那近世史』（『内藤湖南全集』第十巻、筑摩書房、一九六九）

同　　　「概括的唐宋時代観」（内藤『東洋文化史研究』弘文堂、一九三六、『全集』第八巻、一九六九）

中村圭爾「六朝貴族制論」（谷川道雄編『戦後日本の中国史論争』河合文化教育研究所、一九九三）

谷川道雄「中国中世社会と共同体」（国書刊行会、一九七六）

同　　　『中国中世の探求』（日本エディタースクール出版部、一九八七）

川勝義雄『六朝貴族制社会の研究』（岩波書店、一九八二）

同　　　「六朝貴族社会と中国中世史」「六朝贵族制」

（前掲『中国人の歴史意識』）

森三樹三郎『六朝士大夫の精神』（同朋舎出版、一九八六）

宮崎市定『九品官人法の研究』（東洋史研究会、一九五六、中公文庫、一九九八、『全集』第六巻）

宮川尚志「禅譲による王朝革命の研究」、「魏晋及び南朝の寒門・寒人」（宮川『六朝史研究　政治・社会篇』日本学術振興会、一九五六）

渡辺信一郎「二世紀から七世紀に至る大土地所有と経営」（前掲『中国古代社会論』）

同　　　「清」「仁孝」（渡辺『中国古代国家の思想構造』校倉書房、一九九四）

堀　敏一「曹操政権と豪族」（『明治大学人文科学研究所紀要』三九、一九九六）

同　　　「九品中正制度の成立をめぐって」（『東洋文化研究所紀要』四五、一九六八）

同　　　『均田制の研究』（岩波書店、一九七五）

同　　　「魏晋南北朝および隋代の行政村と自然村」（前掲『中国古代の家と集落』）

濱口重国「隋の天下一統と君権の強化」、「所謂、隋の郷官廃止に就いて」（濱口『秦漢隋唐史の研究』下巻、東京大学出版会、一九六六）

村上哲見『科挙の話』(講談社現代新書、一九八〇)

吉岡　真「北朝・隋唐支配層の推移」(『岩波講座世界歴史』〈新〉9、一九九九)

同　　　「八世紀前半における唐朝官僚機構の人的構成」(『史学研究』一五三、一九八一)

気賀澤保規『則天武后』(白帝社、一九九五)

日野開三郎『支那中世の軍閥』(三省堂、一九四二、『日野開三郎東洋史学論集』第一巻、三一書房)

船越泰次『唐代両税法研究』(汲古書院、一九九六)

礪波　護「中世貴族制の崩壊と辟召制—牛李の党争を手がかりに—」(礪波　護『唐代政治社会史研究』同朋舎出版、一九八六)

愛宕　元「両京郷里村考」(愛宕『唐代地域社会史研究』同朋舎出版、一九九七) とくに第四節

吉川幸次郎『三国志実録』ほか(筑摩書房、一九六二、『吉川幸次郎全集』第七巻、筑摩書房)

青木正児『支那文学思想史』(岩波書店、一九四三)

任继愈主编《中国佛教史》第二卷、第三卷(北京：中国社会科学出版社，一九八五，一九八八)

佐藤智水『北魏仏教史論考』(岡山大学文学部、一九九八)

礪波　護『隋唐の仏教と国家』(中公文庫、一九九九)

陈寅恪《唐代政治史述论稿》(重庆一九四四年初版；北京：三联书店，一九五六)

9

堀　敏一「東アジア世界史への提言」「古代東アジア世界の基本構造」(前掲『律令制と東アジア世界』)

同　　　『中国と古代東アジア世界』(前掲) 八、九、一〇章

同　　　『東アジアのなかの古代日本』(前掲) 二、五、六、八章

石見清裕『唐の北方問題と国際秩序』(汲古書院、一九九八)

金子修一「唐代の国際文書形式について」(『史学雑誌』八三—一〇、一九七四)

護　雅夫「隋・唐とチュルク国家」(『古代史講座』10、学生社、一九六四、のち「突厥と隋・唐両王朝」と改題、護『古代トルコ民族史研究』Ⅰ、山川出版社、一九六七)

羽田　亨「唐代回鶻史の研究」「唐光啓元年書写沙州・伊州地志残巻に就いて」(『羽田博士史学論文集』上巻歴史篇、東洋史研究会、一九五七)

佐藤　長『古代チベット史研究』下巻（東洋史研究会、一九五九）

鈴木靖民ほか『〔特集〕渤海と古代東アジア』（雑誌『アジア遊学』六、勉誠出版、一九九九）

池田温編『古代を考える　唐と日本』（吉川弘文館、一九九二）

森　公章「古代日本における対唐観の研究」（森『古代日本の対外認識と通交』吉川弘文館、一九九八）

關尾史郎『西域文書からみた中国史』（山川出版社、一九九八）

荒川正晴「唐帝国とソグド人の交易活動」（『東洋史研究』五六―三、一九九七）

E. G. プーリィブランク「安禄山の出自について」（『史学雑誌』六一―四、一九五二）

桑原隲蔵『蒲寿庚の事蹟』（平凡社東洋文庫、一九八九、『全集』第五巻）

榎本淳一「『性霊集』に見える「竹符・銅契」と「文書」について」（佐伯有清先生古稀記念会編『日本古代の伝承と東アジア』吉川弘文館、一九九五）

安藤更生『鑑真』（吉川弘文館、一九六七）

佐伯有清『円仁』『円珍』（吉川弘文館、一九八九、一九九〇）

佐伯有清『非運の遣唐僧　円載の数奇な生涯』(吉川弘文館、一九九九)

谭其骧《唐代羁縻州述论》(《纪念顾颉刚学术论文集》下册，成都：巴蜀书社，一九九〇)

罗香林《唐代天可汗制度考》(载《唐代文化史》，台北：台湾商务印书馆，一九七四)

王寿南《唐代的和亲政策》(中国唐代学会编《唐代研究论集》第四卷，台北：新文丰出版公司、一九九二)

10

加藤　繁『支那経済史考証』上下(東洋文庫、一九五二、五三)

西嶋定生「碾磑の彼方—華北農業における二年三毛作の成立—」(西嶋『中国経済史研究』東京大学出版会、一九六六)

渡部忠世・桜井由躬雄編『中国江南の稲作文化』(日本放送出版協会、一九八四)

周藤吉之『中国土地制度史研究』『宋代経済史研究』『唐宋社会経済史研究』(東京大学出版会、一九五四、六二、六五)

宮崎市定『東洋的近世』(教育タイムス社、一九五〇、

『全集』第二巻、中公文庫、一九九九、文庫版には関連論文を収載する）

柳田節子『宋元社会経済史研究』（創文社、一九九五）

大澤正昭『唐宋変革期農業社会史研究』（汲古書院、一九九六）

宮嶋博史「東アジア小農社会の形成」（『アジアから考える6　長期社会変動』東京大学出版会、一九九四）

土肥義和「唐・北宋間の「社」の組織形態に関する一考察」（『堀敏一先生古稀記念　中国古代の国家と民衆』汲古書院、一九九五）

布目潮渢『中国喫茶文化史』（原題『緑芽十片』岩波書店、一九八九、同時代ライブラリー、一九九五）

斯波義信「中国中世の商業」（『中世史講座』3、学生社、一九八二）

曽我部静雄『開封と杭州』（支那歴史地理叢書、冨山房、一九四〇）

伊原　弘『中国開封の生活と歳時』（山川出版社、一九九一）

内藤湖南「概括的唐宋時代観」（前掲）、『中国近世史』（前掲）

内藤乾吉「唐の三省」（内藤『中国法制史考証』有斐閣、一九六三）

礪波　護『唐の行政機構と官僚』（中公文庫、一九九八）

西　順蔵「宋代の士、その思想史」（筑摩書房版『世界の歴史』6、一九六一）

宮崎市定「宋代の士風」（宮崎『アジア史研究』第四、一九六四、『全集』第一一巻）

竺沙雅章「宋代の士風と党争」（『中世史講座』6、学生社、一九九二）

近藤一成「宋代の士大夫と社会」（『史林』六九—三、一九八六）

村上哲見『中国文人論』（汲古書院、一九九四）

佐伯　富『王安石』（支那歴史地理叢書、冨山房、一九四一）

宮崎市定『水滸伝　虚構のなかの史実』（中公新書、一九七二、中公文庫、一九九三、『全集』第一二巻）

佐竹靖彦『梁山泊　水滸伝・一〇八人の豪傑たち』（中公新書、一九九二）

守本順一郎『東洋政治思想史研究』（未来社、一九六七）

丸山真男『日本政治思想史研究』（東京大学出版会、一九五二）

島田虔次『朱子学と陽明学』（岩波新書、一九六七）

W. T. ドバリー著、山口久和訳『朱子学と自由の伝統』(平凡社選書、一九八七)

11

田村實造『中国征服王朝の研究』上中下（東洋史研究会、下は同朋舍、一九六四、七一、八五）

村上正二「征服王朝」（筑摩書房版『世界の歴史』6、一九六一）

郑钦仁、李明仁编译《征服王朝论文集》（台北：稻乡出版社，一九九八）

白鳥庫吉「東洋史に於ける南北の対立」「塞外民族」(一九二六、三五発表、『白鳥庫吉全集』第八、第四巻、岩波書店、一九七〇)

東亜研究所編「異民族の支那統治概説」（一九四三、『異民族の支那統治史』と改名して講談社より公刊、一九四四)

津田左右吉「遼の制度の二重体系」(『満鮮地理歴史研究報告』五、一九一八、『津田左右吉全集』第一二巻、岩波書店、一九六四)

島田正郎『契丹国　遊牧の民キタイの王朝〉（東方書店、一九九三)

島田正郎『遼代社会史研究』(三和書房、一九五二)

外山軍治『金朝史研究』(東洋史研究会、一九六四)

三上次男『金史研究　三　金代政治・社会の研究』(中央公論美術出版、一九七三)

杉山正明『モンゴル帝国の興亡』上下(講談社現代新書、一九九六)

同　　　『クビライの挑戦　モンゴル海上帝国への道』(朝日選書、一九九五)

ドーソン著、佐口透訳注『モンゴル帝国史』全六巻(平凡社東洋文庫、一九六八～七九)

箭内　亙『蒙古史研究』(刀江書院、一九三〇)

羽田　亨『元朝駅伝雑考』(東洋文庫、一九三九、前掲『羽田博士史学論文集』上に再録)

村上正二『モンゴル帝国史研究』(風間書房、一九九三)

前田直典『元朝史の研究』(東京大学出版会、一九七三)

愛宕松男『東洋史学論集』三、四、五(三一書房、一九九〇、八八、八九)

大島立子『モンゴルの征服王朝』(大東出版社、一九九二)

相田　洋『中国中世の民衆文化　呪術・規範・反乱』

(福岡、中国書店、一九九四)

相田　洋「白蓮教の成立とその展開」(青年中国研究者会議編『中国民衆反乱の世界』汲古書院、一九七四)

12

山根幸夫「「元末の反乱」と明朝支配の確立」(『岩波講座世界歴史』〈旧〉12、一九七一)

鶴見尚弘「明代における郷村支配」(前揭書)

重田　德『清代社会経済史研究』(岩波書店、一九七五)

小山正明『明清社会経済史研究』(東京大学出版会、一九九二)

山根幸夫『明清華北定期市の研究』(汲古書院、一九九五)

寺田隆信「新安商人と山西商人」(『中世史講座』3、学生社、一九八二)

藤井　宏「中国史における新と旧—「織工対」の分析をめぐる諸問題—」(『東洋文化』九、一九五二、遠山茂樹・永原慶二編『歴史学論集』河出書房新社、一九六一)

西嶋定生「商品生産の展開とその構造—中国初期棉業史の研究—」(前揭『中国経済史研究』)

田中正俊『中国近代経済史研究序説』(東京大学出版会、一九七三)

同　　　「民変・抗租奴変」(筑摩書房版『世界の歴史』11、一九六一)

足立啓二「明末清初の一農業経営—『沈氏農書』の再評価—」(『史林』六一—一、一九七八)

小野和子『明季党社考—東林党と復社—』(同朋舎出版、一九九六)

同　　　「清初の思想統制をめぐって」(『東洋史研究』一八—三、一九五九、東洋史研究会編『雍正时代の研究』同朋舎出版、一九八六)

岸本美緒『明清交替と江南社会』(東京大学出版会、一九九九)

島田虔次『中国における近代思惟の挫折』(筑摩書房、一九四九、補訂版、一九七〇)

同　　　『朱子学と陽明学』(前揭)

溝口雄三『中国前近代思想の屈折と展開』(東京大学出版会、一九八〇)

同　　　『方法としての中国』(東京大学出版会、一九八九)

余英时《中国近世宗教伦理与商人精神》(台湾联经出版事业公司，一九八七)

大谷敏夫「揚州・常州の社会と学術」（小野和子編『明清時代の政治と社会』京都大学人文科学研究所、一九八三、大谷『清代政治思想史研究』汲古書院、一九九一）

米澤嘉圃「明清の絵画」（平凡社版『世界美術全集』20中国Ⅳ、一九五三）

酒井忠夫『中国善書の研究』（弘文堂、一九六〇、増補分冊、『酒井忠夫著作集』1、2、国書刊行会、一九九九）

奥崎裕司「民衆道教」（『道教』2、平河出版社、一九八三）

同　　　「中国近世の“民衆法”—善書の世界—」（『中国—社会と文化』三、一九八八）

内藤湖南『清朝史通論』（弘文堂書房、一九四四、『全集』第八巻）

岩見　宏「清朝の中国征服」（前掲『岩波講座世界歴史』〈旧〉12）

宮崎市定『雍正帝　中国の独裁君主』（岩波新書、一九五〇、『アジア史論考』下巻、一九七六、増補版、中公文庫、一九九六、『全集』第一四巻）

小野川秀美「雍正帝と大義覚迷録」（『東洋史研究』一六—四、一九五八、前掲『雍正時代の研究』）

吴晗《论海瑞》（载《灯下集》，北京：三联书店，一九六〇）

13

家岛彦一『イスラム世界の成立と国際商業』（岩波書店、一九九一）

桑原隲蔵『蒲寿庚の事蹟』（前掲）

藤田豊八「宋代の市舶司及び市舶条例」（藤田『東西交渉史の研究　南海篇』星文館、一九四三）

《海交史研究》特辑《“中国历史上市舶制度与海外贸易”学术讨论会论文选集》（《海交史研究》一九八八年第一期）

和田久徳「唐代における市舶使の創置」（『和田博士古稀記念東洋史論叢』講談社、一九六一）

草野祐子「北宋末の市舶制度—宰相・蔡京をめぐって—」（『史艸』二、一九六一）

土肥祐子「宋代提挙市舶の官職について」（『史艸』七、一九六六）

前嶋信次「泉州の波斯人と蒲寿庚」（前嶋『東西文化交流の諸相』誠文堂新光社、一九七一）

佐久間重男「日明関係史の研究」（吉川弘文館、一九九二）

同　　　「中世　宋元明時代の日中文化交流〉（大庭脩・王暁秋編『日中文化交流史叢書 1 历史』大修館書店、

一九九五）

檀上　寛「明初の海禁と朝貢」（『明清時代史の基本問題』汲古書院、一九九七）

田中健夫『倭寇と勘合貿易』（至文堂、一九六一、一九六六増補）

同　　　『倭寇』（教育社、一九八二、のちニュートンプレスより再刊）

大隅和雄・村井章介編『中世後期における東アジア国際関係』（山川出版社、一九九七）

片山誠二郎「明代海上密貿易と沿海郷紳層〉（『歴史学研究』一六四、一九五三）

同　　　「嘉靖海寇反乱の一考察—王直一党の反抗を中心に—」（『東洋史学論集』四、一九五五）

同　　　「月港「二十四将」の反乱」（『清水博士追悼記念明代史論叢』一九六二）

村井章介『アジアのなかの中世日本』（校倉書房、一九八八）

高良倉吉『アジアのなかの琉球王国』（吉川弘文館、一九九八）

小葉田淳『中世日支通交貿易史の研究』（刀江書院、一九四一）

同　　　『中世南島通交貿易史の研究』（日本評論社、

一九三九、刀江書院、一九六八）

石原道博『国姓爺』（吉川弘文館、一九五九）

松浦　章『中国の海賊』（東方書店、一九九五）

斯波義信『華僑』（岩波書店、一九九五）

R. ドーソン著、田中正美等訳『ヨーロッパの中国文明観』（大修館書店、一九七一）

『岩波講座世界歴史（旧）21 近代世界の展開Ⅴ』（一九七一）以下諸巻

小島晋治・丸山松幸『中国近現代史』（岩波新書、一九八六）

小島朋之『中国現代史』（中公新書、一九九九）

14

仁井田陞『東洋的社会倫理の性格』（白日書院、一九四八、仁井田『中国社会の法と倫理』弘文堂、一九五四、のち「旧中国の法と権威」「旧中国の規範意識の性格と構造」に分割して、仁井田『中国法制史研究　法と慣習・法と道徳』東京大学出版会、一九六四に収む）

堀　敏一「中国近年の時代区分論争」（唐代史研究会編『中国歴史学界の新動向』刀水書房、一九八二、前掲『中国古代史の視点』）

内藤湖南『支那論』(一九一四初版、与『新支那論』と合本、創元社、一九三八、『全集』第五巻)

同　　　『新支那論』(一九二四初版、『全集』第五巻)

同　　　『支那上古史』(一九四四初版)『支那近世史』(一九四七初版)(ともに前掲)

同　　　「日本文化とは何ぞや」「応仁の乱に就て」(内藤『日本文化史研究』一九二四初版、『全集』第九巻)

同　　　「近代支那の文化生活」「民族の文化と文明とに就て」「支那人の観たる支那将来観と其の批評」(前掲『東洋文化史研究』)

宮崎市定『東洋的近世』(前掲)

同　　　「中国における村制の成立」(『アジア史論考』中巻、一九七六、『全集』第七巻)

同　　　「宋代以後の土地所有形体」(前掲書、『全集』第一一巻、中公文庫版『東洋的近世』に収載)

同　　　「部曲から佃戸へ」(『アジア史論考』中巻、『全集』第一一巻)

同　　　「東洋のルネッサンスと西洋のルネッサンス」(『アジア史研究』第二、一九五九、宮崎『中国文明論集』岩波文庫、一九九五、『全集』第一九巻)

堀　敏一「部曲・客女身份成立の前提」「隋唐の部曲・

客女身份をめぐる諸問題」（前掲『中国古代の身份制』）

前田直典「東アジヤに於ける古代の終末」（『歴史』一—四、一九四八、前掲『元朝史の研究』）

同　　　「東アジヤ史の連関性と発展性」（前掲書）

仁井田陞「中国社会の「封建」とフューダリズム」（仁井田『中国法制史研究　奴隷農奴法・家族村落法』東京大学出版会、一九六二）

同　　　「中国の農奴・雇傭人の法的身份の形成と変質」（前掲書）

寺田浩明「中国近世における自然の領有」（『シリーズ世界史への問い』1、岩波書店、一九八九）

中国史研究会編『中国史像の再構成』『中国専制国家と社会統合』（文理閣、一九八三、一九九〇）

中村　哲編『東アジア専制国家と社会・経済』（青木書店、一九九三）

渡辺信一郎「時代区分論の可能性」（『古代文化』四八—二、一九九六）

岸本美緒『東アジアの「近世」』（山川出版社、一九九八）

同　　　「東アジア・東南アジア伝統社会の形成」（『岩波講座世界歴史』〈新〉13、一九九八）

浜下武志『近代中国の国際的契機』（東京大学出版会、

一九九〇）

浜下武志『朝貢システムと近代アジア』（岩波書店、一九九七）

茂木敏夫『変貌する近代東アジアの国際秩序』（山川出版社、一九九七）

レオン・ヴァンデルメールシュ著、福鎌忠恕訳『アジア文化圏の時代』（大修館書店、一九八七）

溝口雄三・中嶋嶺雄編『儒教ルネサンスを考える』（大修館書店、一九九一）

浜下武志編『東アジア世界の地域ネットワーク』（山川出版社、一九九九）

加々美光行『中国世界』（21 世紀の世界政治 3、筑摩書房、一九九九）

年　表

<table>
<tr><th>时代</th><th>公历</th><th>中国</th><th>日本、周边地域</th></tr>
<tr><td rowspan="3">旧石器时代</td><td>80 万 ~60 万年前</td><td>蓝田猿人</td><td></td></tr>
<tr><td>50 万 ~23 万年前</td><td>北京原人(猿人)</td><td></td></tr>
<tr><td>2 万 ~1 万年前</td><td>周口店上洞人(山顶洞人)</td><td></td></tr>
<tr><td rowspan="4">新石器时代</td><td>公元前 10000 年 ~</td><td>长江中游流域文化
稻作开始</td><td></td></tr>
<tr><td rowspan="2">公元前 5000 年 ~</td><td>仰韶文化</td><td></td></tr>
<tr><td>河姆渡文化</td><td></td></tr>
<tr><td>公元前 3000 年 ~</td><td>龙山文化</td><td></td></tr>
<tr><td rowspan="3">夏、殷</td><td>公元前 2000 年 ~</td><td>二里头文化</td><td></td></tr>
<tr><td>公元前 1500 年 ~</td><td>二里岗文化</td><td></td></tr>
<tr><td>公元前 1400 年 ~</td><td>殷墟的青铜器文化</td><td></td></tr>
<tr><td rowspan="2">西周</td><td>约公元前 1050 年</td><td>周武王灭殷,迁都镐京</td><td></td></tr>
<tr><td>公元前 771 年</td><td>犬戎灭西周</td><td></td></tr>
</table>

续表

时代	公历	中国	日本、周边地域
春秋时代	公元前 770 年	周向东迁都洛邑，东周建国	
	公元前 651 年	齐桓公会盟诸侯称霸	
	公元前 632 年	晋文公称霸	
	公元前 606 年	楚庄王军队直抵周都洛邑	
	公元前 536 年	郑首制成文法	
	约公元前 510 年	吴越争霸开始	
	公元前 479 年	孔子卒(公元前 552 ~)	
	公元前 451 年	韩魏赵三家分晋	
战国时代	公元前 403 年	周王承认韩魏赵为诸侯	
	约公元前 359 年	秦国商鞅变法开始	
	公元前 357 年	齐威王即位，重用有学之士	
	公元前 255 年	秦灭周	
秦	公元前 221 年	秦始皇称帝，统一中国	
	公元前 209 年	陈胜吴广起义	冒顿单于一统匈奴
		紧接着刘邦项羽举兵	
	公元前 206 年	秦灭亡，刘邦成汉王	
西汉	公元前 202 年	项羽死，刘邦称帝	
	公元前 167 年	刑制改革确立劳动刑与刑期	公元前 176 年，匈奴冒顿单于送和议书予汉
	公元前 154 年	吴楚七国之乱	

续表

时代	公历	中国	日本、周边地域
西汉	公元前 141 年	武帝即位（～公元前 87 年）	
	公元前 139 年	张骞出使西域	
	公元前 129 年	卫青对匈奴战争开始	
	公元前 119 年	盐铁专卖、算缗钱（财产税）开始	
	公元前 111 年	灭南越，设九郡	
	公元前 108 年	征服朝鲜，设四郡	卫氏朝鲜灭亡
	公元前 104 年	大宛远征开始（～公元前 102 年）	
	公元前 99 年	李陵被匈奴俘获	
	公元前 98 年	司马迁受宫刑	
	公元前 81 年	召开盐铁会议	
	公元前 60 年	设置西域都护	
	公元前 55 年	匈奴呼韩邪单于向汉称臣	
	9 年	王莽夺帝位，立王朝“新”	
东汉	25 年	刘秀（光武帝）即位，复汉	57 年，倭奴国王受金印
	79 年	召开白虎观会议	73 年，班超随遣西域
	166 年	第一次党锢事件	166 年，大秦王安敦使者到来
	169 年	第二次党锢事件	
	184 年	黄巾之乱	
	196 年	曹操迎献帝，迁都许地	
	208 年	赤壁之战，天下三分	

续表

时代	公历	中国	日本、周边地域
三国	220 年	曹丕制定九品官人法，魏建国	
	221 年	刘备即帝位，蜀汉建国	
	238 年	魏灭辽东公孙氏	239 年，倭王卑弥呼朝贡
	244 年	魏攻陷高句丽丸都城	
西晋	265 年	司马炎(武帝)建晋	
	268 年	泰始律令发布，律令体系成立	
	280 年	晋灭吴，中国统一	
	300 年	八王之乱开始	
	304 年	匈奴刘渊自立，五胡烽起开始	313 年，高句丽灭乐浪郡
东晋	317 年	司马睿(元帝)于建康再建晋	
	383 年	淝水之战东晋破前秦	
	398 年	拓跋珪(道武帝)于平城建立北魏	391 年，高句丽广开土王即位
	404 年	慧远著《沙门不敬王者论》	402 年，柔然首称可汗
南北朝	420 年	刘裕(武帝)建宋	421 年，倭王赞向宋朝贡
	427 年	陶渊明死(约 365 年～)	427 年，高句丽迁都平壤

续表

时代	公历	中国	日本、周边地域
南北朝	439 年	北魏太武帝统一华北	
	446 年	北魏太武帝下《废佛诏》	
	460 年	云冈石窟开掘	477 年，倭王武向宋朝贡
	485 年	北魏孝文帝施行均田制	
	493 年	北魏孝文帝迁都洛阳	
	534 年	东魏建国，翌年西魏建国	523 年，百济武宁王死（同王墓志）
	548 年	侯景之乱，幽禁梁武帝	
	550 年	北齐建国	552 年，突厥灭柔然
	557 年	北周建国	562 年，新罗吞并加罗诸国
隋	581 年	杨坚（隋文帝）建隋	
	587 年	由各州推荐三人（科举开始）	
	589 年	隋灭陈，中国统一	600 年，倭国开始派遣遣隋使
	607 年	隋炀帝访突厥可汗大帐	607 年，隋知晓突厥与高句丽联合
	611 年	大运河完工，农民造反开始	607 年，小野妹子成遣隋使
	612 年	隋开始高句丽远征	608 年，隋派裴世清使倭

续表

时代	公历	中国	日本、周边地域
唐	618 年	李渊(太祖)建唐	
	626 年	李世民(太宗)即位,贞观之治	
	630 年	唐征服东突厥	630 年,日本始派遣唐使
	645 年	玄奘从印度归来	641 年,文成公主嫁吐蕃
	660 年	唐灭百济	663 年,白村江之战
	668 年	唐灭高句丽	
	690 年	武则天即帝位,建周	682 年,突厥复兴
	705 年	中宗复位,复唐	698 年,大祚荣建渤海国
	712 年	玄宗即位,开元之治	
	740 年	杨贵妃入后宫	744 年,回鹘取代突厥
	755 年	安史之乱(~763 年)	754 年,唐僧鉴真渡日本
	770 年	杜甫死(712 年 ~)	
	780 年	两税法施行	783、821 年,唐吐蕃会盟
	822 年	该时期始现牛李朋党	839 年,最后一批遣唐使归国
	846 年	白居易死(772 年 ~)	840 年,回鹘因黠戛斯突袭而四散
	875 年	黄巢之乱(~884 年)	

续表

时代	公历	中国	日本、周边地域
五代	907 年	朱全忠灭唐建后梁	916 年,契丹耶律阿保机即位
			918 年,王建建高丽国
	936 年	后晋在契丹援助下建国	937 年,契丹改国号为辽
	938 年	后晋割燕云十六州予辽	
北宋	960 年	赵匡胤(太祖)建宋	
	1004 年	宋辽缔结澶渊之盟	
	1023 年	交子(中国最早的纸币)官营化	1038 年,李元昊建西夏
	1041 年	庆历士风(~1048 年)	
	1069 年	王安石改革开始	
	1084 年	司马光完成《资治通鉴》	1115 年,完颜阿骨打建金
	1121 年	梁山泊宋江投降	1125 年,金灭辽
	1127 年	金北送徽宗、钦宗,北宋灭亡	
金、南宋	1141 年	宋割华北予金,对金称臣	1206 年,成吉思汗即位
	1165 年	宋金再结和约	1219 年,成吉思汗西征(~1225 年)
	1200 年	朱熹卒(1130 年~)	1235 年,窝阔台汗建设哈剌和林
	1215 年	金从北京迁都开封	1236 年,拔都西征(~1243 年)
	1234 年	金被蒙古打败,灭亡	1246 年,若望·柏郎嘉宾来到哈剌和林

续表

时代	公历	中国	日本、周边地域
元	1260 年	忽必烈即位	
	1267 年	忽必烈建大都	1268 年，忽必烈遣使日本
	1271 年	忽必烈改国号为大元	1274 年，第一次元寇（文永之役）
			1281 年，第二次元寇（弘安之役）
	1290 年	马可·波罗踏上归国之途	1292 年，蒙古军远征爪哇
			1341 年，日本决定派遣天龙寺船
	1351 年	红巾之乱爆发	
	1356 年	朱元璋占据金陵（南京）	
明	1368 年	朱元璋（太祖洪武帝）即位，建明	
	1371 年	海禁政策开始	
	1380 年	发生"胡惟庸之狱"，宰相废止	
	1381 年	里甲制实施	1392 年，李成桂建李氏朝鲜
	1402 年	成祖永乐帝夺帝位后即位	1401 年，足利义满向明遣使
	1405 年	郑和远征开始（～1433 年）	1405 年，帖木儿死于远征明朝途中
	1508 年	王阳明开悟，阳明学成立	1429 年，琉球统一

续表

时代	公历	中国	日本、周边地域
明	1526 年	明人据双屿,进行秘密贸易	1517 年,葡萄牙人广州来航
	1548 年	朱纨袭击、扫平双屿	1523 年,日本使臣于宁波骚扰
	1553 年	葡萄牙人定居澳门	1543 年,葡萄牙人来到种子岛,带来铁炮
	1557 年	王直投降,1559 年被处死刑	1549 年,圣方济各·沙勿略来日本传教
	1560 年代	各地开始施行一条鞭法	
	1561、1564 年	漳州月港二十四将叛乱	1565 年,西班牙人征服吕宋岛
	1567 年	海禁令解除	
	1578 年	张居正着手丈量全国	1592 年,丰臣秀吉开始入侵朝鲜
	1601 年	苏州发生“织佣之变”	1601 年,努尔哈赤设置八旗制
	1602 年	李贽(卓吾)狱中自杀	1616 年,努尔哈赤建后金
		利玛窦入北京	1619 年,努尔哈赤在萨尔浒破明军
	1626 年	苏州发生“开读之变”	1624 年,荷兰人在台湾建热兰遮城

续表

时代	公历	中国	日本、周边地域
清	1644 年	李自成攻陷北京，明灭亡	1639 年，日本发布锁国令
		清军进驻北京，清建国	
	1650 年	郑成功据厦门	
	1661 年	迁界令发布，郑成功移至台湾	
	1673 年	三藩之乱（~1681 年）	
	1683 年	台湾郑氏投降	
	1689 年	与俄国签订《尼布楚条约》	
	1696 年	康熙帝亲征准噶尔的噶尔丹汗	
	1711 年	以该年为基准确定盛世滋生人丁	
	1716 年	《康熙字典》完成	
	1730 年	创设军机处	
	1740 年	在满洲施行封禁政策	
	1757 年	平定准噶尔部	
		仅限在广州与欧洲人贸易	
	1759 年	平定回部，设新疆	
	1793 年	英国使节马嘎尔尼谒见乾隆帝	
	1796 年	白莲教之乱（~1802 年前后）	1834 年，东印度公司的中国贸易垄断权废止

续表

时代	公历	中国	日本、周边地域
清	1840 年	鸦片战争(~1842 年)	
	1842 年	《南京条约》割让香港	
	1850 年	太平天国	1853 年,佩里舰队来到浦贺
	1857 年	第二次鸦片战争(~1860 年)	
	1860 年	《北京条约》	1868 年,明治维新
	1894 年	中日甲午战争(~1895 年)	
	1898 年	列强夺取租借地等利权(~1899 年)	
		戊戌政变,康有为亡命	
	1900 年	义和团运动,列强出兵镇压	
	1905 年	中国革命同盟会成立	1904 年,日俄战争(~1905 年)
中华民国	1911 年	辛亥革命,清朝被推翻	
	1915 年	日本向中国要求“二十一条”	1914 年,第一次世界大战(~1918 年)
		杂志《新青年》创刊,新文化运动	1917 年,俄国革命
	1919 年	五四运动	

续表

时代	公历	中国	日本、周边地域
中华民国	1924 年	孙文的国民党改组(国共合作)	
	1925 年	孙文去世(1866～)	
	1926 年	国民革命军北伐	
	1927 年	蒋介石发动政变(国共分裂)	
	1928 年	国民政府统一中国	1928 年,日本关东军炸死张作霖
	1931 年	日本军发起满洲事变(九一八事变)	
	1932 年	日本设立"满洲国"	
	1936 年	西安事变(国共再次合作)	
	1937 年	卢沟桥事变,中日战争开始	1939 年,第二次世界大战(～1945 年)
	1945 年	日本投降	
	1946 年	国共内战	
中华人民共和国	1949 年	中华人民共和国成立	1950 年,朝鲜战争(～1953 年)
			1955 年,万隆召开亚非会议
	1958 年	中苏开始对立	1956 年,赫鲁晓夫批判斯大林
	1966 年	"文化大革命"(～1976 年)	
	1979 年	改革开放政策开始施行	
	1989 年	1989 年政治风波	1989 年,柏林墙倒塌
	1997 年	邓小平去世	1991 年,苏联解体

图书在版编目(CIP)数据

中国通史：问题史试探／（日）堀敏一著；邹双双译.—北京：社会科学文献出版社，2015.12（2016.1 重印）
（鲤译丛）
ISBN 978－7－5097－7545－5

Ⅰ.①中… Ⅱ.①堀… ②邹… Ⅲ.①中国历史－研究 Ⅳ.①K207

中国版本图书馆 CIP 数据核字（2015）第 107634 号

·鲤译丛·
中国通史
——问题史试探

著　　者／［日］堀敏一
译　　者／邹双双

出 版 人／谢寿光
项目统筹／冯立君　董风云　　责任编辑／陈旭泽　冯立君

出　　版／社会科学文献出版社·甲骨文工作室（010）59366551
地址：北京市北三环中路甲 29 号院华龙大厦　邮编：100029
网址：www.ssap.com.cn
发　　行／市场营销中心（010）59367081　59367090
读者服务中心（010）59367028
印　　装／三河市东方印刷有限公司

规　　格／开　本：787mm×1092mm　1/32
印　张：11.125　字　数：221 千字
版　　次／2015 年 12 月第 1 版　2016 年 1 月第 2 次印刷
书　　号／ISBN 978－7－5097－7545－5
著作权合同登记号／图字 01－2014－5207 号
定　　价／59.00 元